高等职业教育汽车类专业新型活页工作手册式系列教材

系列教材主编：戚文革　邹玉清

汽车底盘故障诊断与维修

李　赫　李　明◎编著

中国铁道出版社有限公司
CHINA RAILWAY PUBLISHING HOUSE CO., LTD.

内 容 简 介

本书系为贯彻国务院印发《国家职业教育改革实施方案》文件精神，落实“新型活页式、工作手册式”职业教育教材的类型要求而编写。是依据学生中心、能力本位、成果导向等理论，充分考虑“1+X”证书要求，融专业教育、课程思政、创新教育于一体，充分体现职业教育是“学习如何工作的教育”的本质要求，面向学生学习，校企双元合作开发的新型活页式、工作手册式能力本位教材。

全书共四个项目，包括维修汽车行驶系统、维修汽车制动系统、维修汽车转向系统、维修汽车传动系统。

书中配备视频、动画等电子资源。为满足读者对不同车型的学习要求，书中配备几种常见车型的故障诊断与维修视频，读者可扫描二维码学习，同时配套开发了教学工作页和助教课件等教学资源。

本书可作为高职高专院校和其他职业学校汽车类专业学生的教材，也可作为有关人员的岗位培训教材。

图书在版编目（CIP）数据

汽车底盘故障诊断与维修 / 李赫，李明编著 .—北京：中国铁道出版社有限公司，2022.2
高等职业教育汽车类专业新型活页工作手册式系列教材
ISBN 978-7-113-28671-2

Ⅰ. ①汽… Ⅱ. ①李… ②李… Ⅲ. ①汽车－底盘－故障诊断－高等职业教育－教材②汽车－底盘－故障修复－高等职业教育－教材 Ⅳ. ① U472.41

中国版本图书馆 CIP 数据核字（2021）第 277859 号

书　　名：汽车底盘故障诊断与维修
QICHE DIPAN GUZHANG ZHENDUAN YU WEIXIU
作　　者：李　赫　李　明

策　　划：尹　鹏　　编辑部电话：（010）83552550
责任编辑：钱　鹏
封面设计：刘　颖
责任校对：焦桂荣
责任印制：樊启鹏

出版发行：中国铁道出版社有限公司（100054，北京市西城区右安门西街 8 号）
网　　址：http://www.tdpress.com/51eds/
印　　刷：北京联兴盛业印刷股份有限公司
版　　次：2022 年 2 月第 1 版　2022 年 2 月第 1 次印刷
开　　本：787 mm×1 092 mm 1/16　印张：12　字数：322 千
书　　号：ISBN 978-7-113-28671-2
定　　价：55.00 元

编审委员会

作者简介

李赫，吉林电子信息职业技术学院汽车工程学院副院长、汽车检测与维修技术专业主任、讲师、汽车维修技师、吉林省技术能手、吉林省青年技术能手，多次参加国家和省级大赛并获奖，吉林省职业院校技能大赛裁判。

李明，长春旭阳工业（集团）股份有限公司高级工程师，具有三十年汽车行业从业经历。

序

自从2019年国务院发布的《国家职业教育改革实施方案》提出“倡导使用新型活页式、工作手册式教材”之后，教材建设就成为职业教育改革的热词，2020年国家教材建设奖的设立极大地提升了教材的地位，更是将教材建设推到了职业教育改革的浪尖潮头。

教材里有什么？

这是必须明确的一件事。

是不是知识本位教材里有知识而能力本位教材里有能力呢？答案是明确的，无论知识本位教材还是能力本位教材，教材里都只有知识。

区别何在？

知识本位教材是将学科知识从命题概念出发，在空间上按照演绎逻辑进行组织、呈现的。

能力本位教材是将工作知识从具体事物出发，在时间上按照归纳逻辑进行组织、呈现的。

知识本位教材的功能是培养学生演绎推理能力，目的是发现更多知识，探索未知领域。

能力本位教材的功能是培养学生归纳推理能力，目的是处理具体事务，解决现实问题。

这是一个大概的区分，但这是一个直指本源的区分，这一内在逻辑的区别决定了职业教育与普通教育教材类型的基因差异。

职业教育教材应该“长什么样，内容如何呈现，具备什么功能”，是由职业教育类型属性决定的，职业教育就是“学习如何工作的教育”，那么教材就应该呈现“工作原貌”，只有将“工作原貌”呈现出来，才能够实现学习“如何工作”的目的。抓住了这一根本性的问题，就能将职业教育教材与普通教育教材彻底区别开来。

怎样呈现“工作原貌”呢？

任何一项工作都是由六个要素构成的，即工作对象、工作内容、工作手段、工作组织、工作产品和工作环境。

工作六要素所对应的知识，即工作对象知识、工作内容知识、工作手段知识、工作组织知识、工作产品知识和工作环境知识。

对于一项工作，如果将工作六要素知识寻找并罗列出来，合辑成册，是不是可以看做是职业教育的教材呢？

按照教材里只有“知识”和职业教育就是“学习如何工作的教育”这两条标准判断，显然这一合辑成册的书无疑就是职业教育的教材。

继续深入分析，工作六要素知识两种有价值的排列方式，一种是并列排列，将六要素知识平铺在纸上就可以了，这是工作六要素知识的静态呈现——这种排列方式并不鲜见，如常见的机械设计手册等。

如果将工作六要素里的工作内容知识按照其在工作中出现的时间顺序排列就会发现，这构成了一项具体工作的职业行动体系，其他五个工作要素知识构成了支撑这个职业行动得以进行下去的职业知识，按照这一逻辑，我们发现工作六要素知识可以如图 1 排列，这样排列的好处就是将工作要素知识的内在联系通过职业行动建立起来了，使工作六要素动态呈现出来，不仅能够更好地表达了“工作原貌”，更是表达了“工作逻辑”，使学习者更易理解“工作本身”以及实现学习“如何工作”这一目的。

职业行动 = 工作内容知识序化	职业知识 = 其余工作五要素知识
1	工作对象知识 工作手段知识 工作组织知识 工作产品知识 工作环境知识
2	
⋮	
n	

图 1　工作六要素知识时序逻辑

仅此还是不够的，职业教育教材不仅要呈现工作要素知识，表达“工作逻辑”，还要服务于学生学习这一根本要求，因此，职业教育教材必须按照认知规律和职业成长规律选取和呈现工作要素知识。

认知规律通常表述为从“从低级到高级，从简单到复杂”，什么是“低级和高级”“简单和复杂”呢？布鲁姆的教育目标分类是我们可以依据的一个科学原理。

本耐、德莱福斯、劳耐尔对职业能力成长规律的研究成果得到了普遍的认同，从初学者 / 新手—生手—熟手—能手—专家 / 高手的职业能力成长的过程中，使我们得以窥见职业教育与普通教育互为起点与终点的正好相反的学习过程。

综上所述，工作要素知识以静态或者动态方式按照认知规律、职业成长规律排列，构成职业教育教材的知识种类与排列的基本的序化逻辑。

本系列教材是以工作要素知识的动态形式，按照认知规律和职业成长规律选取工作内容来组织、呈现工作原貌的。

教材以活页装订、留白处理、多元目录索引、职业行动与职业知识左右对应排版、知识表格化处理，全书用色块区分不同内容等手段，表达重点清晰醒目，并配以二维码视频动画资源，极大地方便了检索查阅，充分体现自主学习功能和手册性质。

同时，以标语彰显、主题镶嵌和星火相融三种方式将创新教育以及课程思政融于专业教育始终，使教材具备了“专业、创新、思政”三育融合的内容与功能。

采用镶嵌、替换方式将“1+X”融入相关内容之中，满足职业技能等级鉴考评定需求。每一个学习项目设置一个迁移性学习考核项目，满足了学分银行学习成果认证需要。

吉林电子信息职业技术学院在汽车专业群、机械专业群、冶金专业群系统开展的提高育人有效性的教学改革中，从 2016 年开始尝试“活页式、工作手册式”教材编写与教学实践，取得了良好效果。

是为序。

戚文革

2021 年 8 月 20 日

前　言

职业教育教材建设进入了新时代。2019年国务院颁布的《国家职业教育改革实施方案》（简称“职教20条”）开篇就明确了职教与普教的类型区别，教材如何体现？更是第一次以国家文件的高度对教材形式提出了具体要求。第（九）条“建设一大批校企‘双元’合作开发的国家规划教材，倡导使用新型活页式、工作手册式教材并配套开发信息化资源。”这背后的逻辑是什么？职业教育教材建设必须思考：新型活页式、工作手册式教材的内涵是什么？职业教育教材如何体现“新型”、“活页式”、“工作手册式”三个关键要素？“新型活页式、工作手册式”教材须具备什么样功能？

本书着重把握新型活页式、工作手册式教材的深刻内涵和承载的功能，遵循能力本位、学生中心、成果导向等职业教育基本规律，将专业教育、创新教育、课程思政以及“1+X”融为一体，教材功能指向职业能力培养，充分体现职业教育类型特征。

职业教育是“学习如何工作的教育”。因此，本书将完整展现职业行动的工作原貌作为第一原则，将工作内容序化为职业活动，构成职业行动体系，辅以支撑职业行动的职业知识。为了清晰表达工作原貌，在具体版面设计上，横版编排，一页纸分为左右对称两部分，左侧为职业行动，右侧为支撑职业行动得以开展的职业知识。

具体表现：页面左侧为序化的职业行动——作业准备—拆卸—维修—安装，形成职业行动体系，作为教材结构逻辑；页面右侧为支撑职业活动的技术标准、规范、要求、原则、方法、原理等理论知识、技术理论知识、技术实践知识以及经验性知识，其中技术实践知识为主，并进行表格化处理以方便查阅，体现手册式特征。

全书共四个项目，包括维修汽车行驶系统、维修汽车制动系统、维修汽车转向系统、维修汽车传动系统。书中配备视频、动画等电子资源。为满足读者对不同车型的学习需求，书中配备几种常见车型的故障诊断与维修视频，读者可扫二维码学习。视频中所讲车型虽然与书中不一致，但故障诊断与维修方法基本一致，可供读者学习参考，同时，配套开发了教学工作页和助教课件等教学资源。

每个项目包含四部分内容：第一部分是项目阐述，包括项目描述、项目要求、学习目标和学习载体；第二部分是职业活动、职业知识和任务测评；第三部分是学习考评。第四部分是课程思政，包括页脚标语、拓展阅读。

本书编写紧紧围绕新型活页式、工作手册式教材本质特征，具备如下特点：

1. 体现能力本位功能，突出职业能力培养

将项目或任务的工作内容序化为完整的工作过程，建立工作六要素（工作对象、工作内容、工作手段、工作组织、工作产品、工作环境）之间的内在联系，展示工作原貌，在完成职业活动过程中不断积淀职业能力。

2. 体现学生中心思想，以方便学生学习为第一原则

活页装订方便学生增添新知识、新技能以及学习心得，页面

留白处理方便学生学习记录，多元目录索引方便学生学习查阅，职业知识表格化处理简洁明了，充分体现手册功能特征。

3. 体现成果导向思想，满足学分银行认证要求

“职教20条”第（八）条指出要“加快推进职业教育国家‘学分银行’建设，从2019年开始，探索建立职业教育个人学习账号，实现学习成果可追溯、可查询、可转换”。学习成果认定是学分银行实施的基础，为此，本书每一个任务最后，都设计了一个任务测评，供师生参考选择。

4. 适应“1+X”证书制度，内容选取参考职业技能等级标准

在“1”的基础上，针对职业要求进行拓展和补充，将汽车职业技能等级标准有关内容及要求有机融入教材中，实现课证融通。

5. 体现“专业+思政+创新”时代要求，实现三育融合

本书每个项目的页脚采用蕴含思政元素和创新元素的标语式语句，寓教于警示励志语言——标语彰显式。本书每个项目选定一个拓展阅读（思政和创新）主题，按照主题选取编辑若干个故事，寓教于故事中——主题镶嵌式。每个任务拓展训练中紧密结合任务内容将思政元素和创新元素融入其中，寓教于水乳交融中——星火相融式，专业教育中突出“人的底色”与创新素质培养。

6. 辅以信息化数字资源，教材内容立体呈现

本书配套开发设计了教学工作页、教学课件、任务工单、习题作业及大量的媒体素材等资源，方便师生学习查阅。

7. 图文并茂，职业知识表格化处理，突出“手册式”功能

本书编写时选用了大量图例，文字力求简练、通俗，内容简明扼要，职业知识表格化处理，易于快速查阅，通俗易懂。

8. 增加新技术、新工艺、新规范，增强教材时效性

本书在选用学习载体和学习内容时，充分考虑车身高度传感器、助力转向控制单元、变速箱机电控制单元等既成熟可靠，又代表现阶段我国汽车行业发展的最新成就的汽车底盘新技术，增强教材的时效性。

9. 校企双元合作开发充分融入职业要素

本书共四个项目，李赫编写了项目一～项目三，李明编写了项目四。

本书由刘瑞军、张彬、王磊、刘长春审稿。参加审稿的各位老师对全书进行了认真细致的审阅，并提出了宝贵的意见和建议，在此表示衷心的感谢！

由于编著者水平限制，书中难免有疏漏之出，恳请批评指正。

编著者

2021年8月

目　录

项目一　维修汽车行驶系统 1-1

任务一　维修前桥 1-2
任务二　维修后桥 1-13
任务三　修补轮胎 1-24
任务四　车轮动平衡 1-34
任务五　四轮定位 1-43
任务六　维修车身高度传感器 1-55
学习考评 1-61
拓展阅读 1-63

项目二　维修汽车制动系统 2-1

任务一　维修盘式制动器 2-2
任务二　维修制动管路及排气 2-8
任务三　维修制动主缸和真空助力器 2-15
任务四　维修电子驻车制动系统 2-23
任务五　维修防抱死制动（ABS）系统 2-29
学习考评 2-35
拓展阅读 2-37

项目三　维修汽车转向系统 3-1

任务一　维修转向器 3-2
任务二　维修助力转向控制单元 3-13
任务三　维修转向柱 3-18
任务四　维修电子转向柱锁控制单元 3-26
学习考评 3-32
拓展阅读 3-34

项目四　维修汽车传动系统 4-1

任务一　维修传动轴 4-2
任务二　维修变速箱机电控制单元 4-10
任务三　维修离合器 4-19
学习考评 4-36
拓展阅读 4-38

附录A　学习考评报告 A-1

附录B　汽车服务站维修工单 B-1

参考文献 C-1

视频 / 动画目录

1-1 拆卸减振器总成 1-3
1-2 前减振器拆卸与检查 1-5
1-3 拆装下摆臂 1-6
1-4 前减振器的组装与更换 1-9
1-5 拆装轮胎 1-27
1-6 修补轮胎 1-29
1-7 检查轮胎胎压 1-31
1-8 车轮动平衡 1-35
1-9 检测车轮动平衡 1-37
1-10 四轮定位 1-43
1-11 四轮定位检测与调整 1-44
1-12 四轮定位参数 1-45
2-1 拆装和检查制动器 2-2
2-2 测量制动摩擦片（刹车片）厚度 2-3
2-3 安装制动摩擦片 2-5
2-4 认识制动液 2-8
2-5 检查制动液液位 2-9
2-6 检查与更换制动液 2-11
2-7 真空助力器工作原理 2-16
2-8 认识电子驻车制动系统 2-23
3-1 分解转向器 3-5
3-2 检查转向器 3-6
3-3 组装转向器 3-7
4-1 拆装半轴总成 4-3
4-2 拆装机电控制单元 4-12
4-3 拆卸离合器 4-24
4-4 安装变速器附件 4-28

项目一　维修汽车行驶系统

一、项目描述

完成对汽车行驶系统的故障诊断与维修。

二、项目要求

符合 2018 款大众迈腾 B8L 轿车技术要求与标准，正确使用工量具，完成如下作业：

（1）维修前桥（又称前悬架）；

（2）维修后桥（又称后悬架）；

（3）修补轮胎；

（4）车轮动平衡；

（5）四轮定位；

（6）维修车身高度传感器。

三、学习目标

（1）准确陈述前桥、后桥故障诊断方法；

（2）准确陈述轮胎修补、车轮动平衡、四轮定位方法；

（3）准确陈述车身高度传感器故障诊断方法；

（4）规范地对前桥、后桥故障进行维修；

（5）规范地对轮胎进行修补、车轮进行动平衡和四轮定位；

（6）规范地对车身高度传感器故障进行维修；

（7）养成自觉遵守技术标准、相关规定、规范操作、安全要求、环保要求、“5S”要求作业的好习惯；

（8）树立勤勉敬业、精益求精、迎难而上的工作态度；

（9）建立汽车维修本质思维模式。

四、学习载体

2018 款大众迈腾 B8L 轿车行驶系统常见故障现象：

（1）前桥异响；

（2）后桥随车速增加噪声增大；

（3）仪表盘上轮胎压力监控指示灯点亮；

（4）在高速行驶时方向盘会剧烈抖动；

（5）在行驶时车辆发生跑偏现象；

（6）仪表盘上出现动态前照灯随动故障。

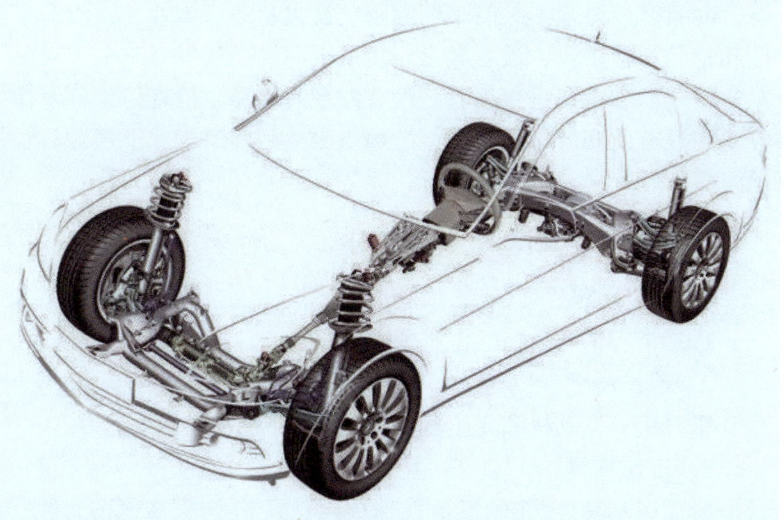

2018 款大众迈腾 B8L 轿车行驶系统

学习笔记

学习笔记

任务一　维修前桥

职业行动

步骤一：故障现象确认

客户反映自己的 2018 款大众迈腾 B8L 轿车在行驶中底盘前部有异响，转动转向盘时变沉。维修人员对车辆进行路试，发现行驶中底盘右前部确实有异响，车身摆动，转弯转动转向盘时变沉，尤其是经过颠簸路面时还会出现金属撞击声。

车辆底盘右前部异响的故障原因有很多，如轮胎、轴承、下摆臂、前桥、稳定杆、半轴、制动器、转向系统等故障都会造成异响，询问客户得知不久前车辆刚刚更换过制动摩擦片，同时对半轴和轮胎都检查过，没有异常。使用故障诊断仪 VAS5052A 对此车的转向助力系统进行检查，没有发现有故障。检查稳定杆及橡胶支座没有发现异常。因此将故障点聚焦到前悬架、下摆臂、轴承等部分。

步骤二：作业准备

1. 作业场地

选择带有消防设施的作业场地。

2. 设备设施

举升机、发动机和变速器举升平台、减振弹簧压缩器。

3. 工量辅具

常用工具套件、车轮扳手、扭力扳手、翼子板布、减振器套件、球形万向节压出器。

4. 零件耗材

车轮轴承、下摆臂、手套、抹布、防护三件套。

职业知识

前桥部件安装位置示意图（图中蓝色部分）

副车架	减振器及上部摆臂
下摆臂及主销	车轮轴承

劳动无贵贱。

步骤三：故障诊断维修

1. 拆卸前悬架

（1）脱开传动轴在轮毂上的螺栓，拆下右前车轮；

（2）拧下螺母，并拔出减振器上的连杆，从支架上取下 ABS 轮速传感器的导线，如图 1-1-1 所示；

（3）拧下螺母，拉出车身高度传感器支架，如图 1-1-2 所示；

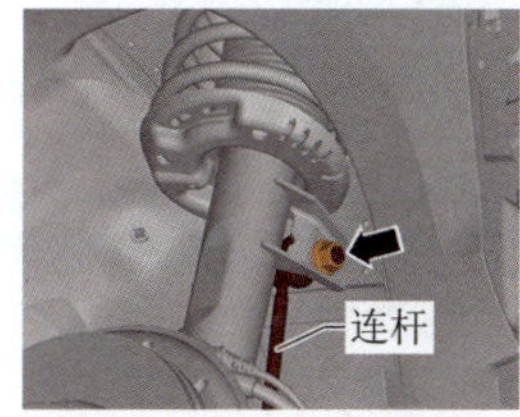

图 1-1-1　减振器和连杆

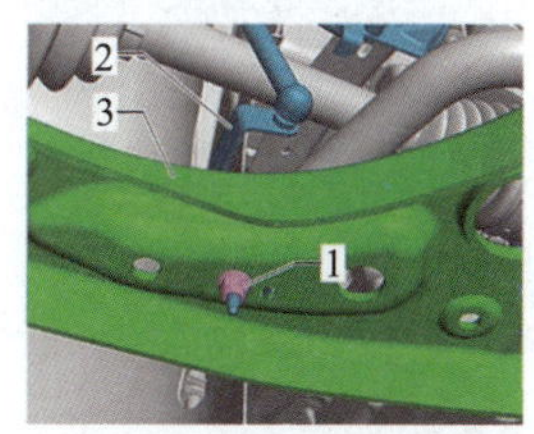

图 1-1-2　车身高度传感器支架

1—螺母；2—车身高度传感器支架；3—下摆臂

（4）检查主销的轴向和径向间隙，未发现异常；

（5）拧下三颗螺母，拉出主销中的下摆臂，如图 1-1-3 所示；将传动轴外万向节从轮毂上脱出，用绑带固定到车身上；

（6）脱开减振器上自适应底盘调节系统连接插头，如图 1-1-4 所示；

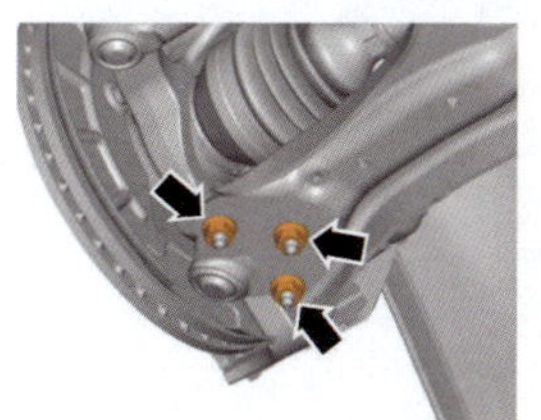

图 1-1-3　主销螺母

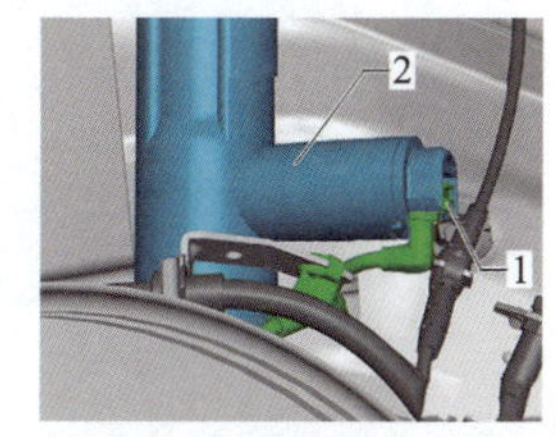

图 1-1-4　自适应底盘调节系统连接插头

1—底盘调节系统连接插头；2—减振器

前悬架装配图

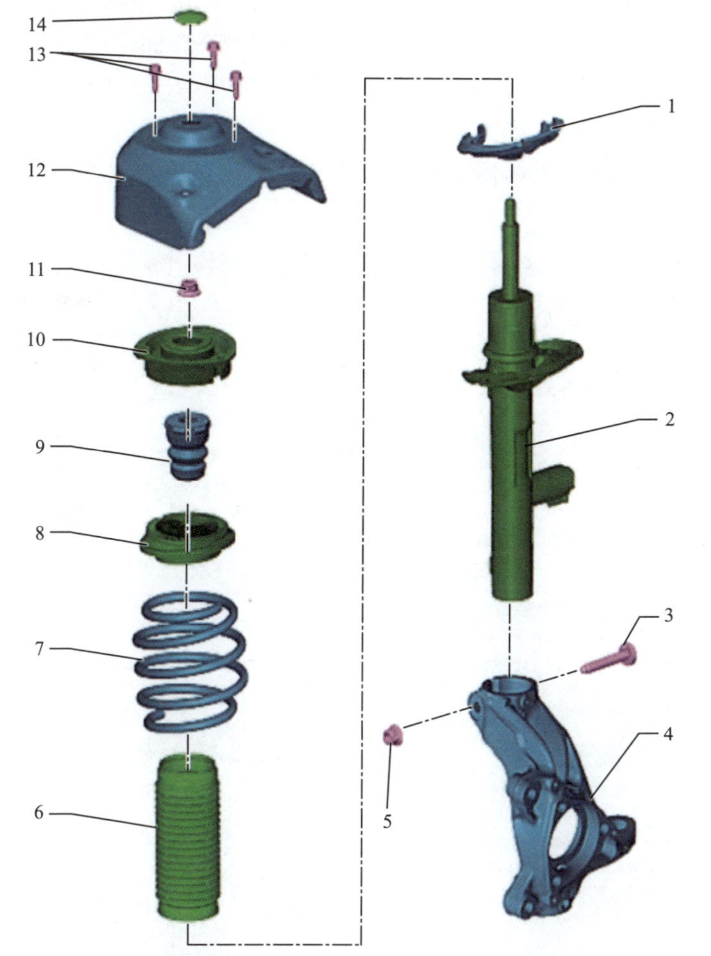

1—弹簧垫；2—减振器；3，13—螺栓；4—车轮轴承支座；5，11—螺母；6—保护套；7—螺旋弹簧；8—推力球轴承；9—限位缓冲块；10—减振器支座；12—前车身；14—盖板

学习笔记

视频

1-1 拆卸减振器总成

学习笔记

（7）拧出车轮轴承支座和减振器的连接螺栓，如图 1-1-5 所示；

（8）降下车轮轴承支座，直至减振器管脱开，如图 1-1-6 所示；

（9）脱开排水槽盖板上整条密封件，脱开夹子，抬起排水槽盖板最多 60 mm，如图 1-1-7 所示；

（10）拧下减振器上部固定螺栓，取出减振器，如图 1-1-8 所示。

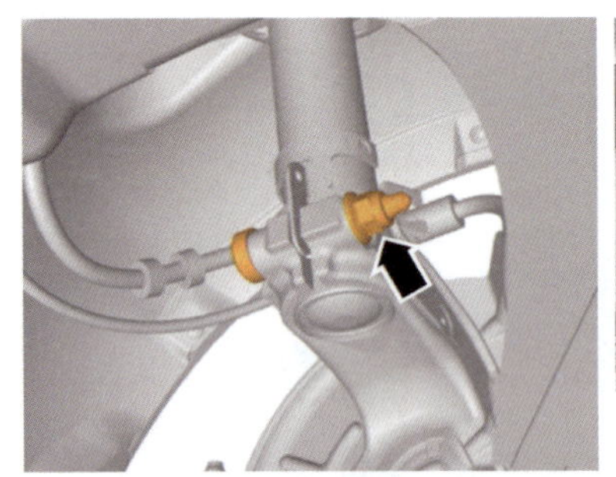

图 1-1-5　车轮轴承支座和减振器连接螺栓

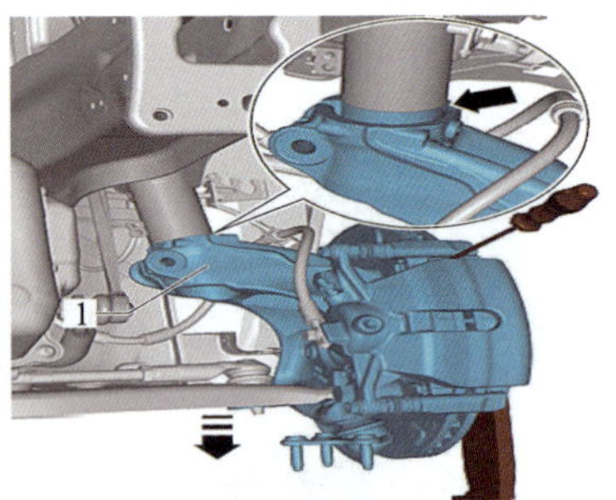

图 1-1-6　减振器管

1—车轮轴承支座

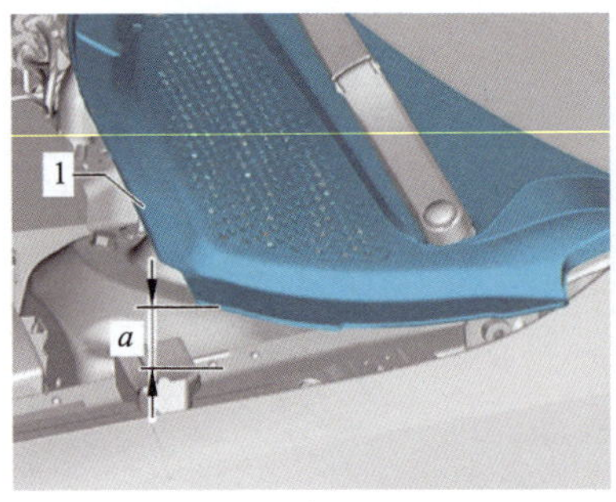

图 1-1-7　排水槽盖板抬起高度

1—排水槽盖板

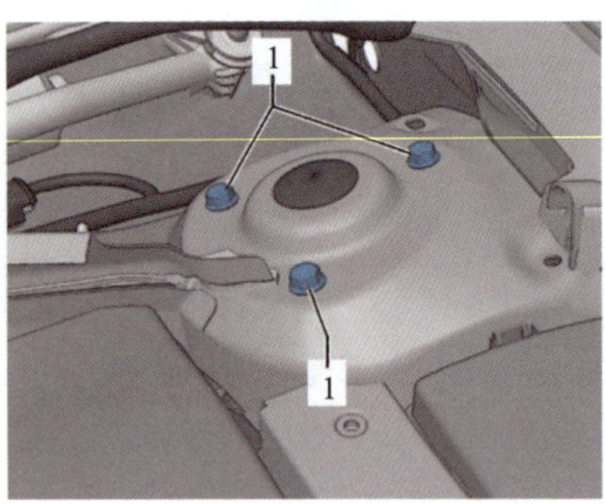

图 1-1-8　减振器上部固定螺栓

1—固定螺栓

前悬架拆卸原则

- 脱开车轮侧传动轴螺栓连接件时，车轮轴承不允许承重；
- 在车辆四轮仍然着地的情况下，传动轴的螺栓最多只允许脱开 90°；
- 汽车没有安装传动轴前，不允许移动；
- 如果无法从车轮轴承中脱出传动轴，可以使用专用压具；
- 传动轴脱出后，不得吊着，否则内万向节会由于过度弯曲而损坏；
- 如下图所示，拧出车轮轴承支座和减振器的连接螺栓前，要在制动钳和支架之间的制动盘内插入一把螺钉旋具 1，将专用定位件 2 一端用螺栓固定在轮毂上，一端固定在发动机和变速器举升平台上；
- 拧出车轮轴承支座和减振器的连接螺栓后，要降下发动机和变速器举升平台，带动降下车轮轴承支座，直至减振器管从车轮轴承支座中脱出

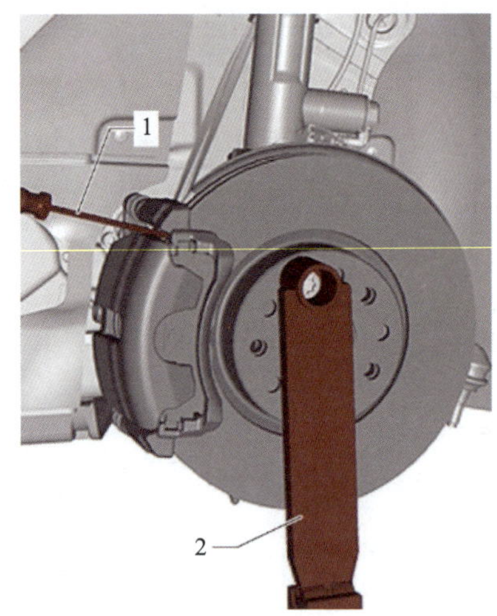

1—螺钉旋具；2—专用定位件

劳动无贵贱

2. 分解、检查前悬架

（1）用减振弹簧压缩器夹紧螺旋弹簧，直至上部的推力球轴承可以自由移动，如图 1-1-9 所示；

（2）使用减振器套件拧出推杆的六角螺母，如图 1-1-10 所示；

（3）取下减振器支座、推力球轴承、螺旋弹簧、限位缓冲块、保护套；

图 1-1-9　减振弹簧压缩器夹紧螺旋弹簧

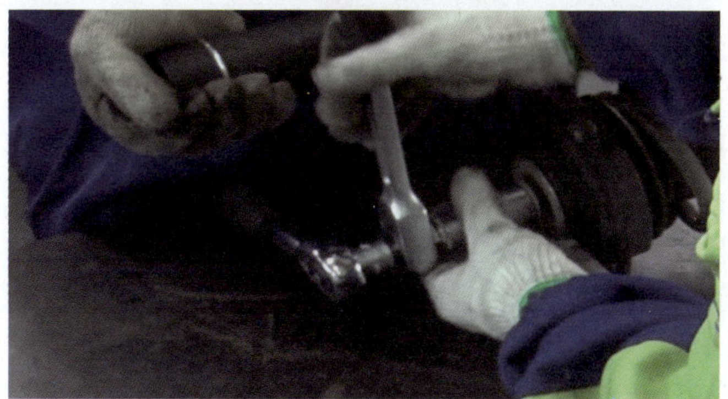

图 1-1-10　推杆六角螺母

前悬架检查依据

- 不能因为活塞推杆密封件上泄漏少量机油就更换减振器，机油溢出是可见的，如下图箭头所指阴影部分，但是暗淡、无光泽并且可能由于灰尘而干结，应视为正常；
- 如果减振器已损坏，在行驶过程中，尤其是在行驶路面不佳的情况下，随着车轮的跳跃会听到由其发出很响的扑腾声；
- 减振器是免维护的，减振器机油也无法添加；
- 用手压紧减振器，活塞推杆必须能够在整个冲程范围内沉重而平稳地均匀移动，脱开活塞推杆，减振器中具有足够的充气压力时，活塞推杆会自动返回起始位置；
- 应检查螺旋弹簧高度，与同一桥上的弹簧作对比，高度应相同且无弯曲变形、开裂现象，否则需更换；
- 一手握住推力球轴承外圈，另一只手抵住悬架轴承内部轴承孔处，用力挤压并旋转，应感觉转动轻便、无摩擦感，否则应更换轴承；
- 检查保护套应无破损、变形等状况；限位缓冲块应无变形、破损

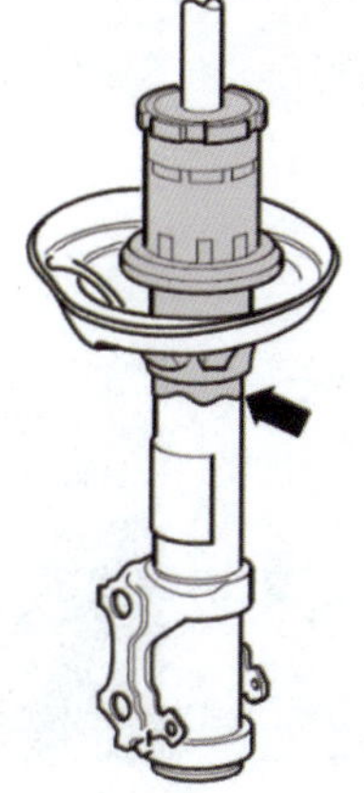

学习笔记

视频

1-2 前减振器拆卸与检查

学习笔记

（4）对前悬架所有零部件进行检查发现推力球轴承安装错位，如图 1-1-11 所示，减振器活塞杆已严重磨损松旷，螺旋弹簧与弹簧支座发生干涉，如图 1-1-12 所示，所以需要更换前悬架总成。

减振器损坏会造成车辆底盘部分异响，也会使转向沉重，为了排查出所有的故障可能，需要继续对其他部件进行拆卸与检查。

3. 拆卸下摆臂

（1）旋出如图 1-1-13 所示两颗固定螺栓；

（2）沿图 1-1-14 箭头方向从副车架上拔下下摆臂。

图 1-1-11　安装错位的推力球轴承

图 1-1-12　螺旋弹簧支座

视频

1-3 拆装下摆臂

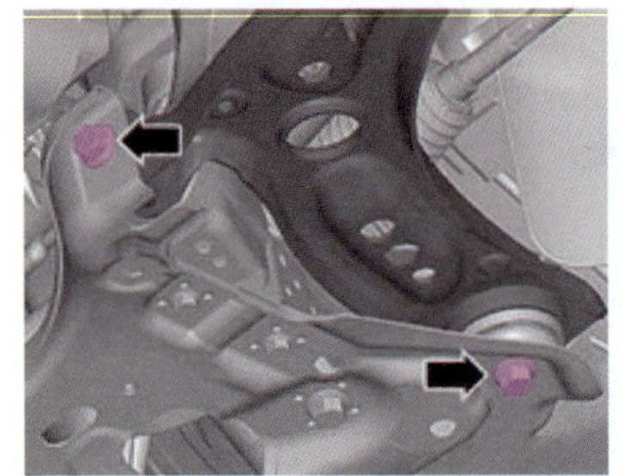

图 1-1-13　下摆臂两颗固定螺栓

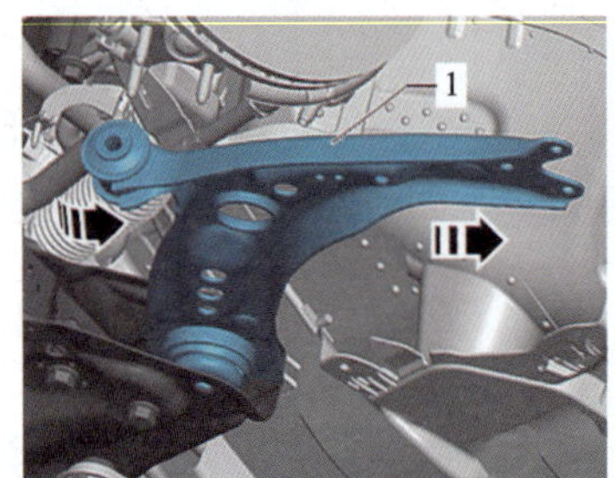

图 1-1-14　下摆臂拆卸方向

1—下摆臂

下摆臂装配图

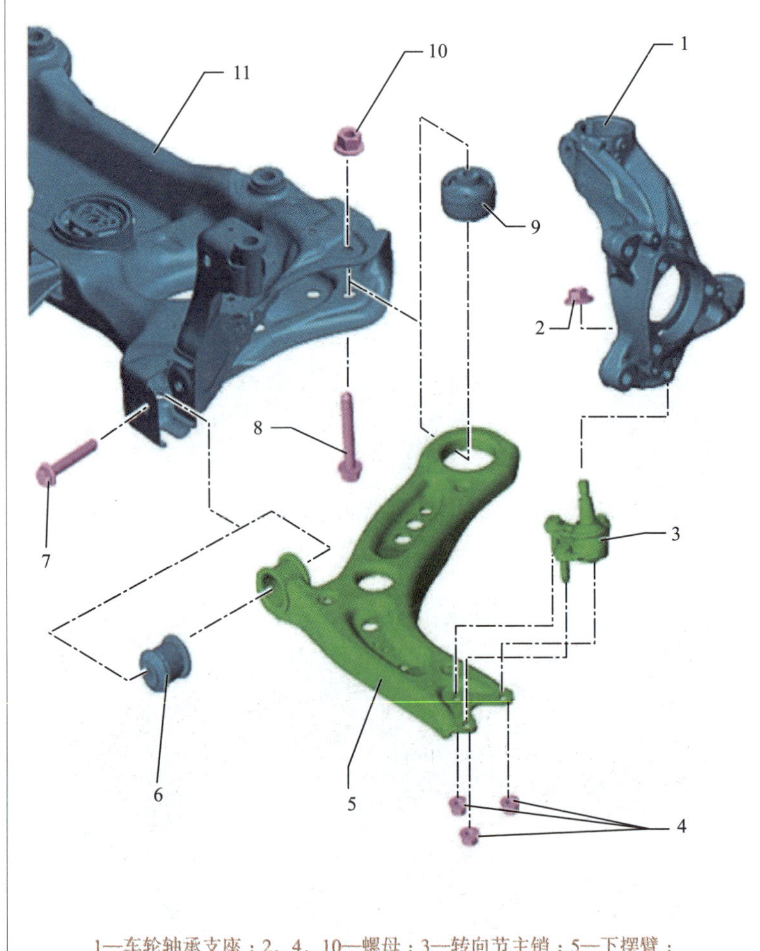

1—车轮轴承支座；2，4，10—螺母；3—转向节主销；5—下摆臂；6—前部橡胶金属支座；7，8—螺栓；9—后部橡胶金属支座；11—副车架

4. 检查、维修下摆臂

对拆下的下摆臂进行检查，发现其前部橡胶金属支座老化严重（图 1-1-15），需要对其进行更换。

（1）压出旧的橡胶金属支座；

（2）在橡胶金属支座外部涂抹装配润滑油，橡胶金属支座对准下摆臂，凹槽必须如图 1-1-17 所示朝向下摆臂；

（3）使用专用工具压入新的橡胶金属支座，如图 1-1-18 所示，压入后的下摆臂如图 1-1-16 所示。

图 1-1-15 老化的前部橡胶金属支座

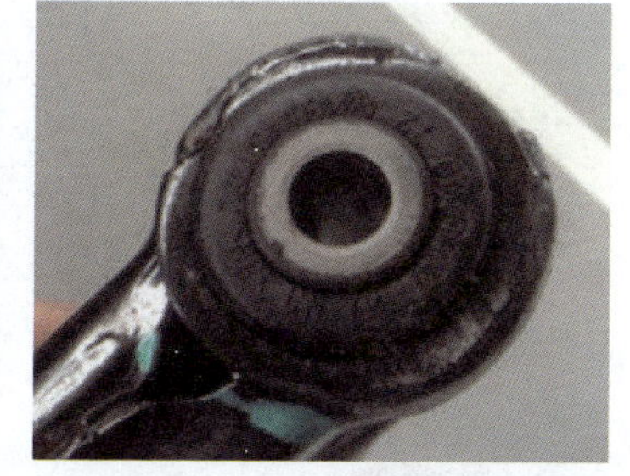

图 1-1-16 压入后的下摆臂

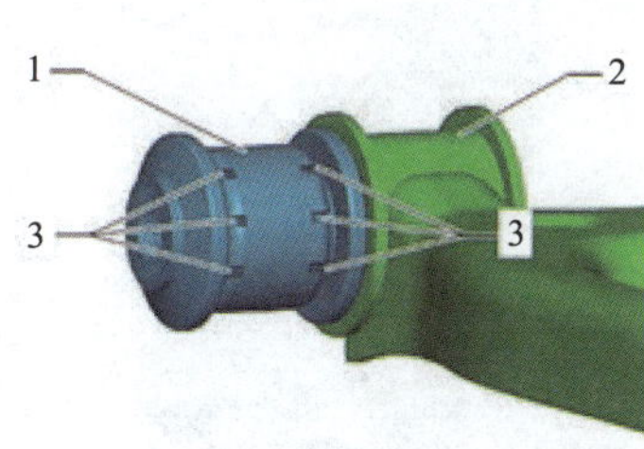

图 1-1-17 前部橡胶金属支座安装方向

1—橡胶金属支座；2—下摆臂；3—凹槽

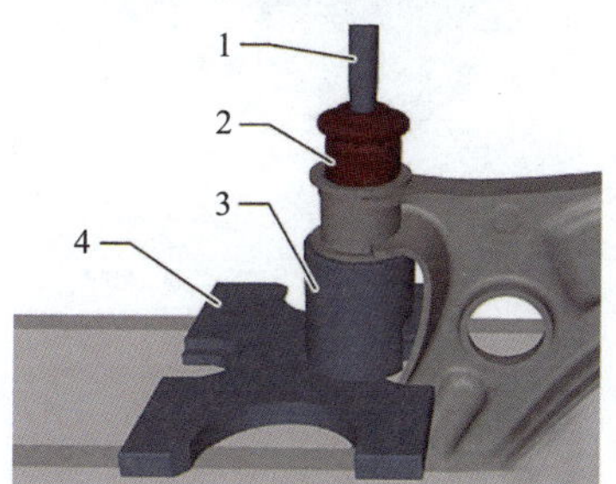

图 1-1-18 前部橡胶金属支座压装工具

1，3，4—专用工具组件；2—橡胶金属支座

检查主销方法

1. 沿箭头方向用力向下拉下摆臂，然后重新向上压	2. 沿箭头方向向内和向外用力按压车轮下部
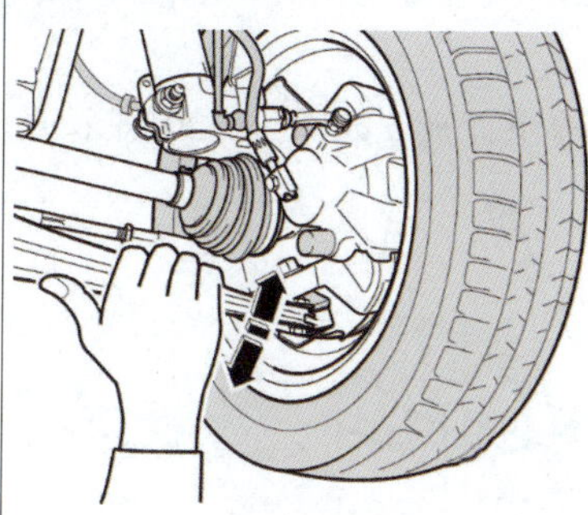	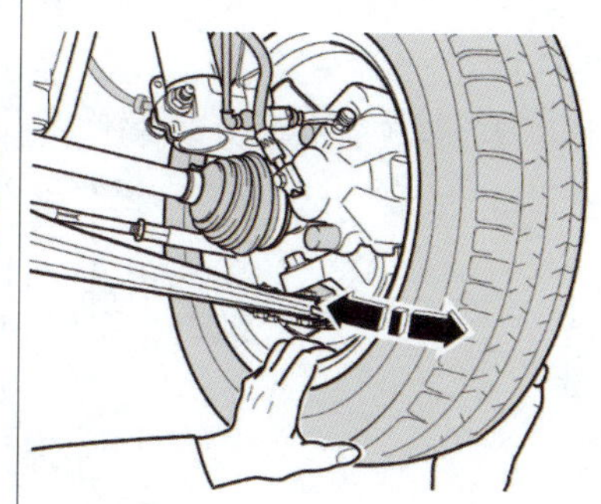
3. 在两次检测时都不允许存在可感觉到或可看到的“间隙”	

前部橡胶金属支座更换原则

• 压入前部橡胶金属支座，直至前部橡胶金属支座 1 与下摆臂上的孔 2 位于同一个高度	• 压入后的前部橡胶金属支座，两侧露出的距离应相等，即 $a=b$
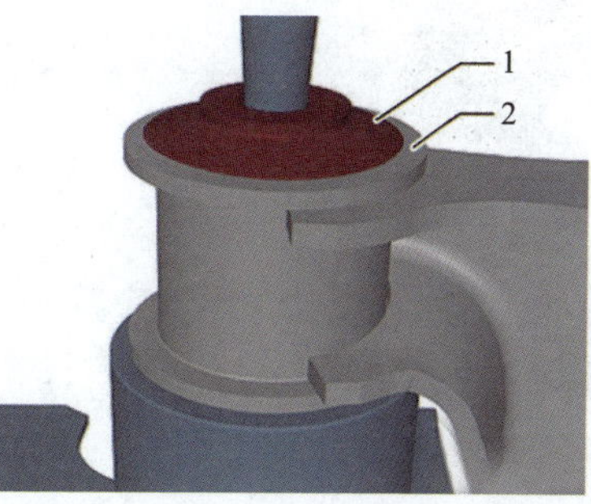	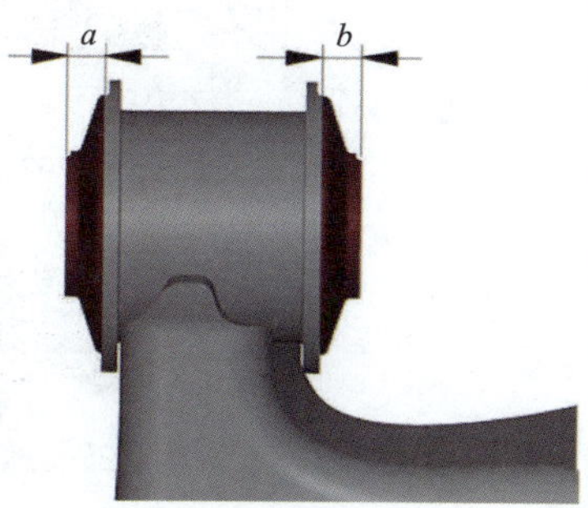

学习笔记

5. 拆卸车轮轴承

（1）拆下制动钳，用金属丝挂在车身上；

（2）拆下轮速传感器和制动盘；

（3）拧出螺栓，将制动管和 ABS 线束置于一旁，如图 1-1-19 所示；

（4）拧下盖板的紧固螺栓，并取下盖板，如图 1-1-20 所示；

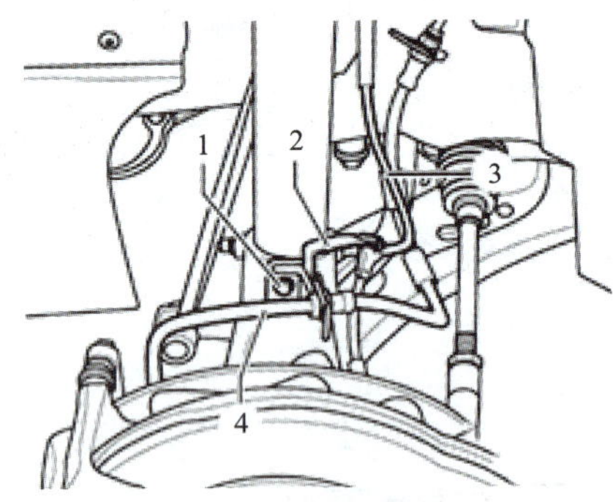

图 1-1-19　管路和线束

1—螺栓；2—固定卡子；3—ABS 线束；4—制动管

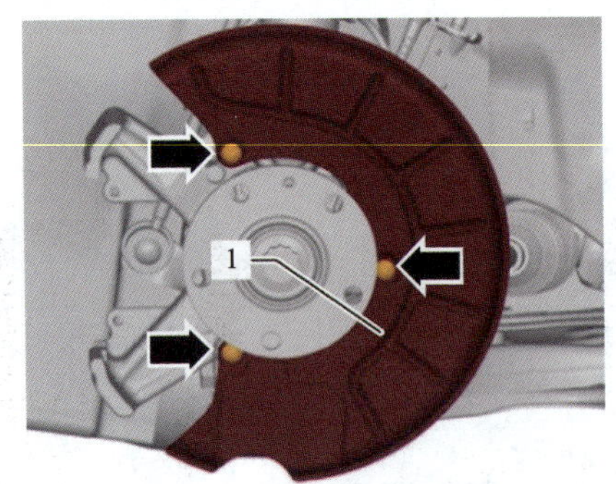

图 1-1-20　盖板紧固螺栓位置

1—车轮轴承罩中盖板

前车轮轴承装配图

1—盖板；2，4，6—螺栓；3—车轮轴承单元；5—车轮轴承罩；7—传动轴

（5）使用球形万向节压出器从车轮轴承支座中压出转向横拉杆并拧下螺母，如图 1-1-21 所示；

（6）拧出如图 1-1-22 箭头所示螺栓，从车轮轴承支座中取出车轮轴承单元。

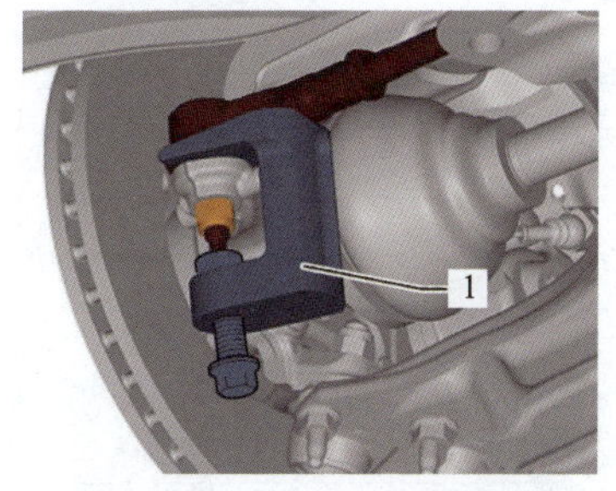

图 1-1-21　转向横拉杆球头

1—球形万向节压出器

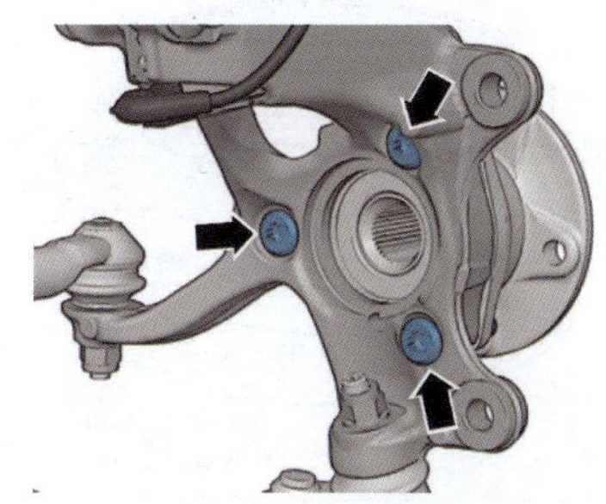

图 1-1-22　车轮轴承单元固定螺栓

6. 检查车轮轴承

对拆下的车轮轴承单元进行检查，发现轴承外圈有大量锈蚀（图 1-1-23），轴承已经锈死，无法转动，同样会造成车辆底盘部分异响，必须更换新的车轮轴承单元，如图 1-1-24 所示。

图 1-1-23　产生大量锈蚀的轴承

图 1-1-24　新的车轮轴承单元

前桥安装原则

• 必须在空载时拧紧橡胶金属支座上的所有螺栓	• 车身高度传感器的操作杆必须指向汽车外侧，车身高度传感器的螺纹必须拧入主销的外侧孔中，安装后要对车轮减振电子装置进行基本设置
• 安装前悬架螺旋弹簧时，将弹簧垫圈 1 装入减振器 2 中，螺旋弹簧 3 装到下部弹簧垫圈 1 上，弹簧垫圈 1 的端部必须紧贴止挡块 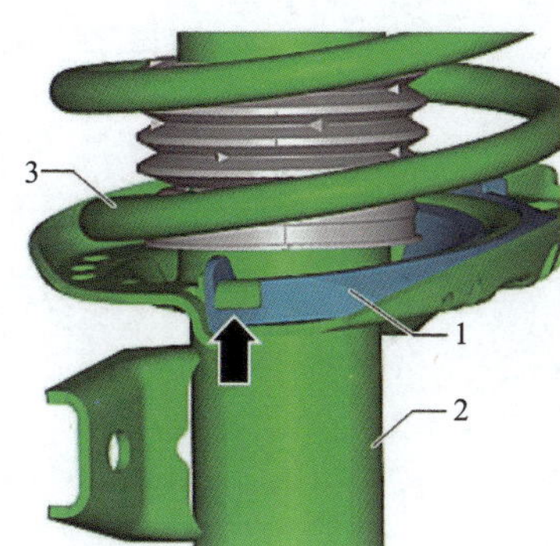	• 安装前悬架时，使箭头 1 位于内侧，弹簧座 2 上两个箭头 1 中的一个必须指向行驶方向 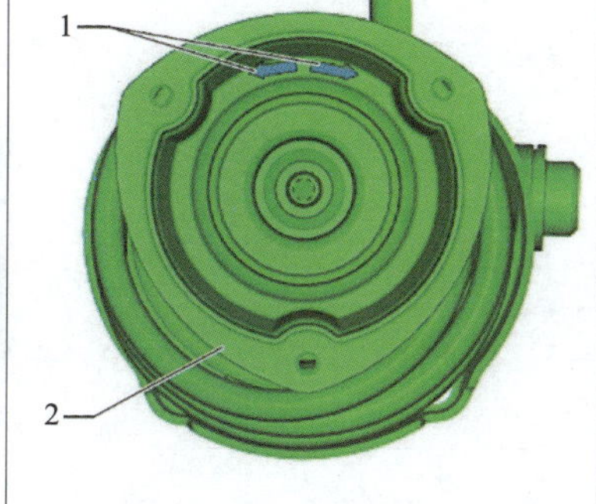
• 必须在空载时拧紧下摆臂与主销连接的三颗螺母及另外两颗连接螺栓	• 自锁螺母安装时必须更换新的，所有螺栓按照规定力矩值拧紧
• 安装完成后，需要对车轮进行定位	

学习笔记

视频

1-4 前减振器的组装与更换

学习笔记

7. 安装

将更换的新零部件，按照拆卸的倒序步骤进行装配。

步骤四：故障排除验证

维修人员对车辆进行路试，故障现象消失，故障排除。

车轮轴承放置形式及拿起方式

• 车轮轴承 1 必须始终朝上，并放置在轮毂 2 上	• 车轮轴承只能从外部抓住
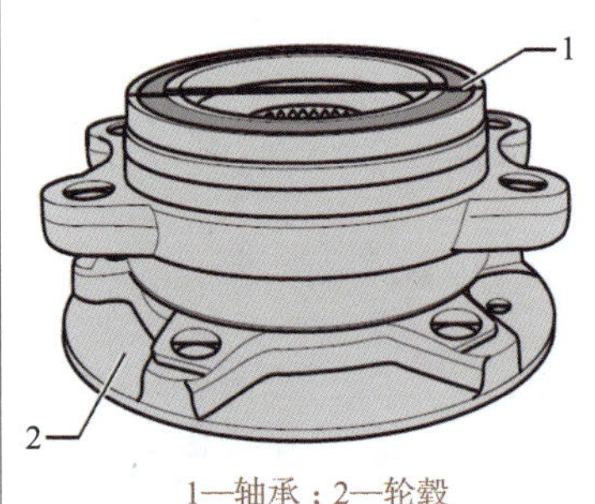 1—轴承；2—轮毂	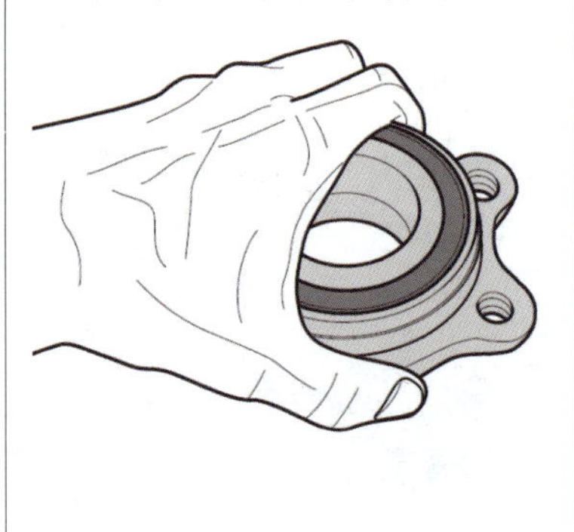

任务测评

一、知识测评

确定本任务关键词，按重要程度进行关键词排序并举例解读。

根据自己对重要信息捕捉、排序、表达、创新和划分权重的能力进行自评，满分 100 分（表 1-1-1）。

表 1-1-1　维修前桥知识测评表

序号	关键词	举例解读	评分自定
1			
2			
3			
4			
5			
总　分			

二、能力测评

对下表 1-1-2 中所列作业内容，操作规范即得满分，操作错误或未操作即零分。

表 1-1-2　维修前桥能力测评表

序号	能力点	配分	得分
1	拆卸前悬架	20	
2	分解、检查前悬架	15	
3	拆卸下摆臂	20	
4	检查、维修下摆臂	15	
5	拆卸车轮轴承	20	
6	检查车轮轴承	10	
总　分		100	

三、素养测评

对表 1-1-3 所列素养点，做到即得分，未做到即零分。

表 1-1-3　维修前桥素养测评表

序号	素养点	配分	得分
1	设备和工具安全检查	20	
2	车辆安全防护	20	
3	工具清洁、校准、存放	20	
4	工量辅具、零部件、油水液体“三不落地”	20	
5	工位“5S”	20	
总　分		100	

四、拓展训练

（1）请列举出在维修前悬架过程中易出现的问题，分析产生问题原因并制订解决问题的措施（满分 25 分）。

（2）车辆底盘右前部异响的故障原因有很多，如轮胎、轴承、下摆臂、前悬架、稳定杆、半轴、制动器等故障都会造成异响，经过检查，初步将故障点聚焦到前悬架、下摆臂、轴承等部分。试制订维修流程并进行维修（满分 25 分）。

（3）李洪学的一家人都从事着不同的职业，他的爷爷奶奶是农民，爸爸是医生，妈妈是教师，而李洪学从大学毕业后就来到了一家汽车 4S 店，成为一名汽车维修技师，虽然他们的职业不同，但是每个人都在自己的工作岗位上兢兢业业，贡献自己的一份力量。尤其是李洪学，虽然入职 4S 店才一年的时间，在师傅的教导和自己的努力下，领悟了很多关于汽车维修方面的作业思路，例如本质溯源就是一种行之有效的汽车维修思维方式。

学习笔记

请按图 1-1-25 所示思维导图格式，对维修前桥的学习收获进行总结，并阐述如何将“本质溯源”运用到维修前桥的作业过程中，同时结合自身及身边亲人、朋友的经历谈一谈你对“爱岗敬业”的理解（满分 50 分）。

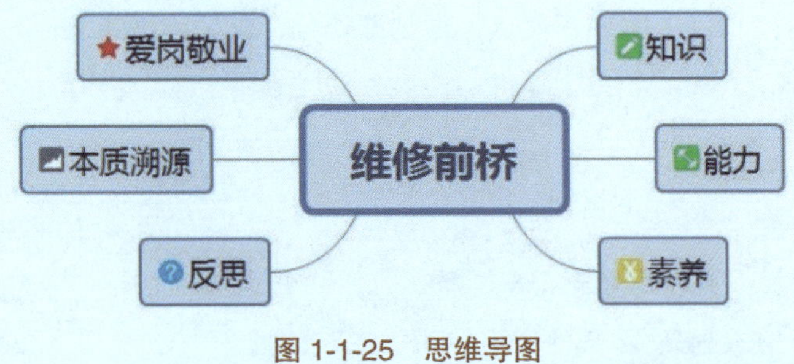

图 1-1-25　思维导图

学习笔记

任务二　维修后桥

职业行动

步骤一：故障现象确认

客户反映自己的 2018 款大众迈腾 B8L 轿车在行驶时车后噪声较大，速度在 80 ～ 100 km/h 时最大，车速再高噪声反而小了。维修人员对车辆进行路试，发现车辆低速噪声不明显，但能听到间歇性的噪声，随车速增加噪声增大，至 80 ～ 100 km/h 时噪声最大，继续提高车速，噪声与风声、轮胎噪声混合，不易区分，行驶时不论往左或往右打转向，噪声不变。

根据路试判断，声音大致为车辆左后侧发出。首先检查轮胎胎面，未发现异常磨损，包括锯齿状边缘，检查左右后轮轴承，间歇正常，转动灵活无卡滞，转动时也未听到有噪声发出，为验证是否由轮胎发出，进行轮胎换位后试车，噪声依旧无任何变化，排除了轮胎因素。因此需要对车辆左后桥进行拆卸，逐一检查各个零件。

步骤二：作业准备

1. 作业场地

选择带有消防设施的作业场地。

2. 设备设施

举升机、发动机和变速器举升平台、减振弹簧压缩器。

3. 工量辅具

常用工具套件、车轮扳手、扭力扳手、棘轮扳手、翼子板布、轮毂盖起拔器。

4. 零件耗材

手套、抹布、车轮轴承、防护三件套。

职业知识

后桥（又称后悬架）部件安装位置示意图（图中蓝色部分）

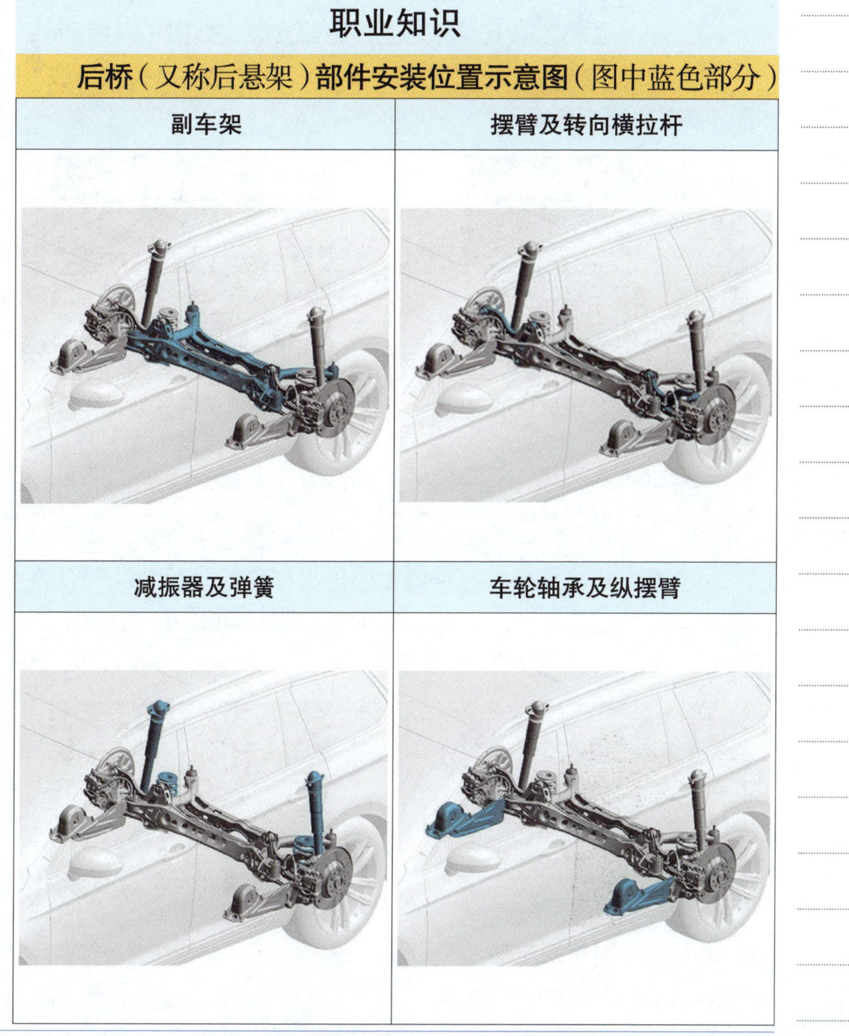

学习笔记

步骤三：故障诊断维修

1. 拆卸后悬架

（1）拆下左后车轮及轮速传感器；

（2）拧下螺栓，取下车身高度传感器支架，如图 1-2-1 所示；

（3）脱开减振器上的自适应底盘调节系统连接插头和导线，如图 1-2-2 中箭头所示；

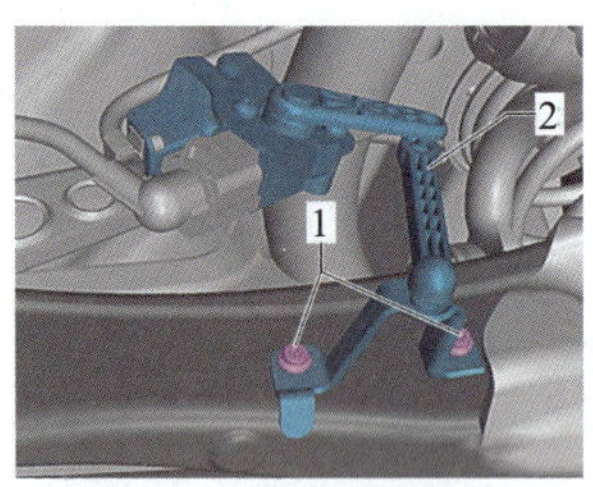

图 1-2-1 车身高度传感器

1—螺栓；2—车身高度传感器支架

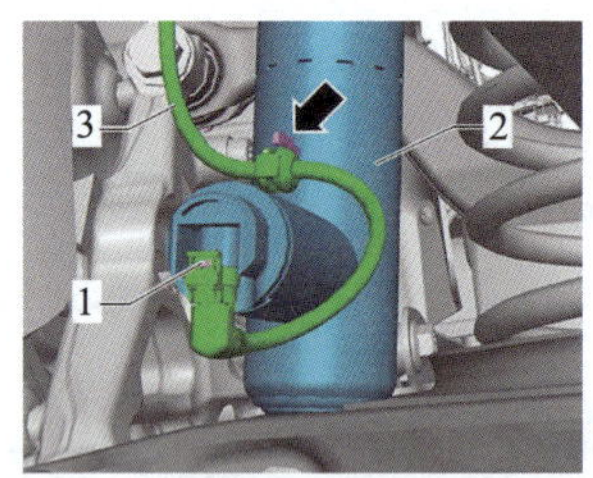

图 1-2-2 自适应底盘调节系统连接插头

1—自适应底盘调节系统连接插头；2—减振器；3—导线

（4）拧下减振器上的减振器支座连接螺栓，如图 1-2-3 所示；

（5）拧松减振器与下部横摆臂的连接螺栓和螺母，如图 1-2-4 所示；

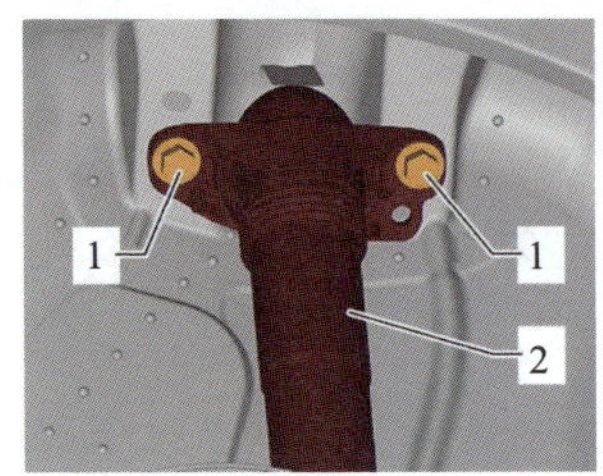

图 1-2-3 减振器支座

1—减振器支座连接螺栓；2—减振器

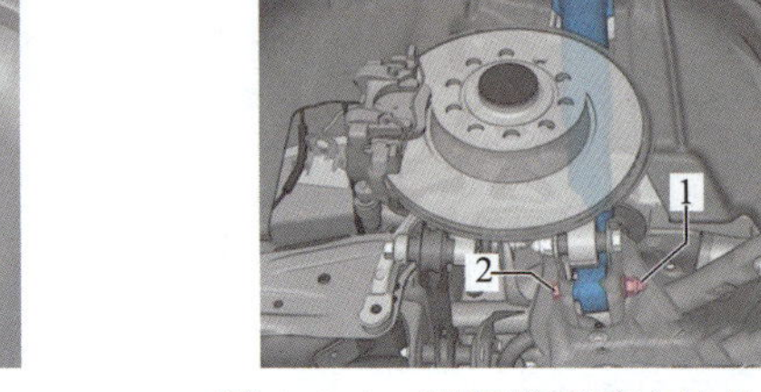

图 1-2-4 下部横摆臂连接位置

1—螺母；2—连接螺栓

后悬架装配图

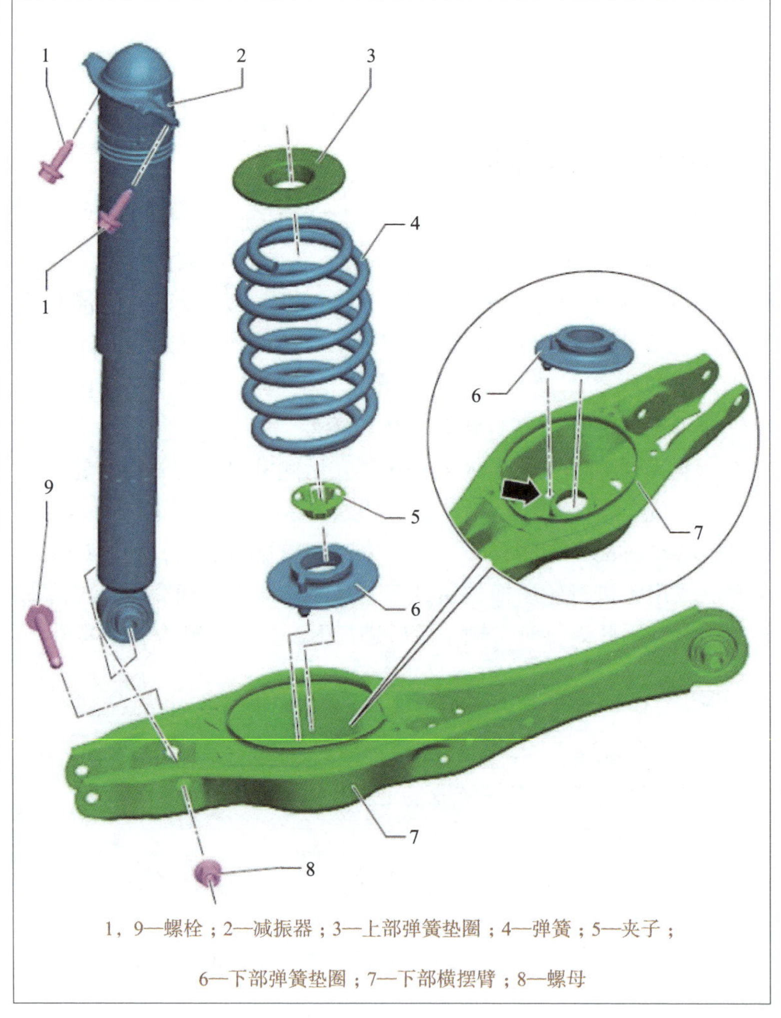

1，9—螺栓；2—减振器；3—上部弹簧垫圈；4—弹簧；5—夹子；6—下部弹簧垫圈；7—下部横摆臂；8—螺母

（6）向内按压装配辅助件的凸耳并取出，如图 1-2-5 所示；

（7）装入弹簧张紧装置，用扳手将弹簧张紧装置拧到一起，张紧螺旋弹簧，如图 1-2-6 所示；

（8）拧下连杆与下部横摆臂连接螺栓和螺母，如图 1-2-7 所示；

（9）拧下减振器与下部横摆臂的螺母和连接螺栓，如图 1-2-8 所示，取下减振器；

（10）拧下车轮轴承罩与下部横摆臂的螺母和连接螺栓，如图 1-2-8 所示，取下张紧的弹簧。

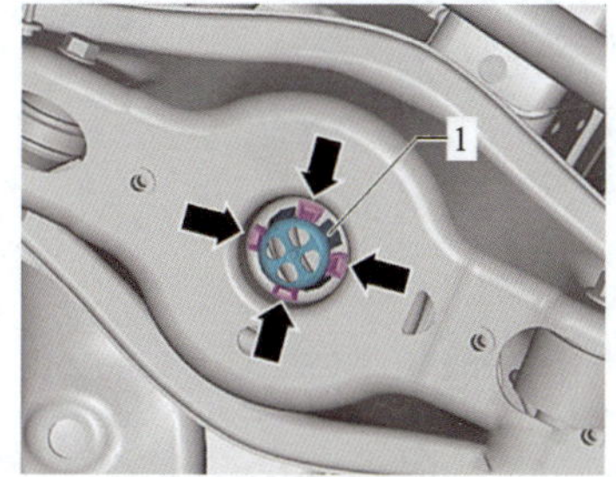

图 1-2-5　装配辅助件

1—下部横摆臂装配辅助件

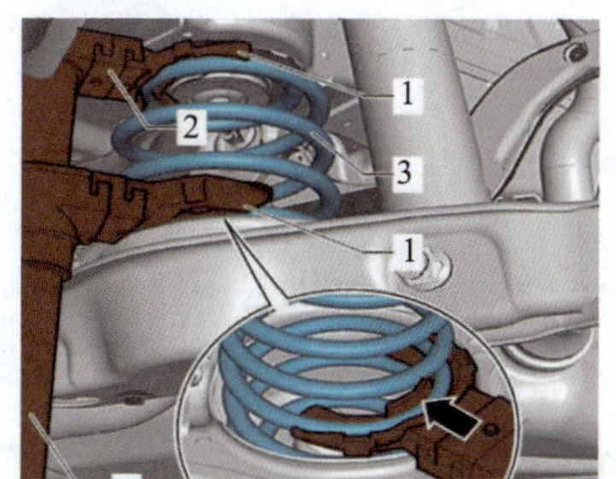

图 1-2-6　弹簧张紧装置

1—弹簧座圈；2—适配接头；3—螺旋弹簧

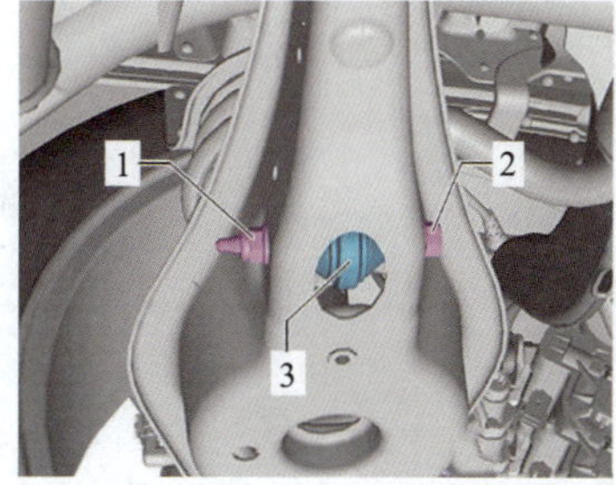

图 1-2-7　连杆连接位置

1—螺母；2—连接螺栓；3—连杆

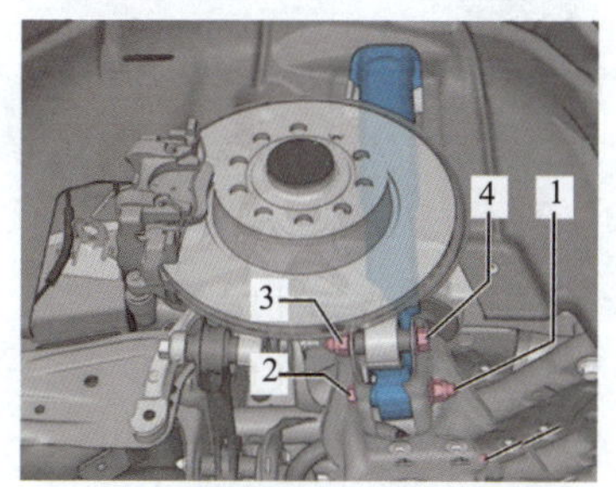

图 1-2-8　车轮轴承罩连接位置

1，3—螺母；2，4—连接螺栓

后减振器装配图

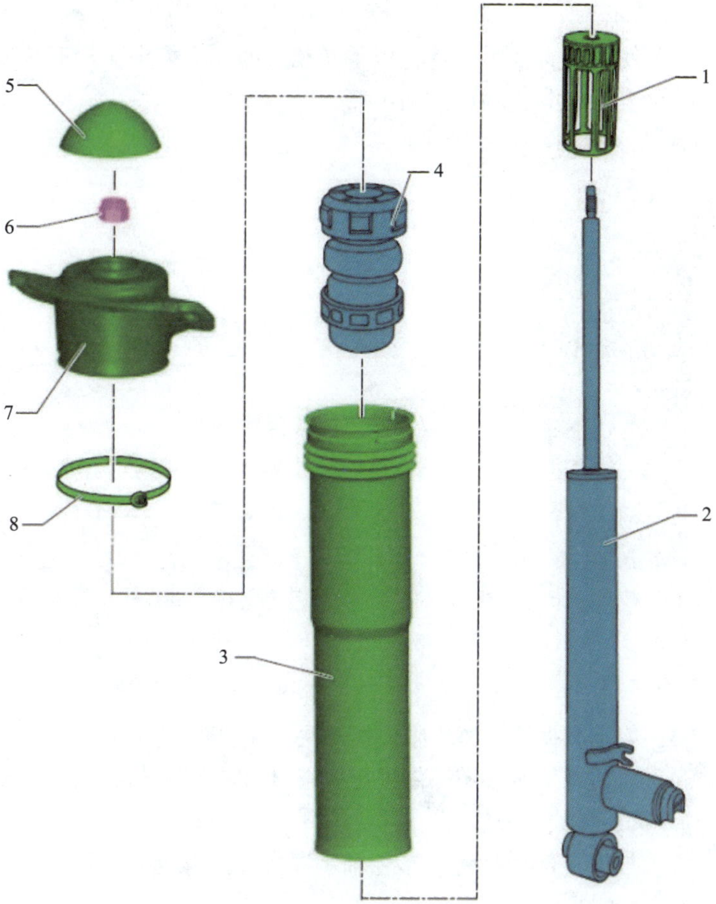

1—挡圈；2—减振器；3—保护套；4—限位缓冲块；

5—盖板；6—螺母；7—减振器支座；8—扎带

学习笔记

学习笔记

2. 分解、检查后悬架

（1）将盖板从减振器支座上取下，切断保护套上的扎带，如图 1-2-9 所示；

（2）使用扭力扳手、棘轮扳手及相应的 3 个接头，拧下减振器支座的连接螺栓，如图 1-2-10 所示；

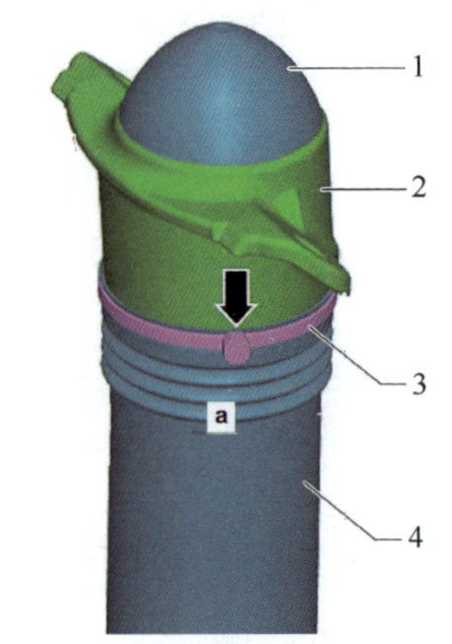

图 1-2-9　减振器上部结构

1—盖板；2—减振器支座；3—扎带；4—保护套；

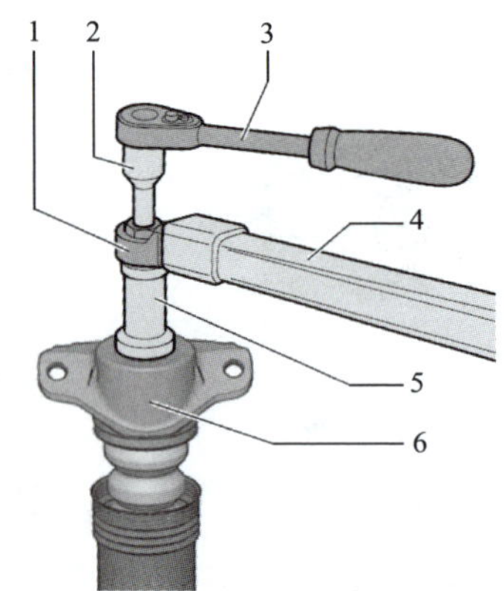

图 1-2-10　连接螺栓拆卸

1，2，5—接头；3—棘轮扳手；4—扭力扳手；6—减振器支座

（3）取下减振器支座、限位缓冲块、保护套、挡圈；

（4）对后悬架所有零部件进行检查，均未发现异常。

3. 拆卸摆臂、横拉杆

（1）拧下上部横摆臂与车轮轴承罩的连接螺栓、螺母，取出 2 个垫圈，如图 1-2-11 所示；

（2）用记号笔标记出偏心螺栓相对于副车架的位置，拧下螺母和偏心螺栓，取出上部横摆臂，如图 1-2-12 所示；

横摆臂装配图

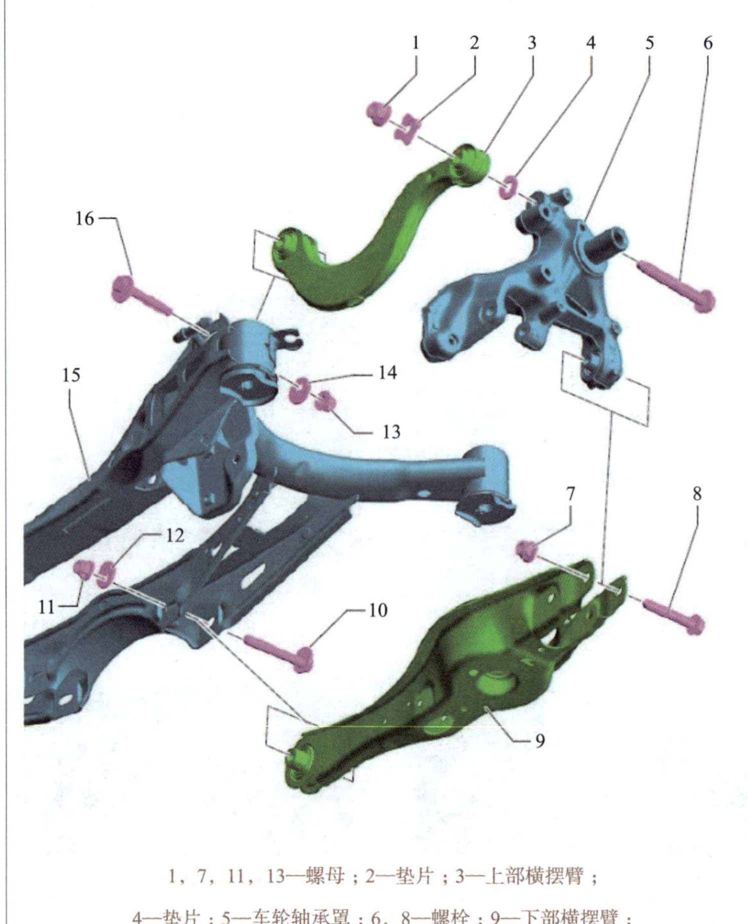

1，7，11，13—螺母；2—垫片；3—上部横摆臂；4—垫片；5—车轮轴承罩；6，8—螺栓；9—下部横摆臂；10，16—偏心螺栓；12，14—偏心垫圈；15—副车架

工匠精神就是一丝不苟，精益求精，一以贯之

（3）用记号笔标记出偏心螺栓相对于副车架的位置，拧下螺母和偏心螺栓，取出下部横摆臂，如图 1-2-13 所示；

（4）拧下横向稳定杆在副车架上的两颗连接螺栓，如图 1-2-14 所示；

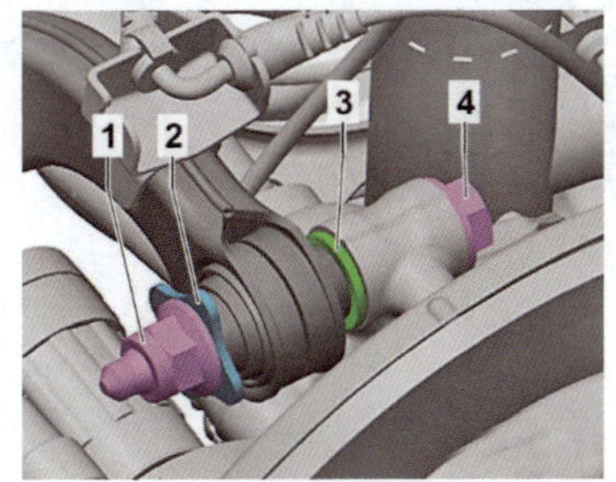

图 1-2-11　上部横摆臂连接位置

1—螺母；2，3—垫圈；4—连接螺栓

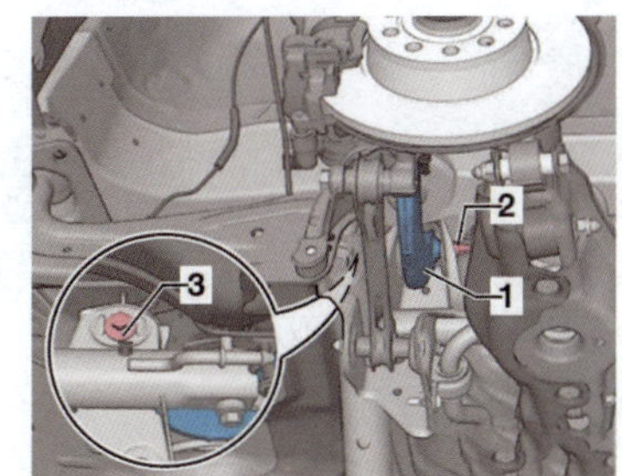

图 1-2-12　上部横摆臂偏心螺栓

1—上部横摆臂；2—螺母；3—偏心螺栓

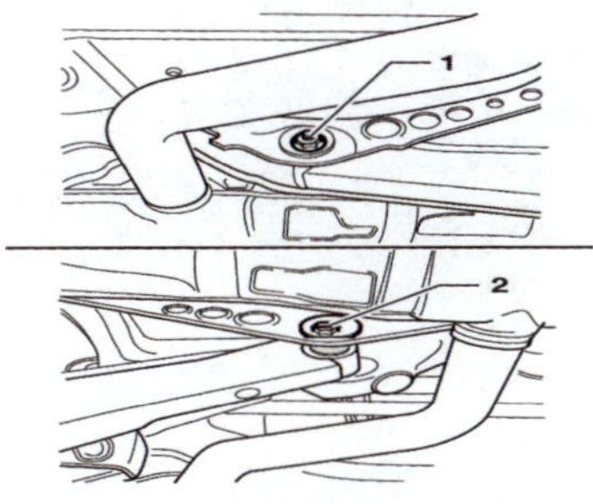

图 1-2-13　下部横摆臂连接位置

1—螺母；2—偏心螺栓

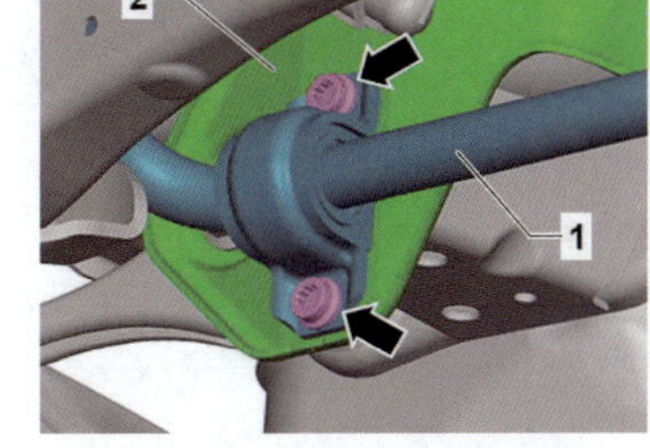

图 1-2-14　稳定杆固定位置

1—横向稳定杆；2—连接螺栓

（5）拧下螺栓 3、4，取出横拉杆 2，如图 1-2-15 所示。

4. 检查摆臂、横拉杆

对拆下的上部横摆臂、下部横摆臂、横拉杆进行检查，未发现它们有弯曲等变形情况，所有的橡胶金属支座未损坏（图 1-2-16），判断此部分不是产生故障的原因。

横拉杆装配图

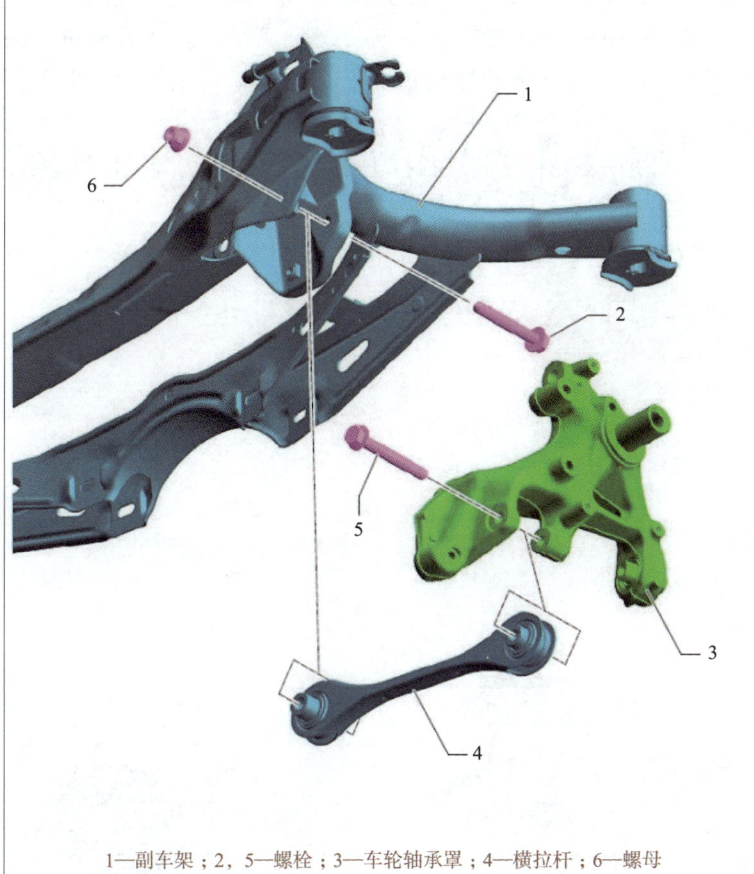

1—副车架；2，5—螺栓；3—车轮轴承罩；4—横拉杆；6—螺母

学习笔记

学习笔记

5. 拆卸车轮轴承、纵摆臂

（1）通过轻轻敲打轮毂盖起拔器的卡爪，将防尘罩从位置上脱开，顶出防尘罩，如图 1-2-17 所示；

（2）拆下制动器支架与制动钳，脱开驻车制动电动机上的电气插头，并用金属丝挂到车身上，拧出制动盘螺栓，拆下制动盘；

（3）使用棘轮扳手将螺栓拧下，从轴颈上取下车轮轴承单元，如图 1-2-18 所示；

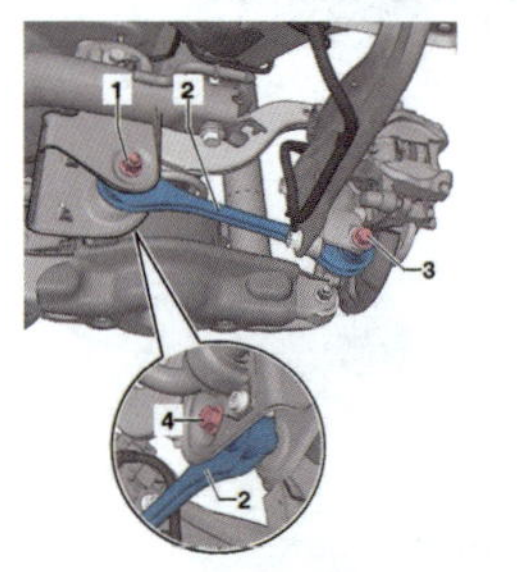

图 1-2-15 横拉杆连接位置

1—螺母；2—横拉杆；3，4—螺栓

图 1-2-16 上部横摆臂橡胶金属支座

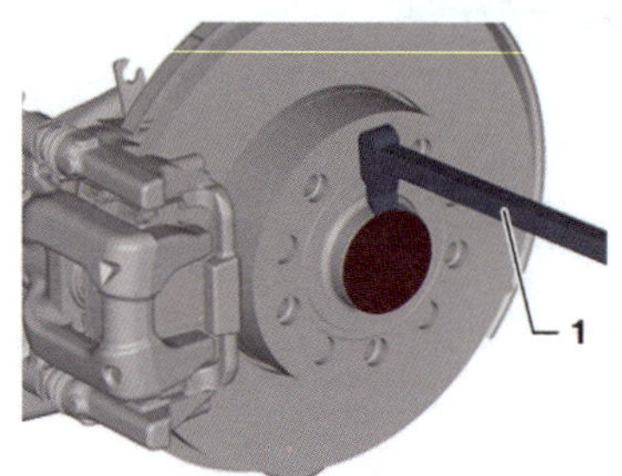

图 1-2-17 防尘罩

1—轮毂盖起拔器

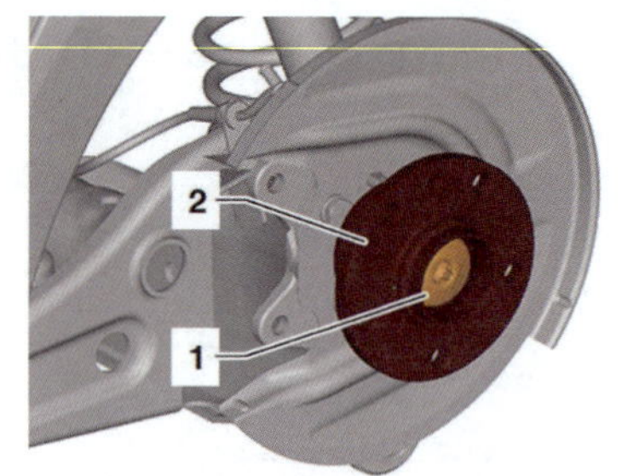

图 1-2-18 车轮轴承单元固定位置

1—螺栓；2—车轮轴承单元

后车轮轴承装配图

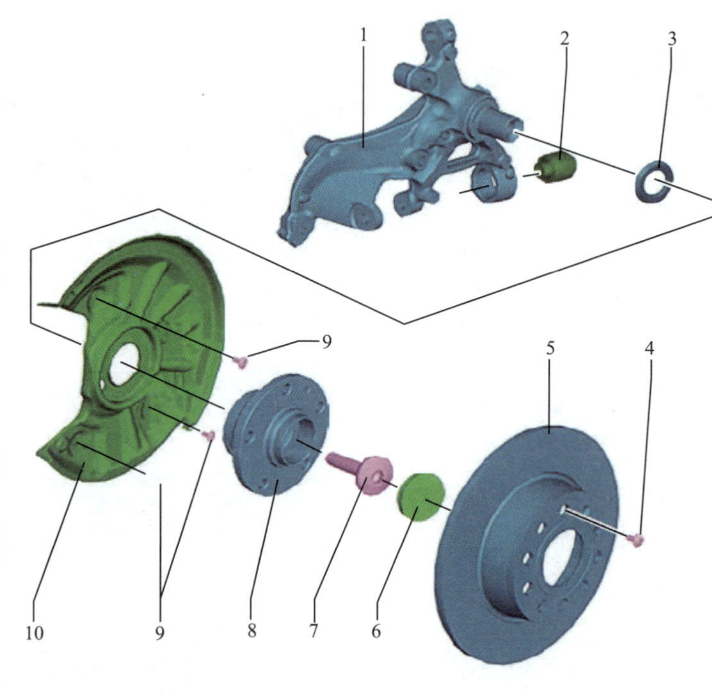

1—车轮轴承罩；2—橡胶金属支座；3—垫片；4，7，9—螺栓；5—制动盘；6—防尘罩；8—车轮轴承单元；10—隔热板

（4）拆卸隔热板，拧下纵摆臂的两颗连接螺栓，如图 1-2-19 所示，取下车轮轴承罩；

（5）拆下轴承座上的导线，在车身上标记出轴承座的安装位置，拧出螺栓，取出带轴承座的纵摆臂，如图 1-2-20 所示。

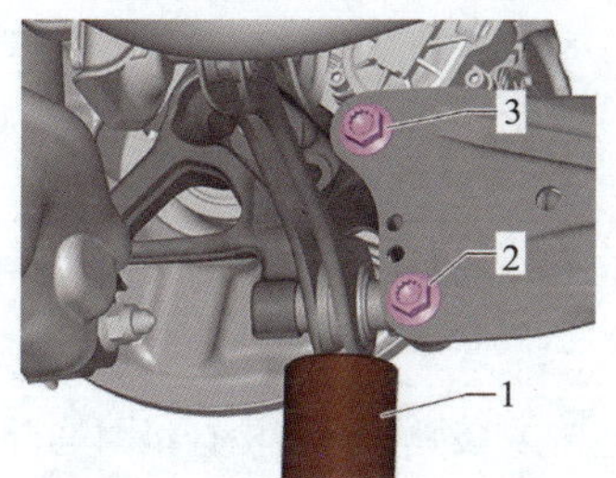

图 1-2-19　纵摆臂与车轮轴承罩连接位置

1—发动机和变速器举升装置；2，3—连接螺栓

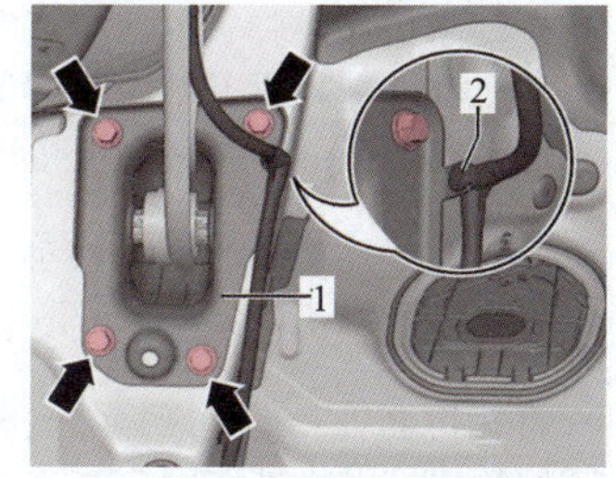

图 1-2-20　带轴承座的纵摆臂

1—轴承座；2—导线

6. 检查车轮轴承、纵摆臂

（1）对后车轮轴承进行检查，转动自如，无异常，如图 1-2-21 所示；

（2）将纵摆臂夹在台虎钳上，拧下螺栓，从纵摆臂上取下轴承座，如图 1-2-22 所示；

图 1-2-21　后车轮轴承

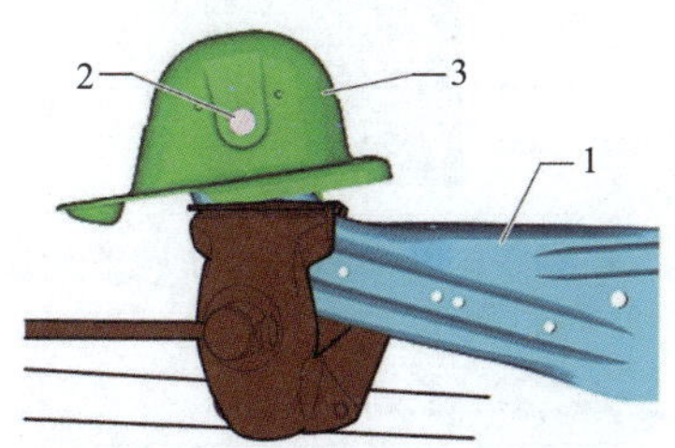

图 1-2-22　纵摆臂上的轴承座

1—纵摆臂；2—螺栓；3—轴承座

纵摆臂装配图

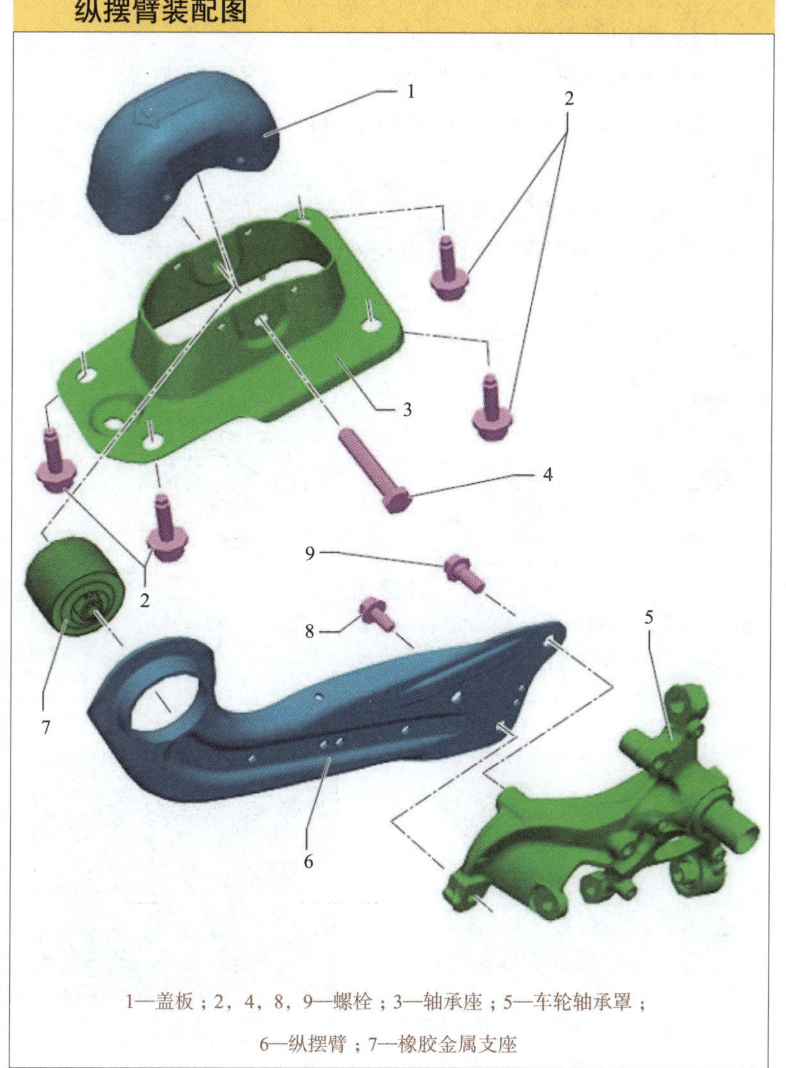

1—盖板；2，4，8，9—螺栓；3—轴承座；5—车轮轴承罩；6—纵摆臂；7—橡胶金属支座

学习笔记

学习笔记

（3）发现纵摆臂的橡胶金属支座已经严重老化，需要更换；

（4）使用专用工具压出旧的橡胶金属支座；

（5）将右侧角形件的外边缘安放在孔 1 的上部半径上和孔 2 的下部半径上，在纵摆臂衬套的上方和下方分别做一个标记，如图 1-2-23 所示；

（6）将新的橡胶金属支座安放在纵摆臂上,使标记线（图 1-2-24）沿着棱边展开，使用专用工具将其压入，如图 1-2-25 所示。

7. 安装

将新的零部件按照拆卸的倒序步骤进行装配（图 1-2-26）。

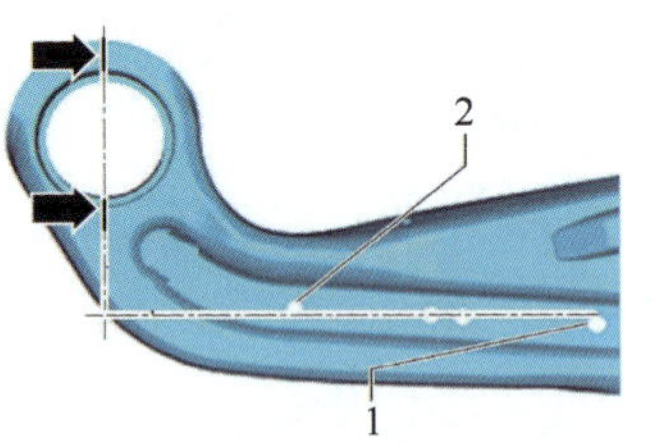

图 1-2-23　橡胶金属支座标记线确定方法

1，2—定位孔

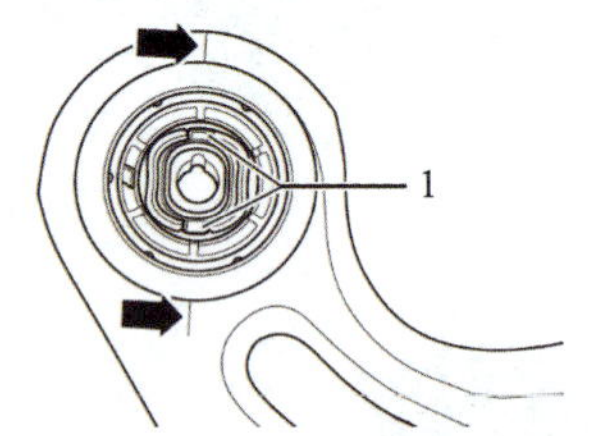

图 1-2-24　橡胶金属支座对齐方式

1—橡胶金属支座棱边

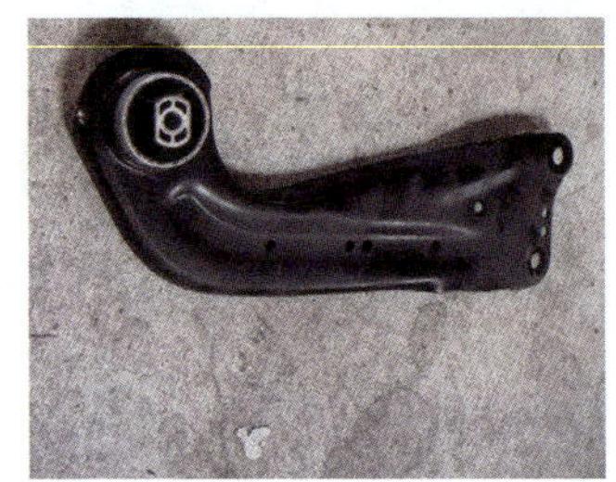

图 1-2-25　更换橡胶金属支座的纵摆臂

图 1-2-26　重新装配的后桥

后悬架安装原则	
• 举升车辆前，在汽车两侧用张紧带将汽车绑在升降台的支撑臂上	• 必要时，拆卸底板饰板
• 拆卸减振器及弹簧前，应将发动机和变速器举升装置放到下部横摆臂下面并稍稍向上按压	• 必须在空载时拧紧各杆件的连接螺栓
• 安装时，注意偏心螺栓相对于副车架的标记	• 当插头区域受潮时，用压缩空气吹净减振器和插头上的触点
• 将保护套管 4 推到减振器支座 2 上，并用扎带 3 固定，盖上盖板 1，扎带 3 的锁扣（如图箭头所示）必须在区域 a 内	• 安装弹簧前，检查垫圈是否损伤，必要时更换，垫圈装到下部螺旋弹簧上，弹簧端部（如图箭头所示）必须紧贴弹簧垫圈的止挡块，下部弹簧垫圈的轴销必须安装在下部横摆臂的钻孔内
• 对于配备车身高度传感器的车辆，安装后要对车轮减振电子装置进行基本设置	• 上部弹簧垫圈安装在上部弹簧末端，弹簧垫圈的凸起部分必须正确靠紧螺旋弹簧
• 安装完成后，需要对车轮进行定位	

工匠精神就是一丝不苟，精益求精，一以贯之

8. 基本设置

使用故障诊断仪对车轮减振电子装置和前照灯进行基本设置。

步骤四：故障排除验证

维修人员对车辆进行路试，故障现象消失，故障排除。

纵摆臂和车轮轴承罩安装原则

- 只有当已经安装相应的车轮悬架的所有其他部件（务必包含弹簧和减振器）时，才允许拧紧纵摆臂 / 车轮轴承罩的螺栓连接；
- 拧紧时，车轮悬架必须处于不受力的状态，这样纵摆臂和车轮轴承罩才能移动到规定位置，如下图箭头所示

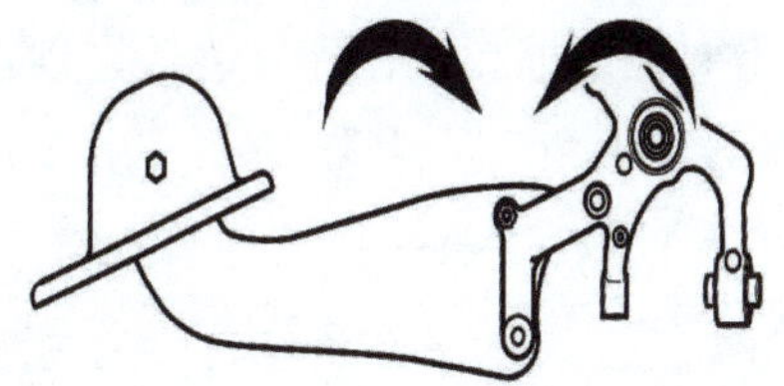

学习笔记

任务测评

一、知识测评

确定本任务关键词，按重要程度进行关键词排序并举例解读。

根据自己对重要信息捕捉、排序、表达、创新和划分权重的能力进行自评，满分 100 分（表 1-2-1）。

表 1-2-1　维修后桥知识测评表

序号	关键词	举例解读	评分自定
1			
2			
3			
4			
5			
总　分			

二、能力测评

对表 1-2-2 所列作业内容，操作规范即得分，操作错误或未操作即零分。

表 1-2-2　维修后桥能力测评表

序号	能力点	配分	得分
1	拆卸后桥	20	
2	分解、检查后桥	15	
3	拆卸摆臂、横拉杆	20	
4	检查摆臂、横拉杆	15	
5	拆卸车轮轴承、纵摆臂	20	
6	检查车轮轴承、纵摆臂	10	
总　分		100	

三、素养测评

对表 1-2-3 所列素养点，做到即得分，未做到即零分。

表 1-2-3　维修后桥素养测评表

序号	素养点	配分	得分
1	设备和工具安全检查	20	
2	车辆安全防护	20	
3	工具清洁、校准、存放	20	
4	工量辅具、零部件、油水液体“三不落地”	20	
5	工位“5S”	20	
总　分		100	

四、拓展训练

（1）请列举出在维修后桥过程中易出现的问题，分析产生问题原因并制订解决问题的措施（满分 25 分）。

（2）检查轮胎胎面和左右后轮轴承，均未发现异常，进行轮胎换位后试车，噪声依旧无任何变化，排除了轮胎因素。因此需对车辆左后桥进行拆卸，逐一检查各个零件。试制订维修流程并进行维修（满分 25 分）。

（3）李洪学大学毕业后入职一家汽车 4S 店已经一年了，工作期间在师傅的言传身教下，他养成了一丝不苟，精益求精，一以贯之的工作态度，只要是故障车进店，他都能够在师傅的指导下将故障排除，同时为客户检查是否还有其他故障隐患存在，得到客户的一致好评，现在他已经能够独立进行操作了。同时，他也积累了大量的汽车维修经验，并将各类故障现象进行分类归纳总结，形成了自己的案例库。

工匠精神就是一丝不苟，精益求精，一以贯之

学习笔记

请按图 1-2-27 所示思维导图格式，对维修后桥的学习收获进行总结，并阐述在汽车维修工作过程中你将如何积累经验形成自己的案例库？同时结合自身情况谈一谈对“精益求精”和建立自己的“案例库”的理解（满分 50 分）。

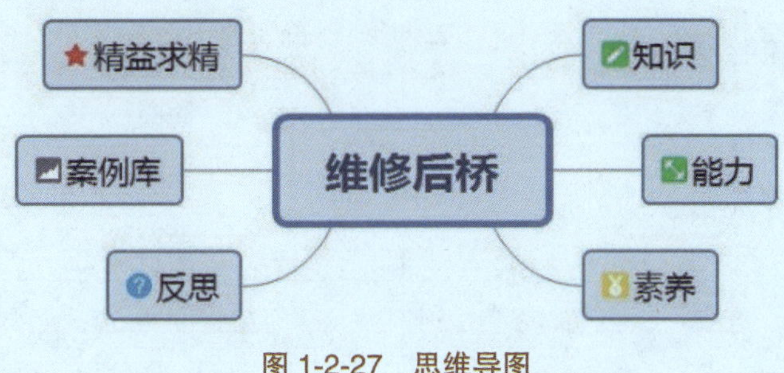

图 1-2-27　思维导图

学习笔记

任务三　修补轮胎

职业行动

步骤一：故障现象确认

客户反映自己的 2018 款大众迈腾 B8L 轿车在行驶时仪表盘上轮胎压力监控指示灯点亮，显示右前侧轮胎压力过低。维修人员对车辆右前车轮轮胎进行检查，发现其轮胎压力（简称胎压）远远低于标准值。

根据检查判断，右前车轮轮胎胎压远低于标准值，可能是轮胎扎胎或气门芯损坏而产生漏气造成的，需要进一步对轮胎进行仔细检查，如轮胎扎胎则用外补法或内补法进行轮胎修补，如气门芯损坏则需要对其进行更换。维修完成后，对轮胎压力监控指示灯进行恢复。

步骤二：作业准备

1. 作业场地

选择带有消防设施的作业场地。

2. 设备设施

举升机、故障诊断仪、轮胎拆装机。

3. 工量辅具

常用工具套件、车轮扳手、扭力扳手、翼子板布、胎压表、滚轮、深度尺、平衡钳、专用补胎锥。

4. 零件耗材

手套、抹布、补胎胶条、胶水、补胎贴片、防护三件套。

职业知识

轮胎结构图

外部结构	1	胎圈
	2	胎侧
	3	胎肩
	4	胎面
内部结构	5	钢丝带束层
	6	胎体帘布层
	7	气密层
	8	钢丝圈

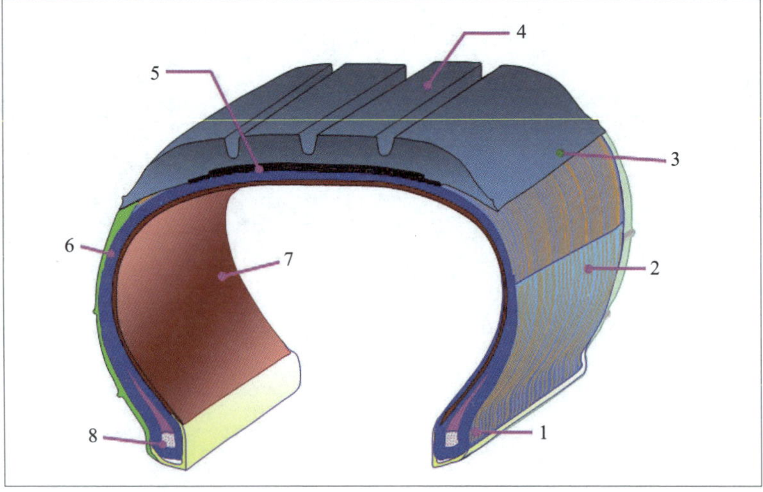

步骤三：故障诊断维修

1. 拆卸车轮

（1）使用车轮扳手，拧松所有的车轮连接螺栓；

（2）使用举升机将车辆升起到合适高度；

（3）拧下所有的车轮连接螺栓；

（4）取下车轮。

2. 检查车轮

（1）清除轮胎上附着的泥土、砂石等异物；

（2）检查轮胎外观是否有异常磨损、破裂，用深度尺测量轮胎花纹深度，如图 1-3-1 所示，如有异常应更换轮胎；

（3）检查轮辋有无变形、损伤、裂纹，如图 1-3-2 所示，如有应更换；

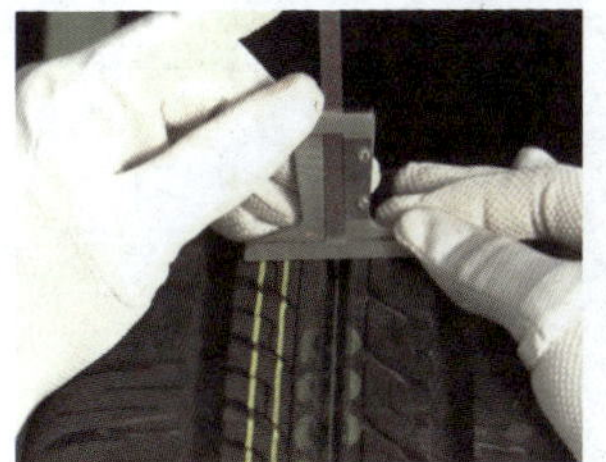

图 1-3-1　轮胎花纹深度

图 1-3-2　轮辋检查

（4）使用平衡钳取下轮辋上原有的平衡块，如图 1-3-3 所示；

（5）用气泵将轮胎充满气，涂抹泡沫水查出一处漏气点；

（6）将漏气点的位置用记号笔做好标记，如图 1-3-4 所示。

轮辋检测方法

① 检查轮辋密封面有无腐蚀、损伤；

② 取下轮辋上原有的平衡块；

③ 清洁轮辋密封面的残余橡胶；

④ 将轮辋安装在动平衡机上；

⑤ 缓慢转动轮辋；

⑥ 使用百分表分别检测轮辋径向跳动量和轴向跳动量（即指针的最小和最大摆幅）；

⑦ 如测得数值在额定值范围内，则说明轮辋没有问题，可以进行下一步操作；

⑧ 如检测结果超出额定值范围，就不能达到可接受的平稳运转状态，需要更换轮辋

轮辋径向跳动和轴向跳动额定值

轮辋	径向跳动 /mm	轴向跳动 /mm
钢制车轮	0.5	0.5
轻合金车轮	0.5	0.8

• 轮辋径向跳动量检测位置

• 轮辋轴向跳动量检测位置

学习笔记

学习笔记

图 1-3-3　旧平衡块拆卸

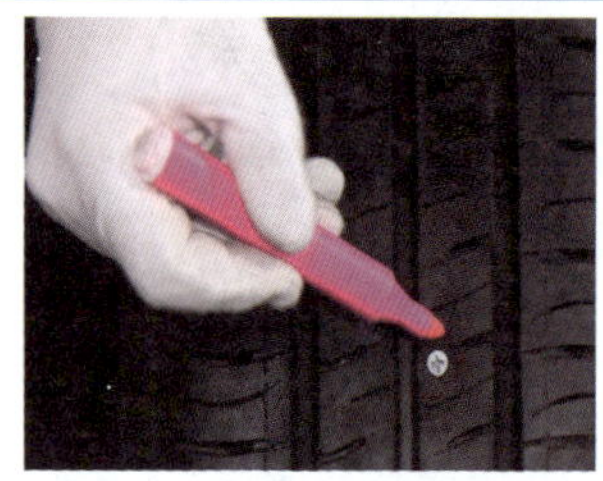
图 1-3-4　损坏位置标记

3. 修补轮胎

（1）外补法。

① 将补胎胶条穿入补胎锥的锥眼中，如图 1-3-5 所示；

② 补胎锥插入漏气点，使补胎胶条完全进入轮胎，如图 1-3-6 所示；

③ 将补胎锥拉出，带出部分胶条，将其割断，如图 1-3-7 所示；

④ 将轮胎充气至规定气压，如图 1-3-8 所示，涂抹泡沫水查看漏气点是否已完全修补。

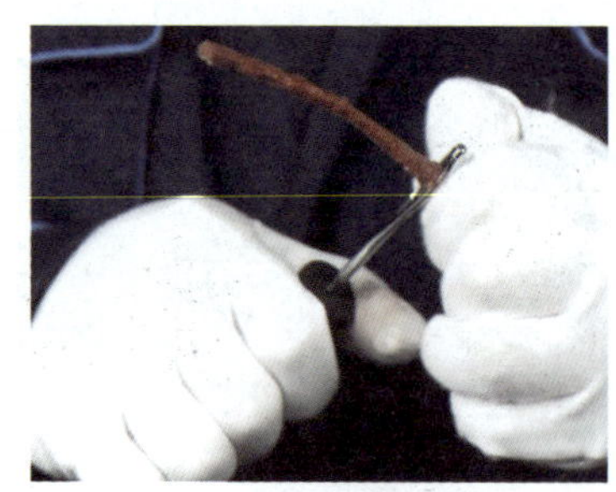
图 1-3-5　补胎胶条

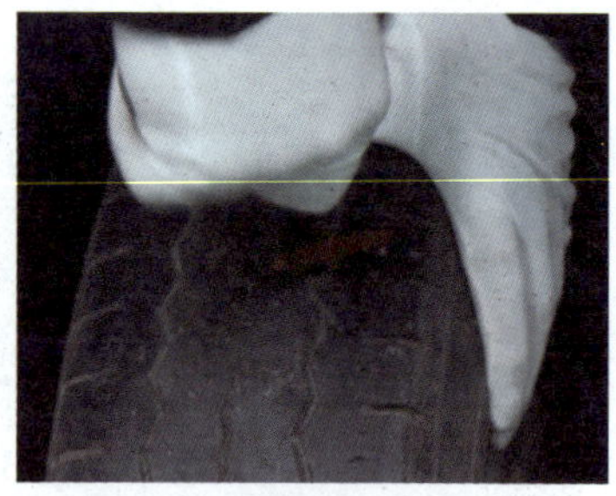
图 1-3-6　漏气点修补

（2）内补法。

① 分离轮胎：

a. 放出轮胎中的所有气体，拆下气门芯，如图 1-3-9 所示；

轮胎拆装机组成图

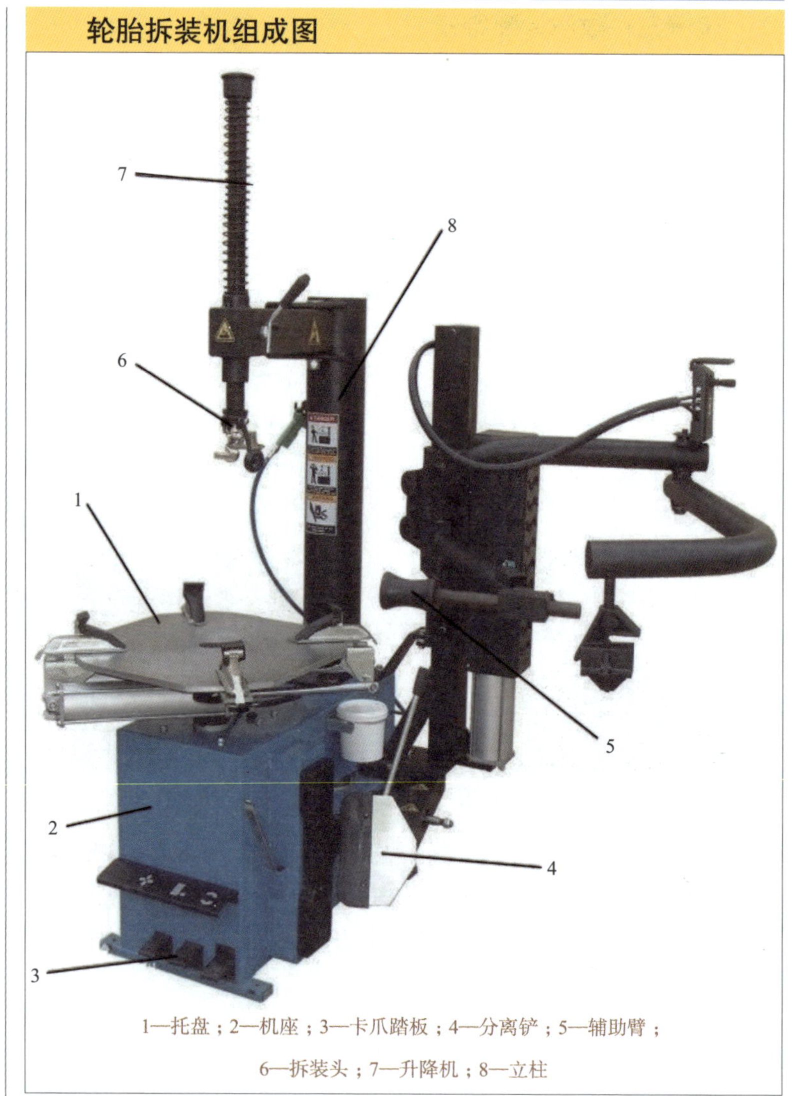

1—托盘；2—机座；3—卡爪踏板；4—分离铲；5—辅助臂；6—拆装头；7—升降机；8—立柱

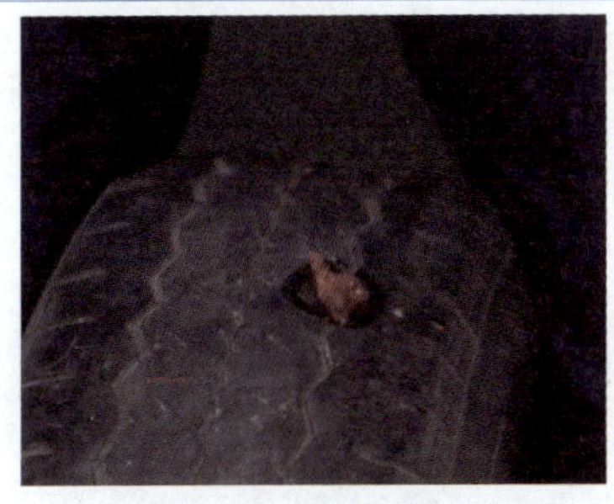

图 1-3-7　补胎完成

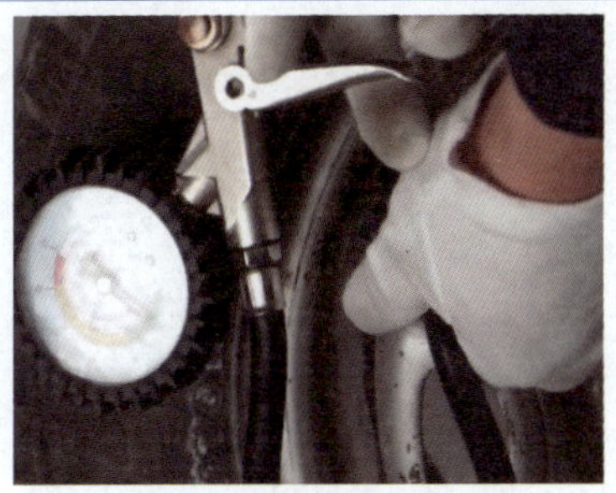

图 1-3-8　轮胎充气

b．将轮胎垂直放在轮胎拆装机右侧并紧贴橡胶板，通过手柄将分离铲贴在距离轮辋边缘 1 cm 的胎侧处，踩下分离踏板，如图 1-3-10 所示；

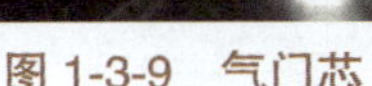

图 1-3-9　气门芯

图 1-3-10　分离铲

c．转动轮胎，反复几次，使轮胎一侧的胎唇完全与轮辋分离；

d．翻转轮胎，在另一侧重复以上操作，直至轮胎与轮辋完全分离，如图 1-3-11 所示；

e．在轮胎两侧边缘处涂抹润滑剂（如肥皂水），如图 1-3-12 所示；

f．将车轮放在轮胎拆装机托盘上，踩下卡爪踏板，使卡爪卡紧轮辋，如图 1-3-13 所示；

轮胎拆装原则	
• 在轮胎拆装机上用分离铲开始分离轮胎与轮辋时，轮胎气门嘴必须与分离铲相对	• 分离轮胎时，注意不要损坏胎压传感器，胎压传感器必须紧贴轮辋深槽内的支撑脚上
• 分离铲与轮辋凸缘的距离不得超过 2 cm	• 轮胎卡在托盘上时，气门嘴朝上
• 若分离轮胎不成功，则应将轮胎旋转回去，重新进行一次分离操作	• 在气门嘴的前侧结束轮胎的安装，以避免损坏轮胎气门嘴
• 胎圈没有完全紧贴车轮边缘时，不允许继续充气加压，应重新压出胎圈	• 气门芯不得使用黄铜材质，只可使用镀镍气门芯
• 气门嘴位于拆装头前方，拆装头不允许位于轮胎气门嘴区域 a 内，否则容易损坏气门嘴 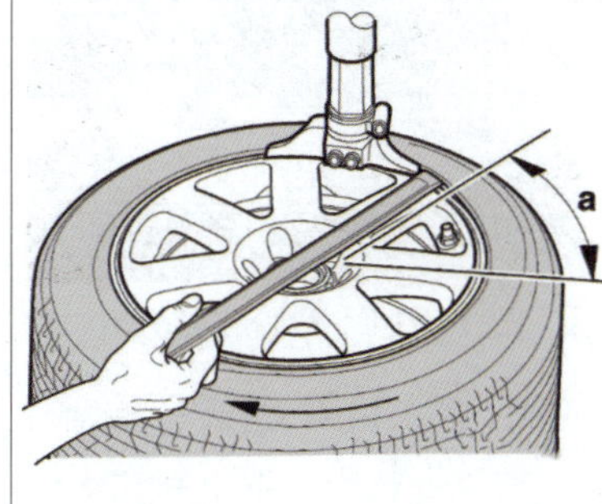	• 安装车轮前应清洁车轮定心座和轮辋的定心部位（箭头所示）并涂蜡喷剂 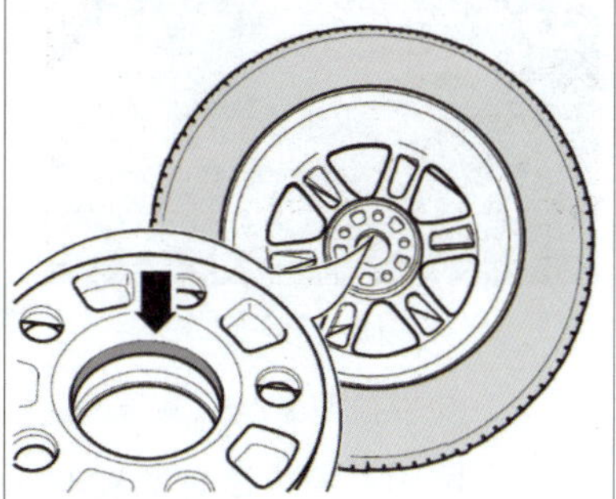
• 绝对不能用润滑剂或者防腐剂处理车轮螺栓的螺纹	

学习笔记

视频

1-5 拆装轮胎

学习笔记

g．移动拆装头，使拆装头靠近轮辋边缘 2 ～ 3 mm 处，将立柱锁死；

h．在轮胎和拆装头之间插入撬板，撬出部分轮胎，使胎唇挂在拆装头上，如图 1-3-14 所示；

图 1-3-11　胎唇与轮辋分离

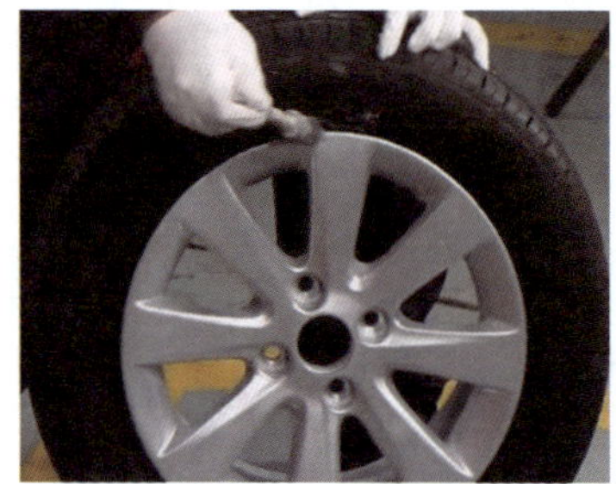

图 1-3-12　润滑液涂抹

图 1-3-13　轮辋固定

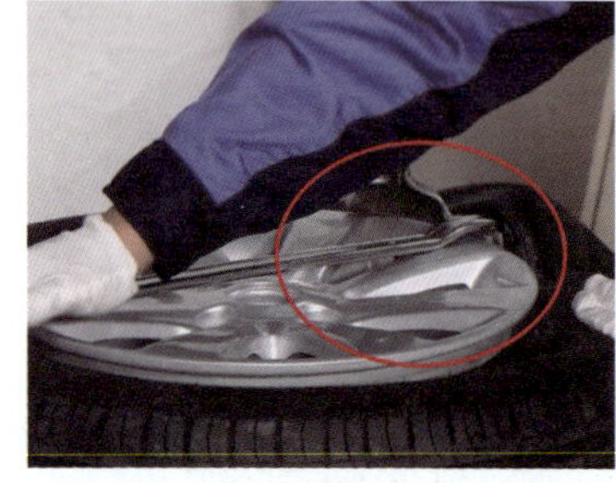

图 1-3-14　轮胎胎唇撬出

i．踩下旋转踏板，顺时针转动轮胎，直至轮胎上缘脱离轮辋；

j．使用相同方法分离轮胎下缘，释放拆装头，取下轮胎。

② 修补轮胎：

a．按标记在轮胎内侧找到漏气点，使用气动砂轮机打磨漏气点胎面，如图 1-3-15 所示；

轮胎标识

- 轮胎的断面宽度为 235 mm；扁平比为 45；R 为子午线轮胎；轮辋直径为 18 英寸（1 英寸 =2.54 cm）；载重指数为 94，即轮胎最大载荷为 670 kg；速度等级为 W，即轮胎的最高时速为 270 km/h，如下图红圈所示

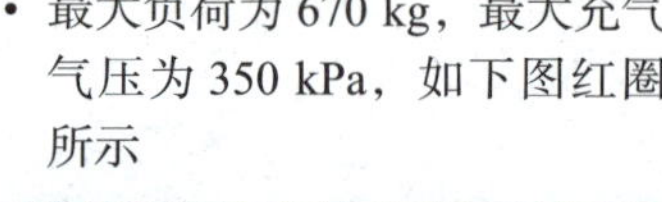

- 最大负荷为 670 kg，最大充气气压为 350 kPa，如下图红圈所示

- 生产日期为 2019 年第 45 周，如下图红圈所示

b. 打磨完毕后用压缩空气将碎屑吹净；

c. 在打磨好的胎面上涂补胎胶水，如图 1-3-16 所示，晾置 1 min；

d. 以漏气点为中心，将补胎贴片粘贴在漏气点上，如图 1-3-17 所示；

e. 使用滚轮反复滚压补胎贴片，使其充分与胎面结合粘牢，如图 1-3-18 所示，轮胎修补完成；

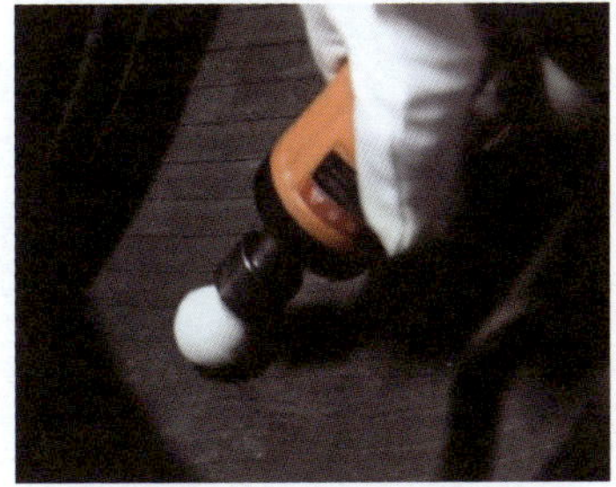

图 1-3-15　胎面打磨

图 1-3-16　涂补胎胶水

图 1-3-17　补胎贴片粘贴

图 1-3-18　补胎贴片滚压

气门嘴装配图

• 胎压传感器、螺栓、金属气门嘴必须成套更换

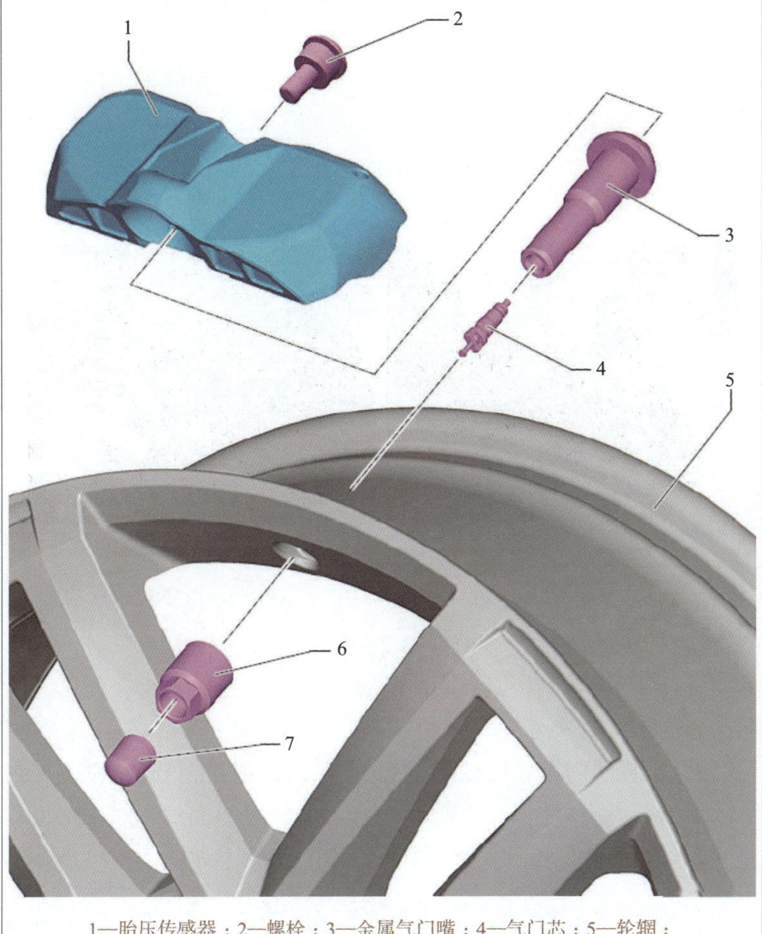

1—胎压传感器；2—螺栓；3—金属气门嘴；4—气门芯；5—轮辋；6—锁紧螺母；7—气门芯帽

学习笔记

视频

1-6 修补轮胎

学习笔记

f. 检查金属气门嘴部分是否松动或是否损坏，如图 1-3-19 所示。

③ 安装轮胎：

a. 在轮胎两侧胎唇上涂抹润滑液；

b. 移动拆装头到工作位置，使轮胎下缘一侧低于轮辋上沿，一侧放置于拆装头安装侧，如图 1-3-20 所示；

c. 踩下旋转踏板，顺时针转动轮胎，将轮胎下缘完全装入轮辋；

图 1-3-19 气门嘴检查

图 1-3-20 拆装头位置

d. 将轮胎上缘一侧低于轮辋上沿，一侧放置于拆装头安装侧，使用辅助臂按压轮胎，如图 1-3-21 所示；

e. 踩下旋转踏板，顺时针转动轮胎，将轮胎上缘完全压入轮辋，如图 1-3-22 所示；

f. 安装气门芯，对轮胎进行充气，达到标准值，如图 1-3-23 所示；

g. 踩下卡爪踏板，释放卡爪，取下车轮，如图 1-3-24 所示；

轮胎充气压力监控系统

- 胎压传感器利用无线发射器将所在轮胎的压力信息从轮胎内部发送到轮胎压力监控控制单元，当胎压异常时仪表盘上轮胎压力监控指示灯就会点亮

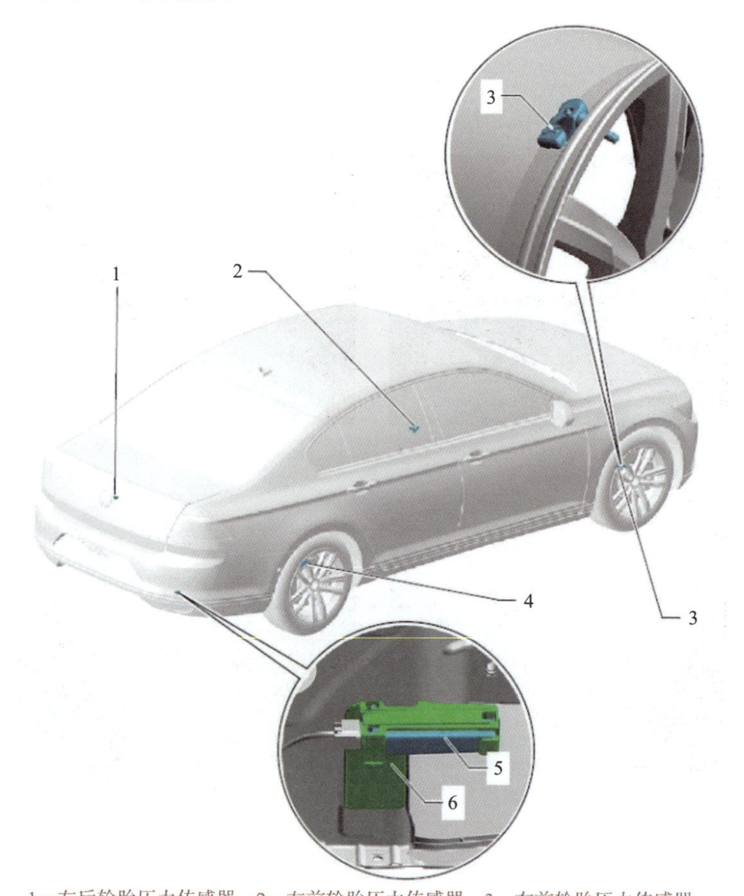

1—左后轮胎压力传感器；2—左前轮胎压力传感器；3—右前轮胎压力传感器；4—右后轮胎压力传感器；5—轮胎压力监控控制单元；6—轮胎压力监控控制单元支架

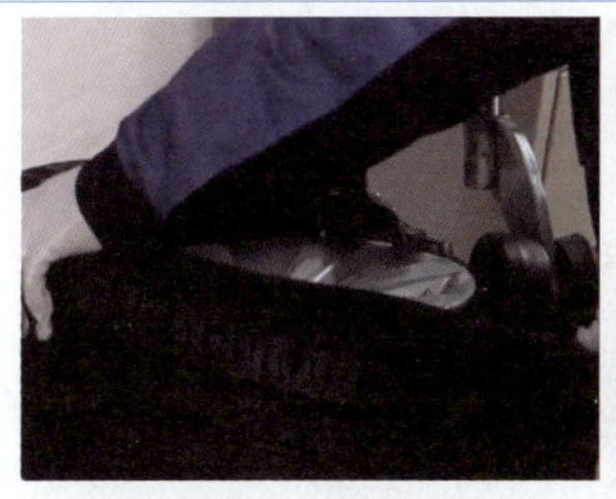
图 1-3-21　轮胎上缘压入

图 1-3-22　完成压入

图 1-3-23　轮胎充气

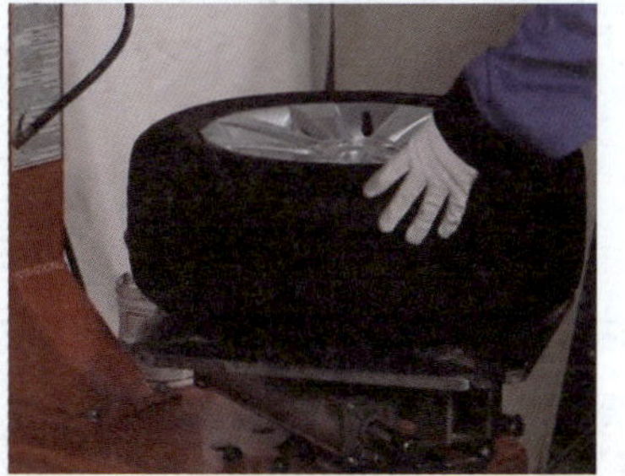
图 1-3-24　车轮松开

h. 将肥皂液涂抹在气门嘴、漏气点、轮胎与轮辋接合处，观察是否有气泡产生，以检验修补效果；

i. 轮胎修补完成后，需要对车轮进行动平衡操作，最后将车轮安装到车辆上。

4. 消除监控指示

连接故障诊断仪，在信息娱乐系统中对车轮选项进行设定并确认，仪表盘上轮胎压力监控指示灯消除。

步骤四：故障排除验证

维修人员对车辆进行路试，故障现象不再出现，故障排除。

内补法与外补法区别

区别	内补法	外补法
操作方面	• 内补法较为复杂，需要配备专业的拆卸轮胎设备，将轮胎从轮辋上分离下来，找到破损处后，用补胎贴片和胶水进行封堵，并用滚轮压实	• 外补法就是将补胎胶条塞入破损处，不用拆轮胎，维修人员使用补胎锥将胶条带入破孔来完成修补
效果方面	• 采用内补法修补后的轮胎，耐久性和持久性好，可以应对较大的破损创口	• 外补法的修补速度快，但是其效果一般，耐久性和持久性低，只能针对较小的破损创口。建议车主对外补过的轮胎事后找专业的修补人员重新进行内补
费用方面	• 内补法需要使用到专用设备，也需要花费更多时间，因此维修价格也随之增加，补一次的费用约 20 元	• 外补法是只在临时救急时采用的方法，操作简便，补一次的费用约 10 元

学习笔记

视频
1-7 检查轮胎胎压

学习笔记

任务测评

一、知识测评

确定本任务关键词，按重要程度进行关键词排序并举例解读。

根据自己对重要信息捕捉、排序、表达、创新和划分权重的能力进行自评，满分 100 分（表 1-3-1）。

表 1-3-1　修补轮胎知识测评表

序号	关键词	举例解读	评分自定
1			
2			
3			
4			
5			
总　分			

二、能力测评

对表 1-3-2 所列作业内容，操作规范即得分，操作错误或未操作即零分。

表 1-3-2　修补轮胎能力测评表

序号	能力点	配分	得分
1	拆卸车轮	25	
2	检查车轮	25	
3	修补轮胎	40	
4	消除故障灯	10	
总　分		100	

三、素养测评

对表 1-3-3 所列素养点，做到即得分，未做到即零分。

表 1-3-3　修补轮胎素养测评表

序号	素养点	配分	得分
1	设备和工具安全检查	20	
2	车辆安全防护	20	
3	工具清洁校准存放	20	
4	工量辅具、零部件、油水液体“三不落地”	20	
5	工位“5S”	20	
总　分		100	

四、拓展训练

（1）请列举出在修补轮胎过程中易出现的问题，分析产生问题的原因并制订解决问题的措施（满分 25 分）。

（2）根据检查判断，右前车轮轮胎胎压远远低于标准值，可能是轮胎扎胎或气门芯损坏而产生漏气造成的，需要进一步对轮胎进行仔细检查，如轮胎扎胎则用外补法或内补法进行轮胎修补，如气门芯损坏则需要对其进行更换。试制订维修流程并进行维修（满分 25 分）。

（3）今天师傅给李洪学分配了一辆故障车，这辆车多次出现胎压报警，来店里修了两次还是没解决，客户非常不满意。接车后，李洪学进行了认真的检查，发现轮胎外观、胎压、车轮轴距均正常。他结合自己积累的经验对故障进行仔细的分析，终于找到问题的

学习笔记

核心：该车胎压监控系统是通过检测前面两个车轮与后面两个车轮转速比实现的，如果转速比有误差，组合仪表上就会出现提示。于是他将四个轮速传感器全部拆掉检查，发现四个轮速传感器很脏。经过清理后安装试车，故障现象消失。客户对李洪学的钻研精神大加赞赏。

请按图 1-3-25 所示思维导图格式，对修补轮胎的学习收获进行总结，请列举你自己“刻苦钻研”的五个事例，同时说一说面对故障现象怎样才能迅速抓住问题核心点（满分 50 分）。

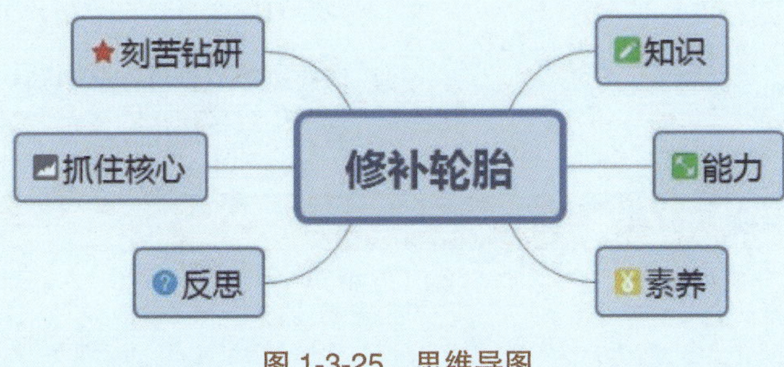

图 1-3-25　思维导图

学习笔记

任务四　车轮动平衡

职业行动

步骤一：故障现象确认

客户反映自己的 2018 款大众迈腾 B8L 轿车在高速行驶时一旦车速超过 80 km/h，转向盘就会剧烈抖动。维修人员对车辆进行路试，发现故障现象与客户描述相同。

将车辆用举升机升起，检查车辆的转向系统，各部件未发现异常间隙，转向系统良好，车辆底盘各定位角和前束未发现明显变形，连接螺栓未发现松动，对轮胎外观进行检查，未发现明显变形。询问车主，此车辆一直正常行驶，未长期搁置。经过上述检查，初步判断转向盘在某时速发生抖动时，车轮动平衡可能出现问题，需要对车轮进行动平衡检查操作。

步骤二：作业准备

1. 作业场地

选择带有消防设施的作业场地。

2. 设备设施

举升机、车轮平衡机。

3. 工量辅具

常用工具套件、车轮扳手、扭力扳手、翼子板布、胎压表、平衡钳、深度尺、百分表。

4. 零件耗材

手套、抹布、平衡块、防护三件套。

步骤三：故障诊断维修

1. 拆卸车轮

（1）使用车轮扳手，拧松所有的车轮连接螺栓；

职业知识

转向盘抖动的故障原因

怠速时转向盘抖动	行驶时转向盘抖动
• 转向盘传动装置胶套可能有问题； • 固定转向盘传动装置螺栓可能松动； • 转向系统可能出现故障	• 车轮动平衡可能出现问题； • 轮胎可能变形； • 前轮定位数据可能有问题； • 转向系统可能出现故障

平衡块分类

分类方式	分类及应用		说明
按单个重量	• 5 g、10 g、20 g、30 g 用于轿车等小型车辆	• 50 ～ 500 g 用于大巴、大货车等大型车辆	平衡块上都标注有质量
按所用材质	• 早期使用铅块和锌块，但成本高	• 现在使用铁块，成本低	平衡块上都标注有材质
按安装形式	• 粘贴式平衡块，常用于铝合金轮辋	• 挂钩式平衡块，常用于钢制轮辋和部分铝合金轮辋	粘贴式平衡块安装方便、美观，经常安装在轮辋内侧；挂钩式平衡块固定牢靠，安装在轮辋边缘

（2）使用举升机将车辆升起到合适高度；

（3）拧下所有的车轮连接螺栓；

（4）取下车轮。

2. 检查车轮

（1）清除轮胎上附着的泥土、砂石等异物，如图 1-4-1 所示；

（2）检查轮胎外观是否有异常磨损、破裂，用深度尺测量轮胎花纹深度，如图 1-4-2 所示，如有异常应更换轮胎；

（3）检查轮辋有无变形、损伤、裂纹，如图 1-4-3 所示，如有异常应更换轮辋；

（4）使用平衡钳取下轮辋上原有的平衡块，如图 1-4-4 所示；

图 1-4-1　清除轮胎上的异物

图 1-4-2　测量轮胎花纹深度

图 1-4-3　检查轮辋

图 1-4-4　旧平衡块拆卸

车轮平衡机组成图

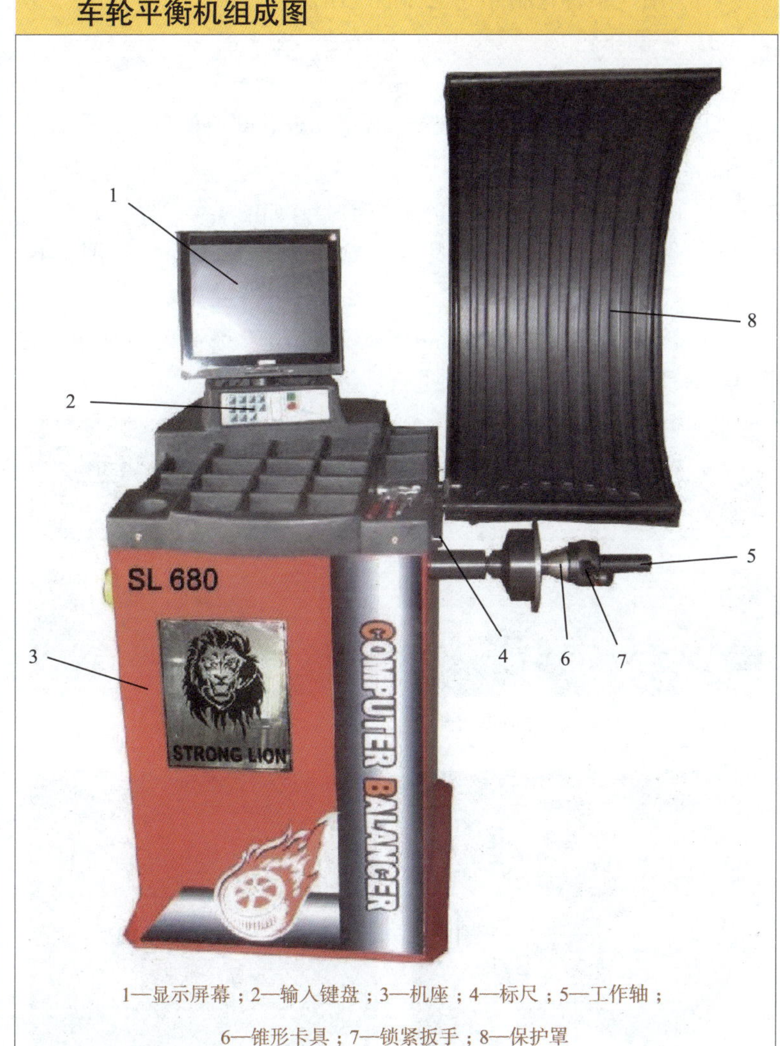

1—显示屏幕；2—输入键盘；3—机座；4—标尺；5—工作轴；6—锥形卡具；7—锁紧扳手；8—保护罩

学习笔记

视频

1-8 车轮动平衡

学习笔记

（5）用气泵将轮胎充气至标准气压值。

3. 平衡车轮

（1）安装车轮。

① 取下轮辋中间的护盖，清洁轮辋定心部位的异物和锈蚀，如图 1-4-5 所示；

② 将车轮放置在平衡机的工作轴上，如图 1-4-6 所示；

③ 选取合适的锥形卡具卡住轮辋中心并锁死，如图 1-4-7 所示；

④ 转动车轮，检查轮胎胎面，检测车轮是否运转平稳，如图 1-4-8 所示，如运行平稳则进行后续操作。

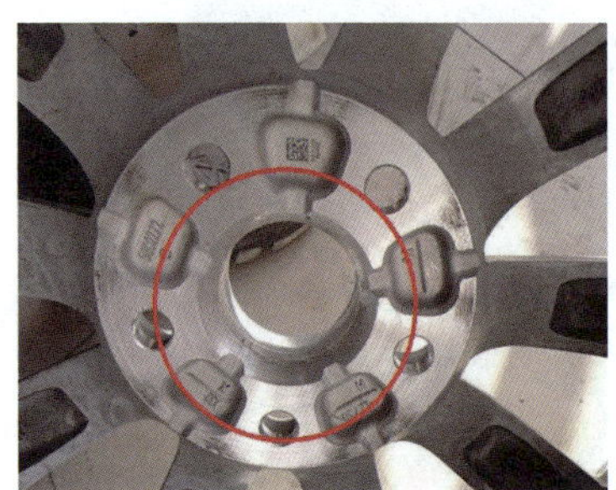

图 1-4-5　轮辋定心部位清洁

图 1-4-6　车轮安放

图 1-4-7　轮辋卡紧

图 1-4-8　转动车轮

检测车轮跳动操作原则

- 如车轮不能平稳运转，那么问题可能出在径向跳动或轴向跳动，需要使用百分表对装有轮胎的车轮径向跳动（如左图）和轴向跳动（如右图）进行检测。若所测值在允许的误差范围内，则继续进行车轮平衡操作

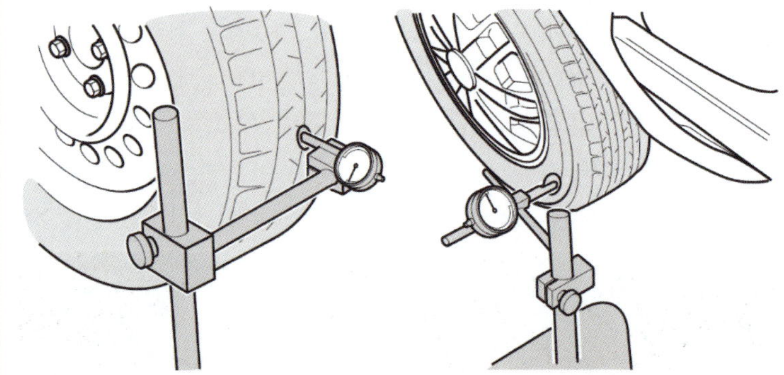

径向跳动和轴向跳动公差值

车型	径向跳动 /mm	轴向跳动 /mm
轿车	0.9	1.3

车轮跳动值超差调整原则

- 如果轮胎径向跳动和轴向跳动超出额定值，则必须旋转轮胎。放气后从轮辋凸缘上压下轮胎胎圈，轮胎相对轮辋旋转 90°，重新将轮胎充气至标准气压，并检测行驶平稳性；
- 如果轮胎径向跳动和轴向跳动还是超出额定值，则必须再次旋转轮胎。放气后从轮辋凸缘上压下轮胎胎圈，轮胎相对轮辋旋转 180°，重新将轮胎充气至标准气压，并检测行驶平稳性；
- 如果径向跳动或轴向跳动还在额定值之外，则须检查轮辋径向跳动和轴向跳动，如任务三中所述

（2）输入数据。

① 打开平衡机开关；

② 拉出平衡机右侧标尺，测量平衡机至轮辋的距离，如图 1-4-9 所示；

③ 读取具体数据，输入到平衡机中，如图 1-4-10 和图 1-4-11 所示；

④ 用专用卡尺测量轮辋宽度，如图 1-4-12 所示；

图 1-4-9　平衡机至轮辋距离测量

图 1-4-10　数据读取

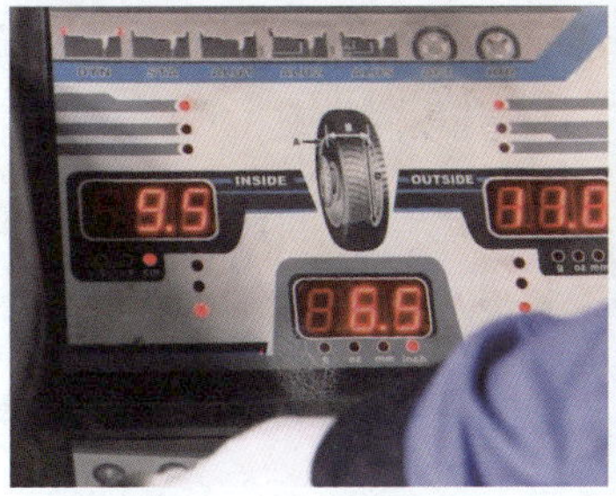

图 1-4-11　数据输入

图 1-4-12　轮辋宽度测量

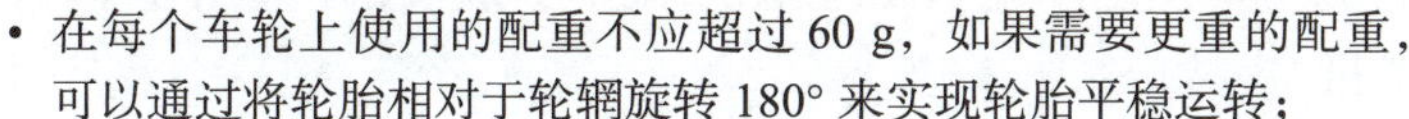

动平衡操作原则

- 在每个车轮上使用的配重不应超过 60 g，如果需要更重的配重，可以通过将轮胎相对于轮辋旋转 180° 来实现轮胎平稳运转；
- 如果轮辋的径向跳动和轴向跳动值在公差值范围内，而轮胎的径向跳动或轴向跳动值过大，则必须更换轮胎；
- 转动轮胎相对于轮辋位置时，要在轮胎和轮辋之间涂抹润滑液；
- 平衡机启动后，禁止用手及其他物品触碰轮胎；
- 车轮在平衡机上转动时，不要站在正对车轮的位置，以免发生危险

不平衡点查找方法

轮辋外侧	① 转动车轮查找轮辋外侧的不平衡点； ② 到达不平衡点时，屏幕上的右侧指示灯全部点亮，如右图上方红圈所示； ③ 停止转动车轮，固定不动； ④ 在轮辋外侧 12 点位置敲入或粘贴平衡块，如右图下方红圈所示 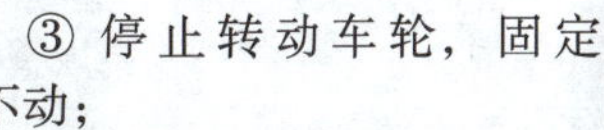	
轮辋内侧	① 转动车轮查找轮辋内侧的不平衡点； ② 到达不平衡点时，屏幕上的左侧指示灯全部点亮，如右图红圈所示； ③ 停止转动车轮，固定不动； ④ 在轮辋内侧 12 点位置敲入或粘贴平衡块	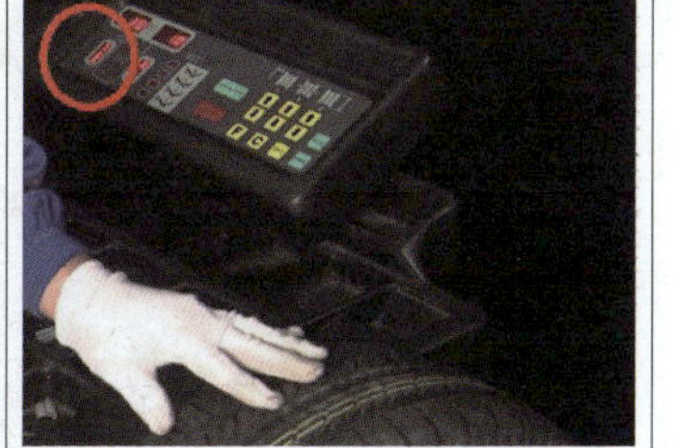

学习笔记

视频 

1-9 检测车轮动平衡

学习笔记

⑤ 读取具体数据，输入到平衡机中，如图 1-4-13 所示；

⑥ 读取轮胎尺寸（如 185/60 R14），取 R 后的数字，输入到平衡机中，如图 1-4-14 所示。

（3）动平衡检测。

① 数据输入完毕后，放下平衡机保护罩，启动平衡机，车轮开始转动，如图 1-4-15 所示；

② 平衡机测出数值显示在屏幕上，如图 1-4-16 所示，车轮停转；

③ 读取测量数值，左侧为轮辋内侧数值，右侧为轮辋外侧数值；

图 1-4-13　数据读取

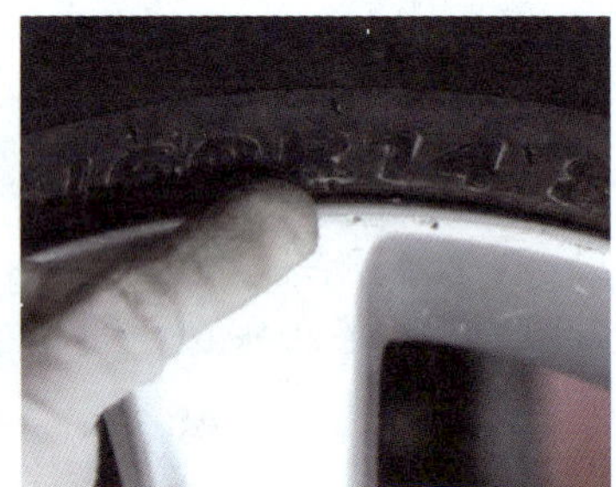

图 1-4-14　轮辋直径读取

图 1-4-15　平衡机启动

图 1-4-16　数值测出

压平点

- 压平点又称平滑、压平；
- 和车轮动平衡出现问题一样，压平点也会导致行驶不平顺；
- 车辆长期停驶会导致胎面出现压平点；
- 压平点不能被平衡，并且会在各种情况下随时再次出现；
- 如车辆不是最大制动时产生的制动磨损面，则车辆的压平点可以在不使用复杂特殊工具的情况下进行排除；
- 制动磨损面属于轮胎上不可修复的损伤，带有此类损伤的轮胎必须更换；
- 在车辆出现行驶不平顺故障现象时，应首先询问车主并检查轮胎是否有压平点，再对车辆进行动平衡检测

压平点产生原因

- 汽车几个星期不移动，停在同一个位置上；
- 轮胎的充气压力过小；
- 喷漆后将汽车放在喷漆设备的烤漆房中；
- 在轮胎处于暖态时，汽车即被长时间停放在较冷的车库中或类似地方，这种情况下一夜之间就会形成停车引起的压平点

压平点消除原则

- 压平点不能用车间工具消除；
- 只有通过行驶使轮胎变暖来消除压平点；
- 检测轮胎充气压力，必须达到标准值；
- 尽可能在高速公路上试车；
- 在交通和道路条件允许的情况下，以每小时 120 km 的速度行驶 20～30 km；
- 建议不要在寒冷的天气下采用上述方法；
- 完成试车后立即拆下车轮，在动平衡机上进行配重平衡

④ 打开保护罩，用手转动车轮，根据屏幕上左侧数值的提示，找到轮辋内侧需要安装平衡块的位置，如图 1-4-17 所示；

⑤ 根据数值选取合适的平衡块，敲入轮辋外侧边缘，如图 1-4-18 所示，或者选用粘贴式平衡块粘贴在轮辋内靠近外侧的表面上；

图 1-4-17　安装点查找

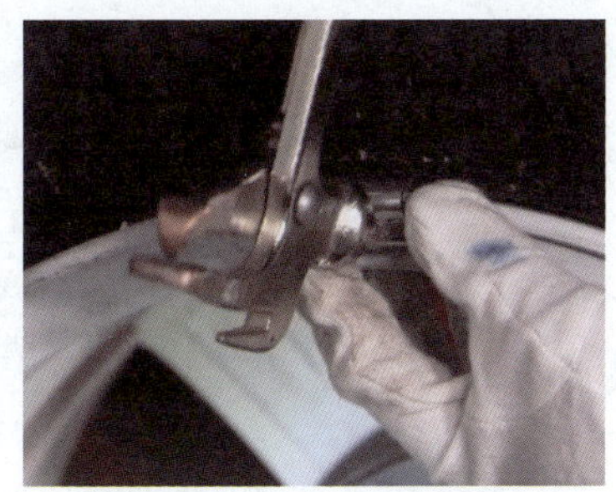

图 1-4-18　平衡块敲入

⑥ 另一侧的操作步骤相同；

⑦ 再次放下保护罩，启动平衡机，验证平衡数值，如图 1-4-19 所示；

⑧ 如再次出现不为零的数值，则重复以上步骤安装平衡块，直至数值为零，如图 1-4-20 所示；

⑨ 关闭平衡机开关，取下车轮。

图 1-4-19　平衡机再次启动

图 1-4-20　最后数值显示

振动控制系统

- 振动控制系统可在滚动过程中检测车轮 / 轮胎的径向力；
- 其中一个滚轮用大约 635 kg 的力压在车轮上（如下图所示），以模拟行驶过程中道路表面对轮胎的支承力；
- 车轮和轮胎的径向跳动和轴向跳动，以及在轮胎内的不同刚性，会使轮胎支承力发生变化；
- 振动控制系统识别出轮胎中径向力最大值的位置并将其存储起来，并测量轮辋凸缘和辐板式车轮中心之间最小尺寸的位置

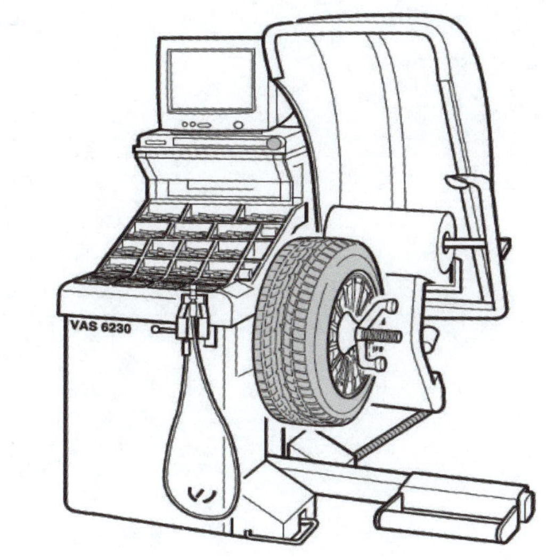

学习笔记

学习笔记

步骤四：故障排除验证

安装车轮，维修人员对车辆进行路试，故障现象消失，故障排除。

平衡机定心装置

- 夹紧车轮时需要使用平衡机定心装置，以确保车轮完全定心和正确地张紧；
- 使用锥形张紧元件（如下图所示），在平衡机上无法准确地找到车轮中心；
- 对中误差为 0.1 mm 时将在车轮 / 轮胎上产生 10 g 不平衡量

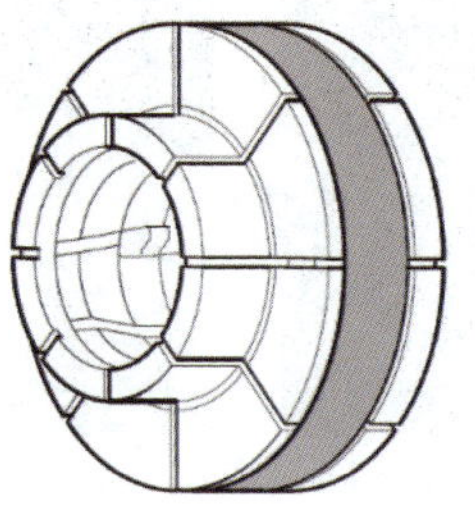

业精于勤而荒于嬉

学习笔记

任务测评

一、知识测评

确定本任务关键词，按重要程度进行关键词排序并举例解读。

根据自己对重要信息捕捉、排序、表达、创新和划分权重的能力进行自评，满分 100 分（表 1-4-1）。

表 1-4-1　车轮动平衡知识测评表

序号	关键词	举例解读	评分自定
1			
2			
3			
4			
5			
总　　分			

二、能力测评

对表 1-4-2 所列作业内容，操作规范即得分，操作错误或未操作即零分。

表 1-4-2　车轮动平衡能力测评表

序号	能力点	配分	得分
1	拆卸车轮	10	
2	检查车轮	10	
3	平衡车轮→安装车轮	15	
4	平衡车轮→输入数据	15	
5	平衡车轮→动平衡检测	50	
总　　分		100	

三、素养测评

对表 1-4-3 所列素养点，做到即得分，未做到即零分。

表 1-4-3　车轮动平衡素养测评表

序号	素养点	配分	得分
1	设备和工具安全检查	20	
2	车辆安全防护	20	
3	工具清洁校准存放	20	
4	工量辅具、零部件、油水液体“三不落地”	20	
5	工位“5S”	20	
总　　分		100	

四、拓展训练

（1）请列举出在车轮动平衡过程中易出现的问题，分析产生问题的原因并制订解决问题的措施（满分 25 分）。

（2）由于汽车车轮是高速旋转元件，若质心与旋转中心不重合，则会产生动不平衡，此时的不平衡质量会在车轮旋转时产生离心力，离心力大小与不平衡质量、不平衡点与车轮旋转中心之间的距离和车轮转速有关。试制订车轮动平衡流程并进行操作（满分 25 分）。

（3）又到了初冬季节，4S 店里更换雪地胎的车辆每天都排起长龙，李洪学除了吃饭的半个小时外一直在忙碌着，经常在晚上十一点才完成当天所有的工作，师傅每次都夸奖他能干、好样的。可是，今天有一辆车却让他犯了难，李洪学将这辆车的四个车轮都做完动平衡后，试车时还是会出现转向盘抖动的现象，无奈他

学习笔记

只得去请教师傅。师傅检查后告诉他，车辆行驶时转向盘抖动的原因很多，不一定都是由车轮不平衡造成的，这个时候我们要转变一下思路，检查一下车辆的轮胎、悬架、制动器等零部件。在师傅的指导下，李洪学终于将故障排除了。

请按图 1-4-21 所示思维导图格式，对车轮动平衡的学习收获进行总结，并列举五个自己“勤勉务实”的事例，同时找两个动平衡故障案例，梳理一下判断思路（满分 50 分）。

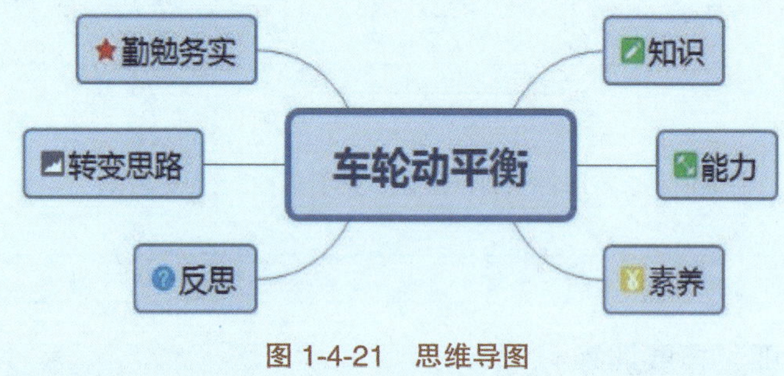

图 1-4-21　思维导图

业精于勤而荒于嬉

学习笔记

任务五　四轮定位

职业行动

步骤一：故障现象确认

客户反映自己的 2018 款大众迈腾 B8L 轿车在行驶时手一松转向盘，车辆就发生跑偏现象。维修人员对车辆进行路试，发现故障现象与客户描述相同。

首先对轮胎进行检查，四个轮胎的胎压均正常，但有偏磨，对转向系统进行检查，各部件无异常间隙，连接螺栓没有松动，对制动系统进行检查，制动盘和制动摩擦片无异常，制动分泵和制动钳工作状态良好，对前桥进行检查，车轮轴承转动正常。根据上述检查，车辆发生行驶跑偏及轮胎偏磨，有可能是车轮定位不准造成的，要对车辆进行车轮定位操作。

步骤二：作业准备

1. 作业场地

选择带有消防设施的作业场地。

2. 设备设施

举升机、四轮定位仪、气泵。

3. 工量辅具

常用工具套件、扭力扳手、翼子板布、胎压表。

4. 零件耗材

手套、抹布、防护三件套。

职业知识

四轮定位检测前提条件

- 车辆年检前；
- 新车行驶达 3000 km 时；
- 车辆每行驶半年或车辆行驶达 10 000 km 时；
- 车辆更换或调整轮胎、前后桥（见下表）后，及更换部分转向系统零件后；
- 车辆直行时转向盘不正，需紧握转向盘；
- 车辆转向时，转向盘太沉或无法自动回正；
- 轮胎不正常磨损；
- 事故车维修后

更换前桥或后桥零部件需做四轮定位

前桥部件	需要进行四轮定位		后桥部件	必须进行四轮定位	
	是	否		是	否
下摆臂		×	下部横摆臂	√	
下摆臂橡胶金属支座		×	上部横摆臂	√	
车轮轴承罩	√		转向横拉杆	√	
转向横拉杆 / 转向横拉杆球头	√		车轮轴承罩	√	
转向器	√		副车架	√	
副车架	√		螺旋弹簧		×
减振器		×	减振器		×
稳定杆		×	稳定杆		×
			纵摆臂	√	

视频

1-10 四轮定位

学习笔记

步骤三：故障诊断维修

1. 检查车轮

（1）使用胎压表检查四个车轮的胎压，如不足则需补充至标准值；

（2）使用深度尺测量四个车轮的轮胎花纹深度，同一车轴上轮胎花纹深度的最大允许偏差是 2 mm，如磨损严重则需要更换轮胎再进行四轮定位；

（3）清除轮胎上附着的泥土、砂石等异物；

（4）检查四个车轮的轮胎规格是否相同；

（5）检查四个车轮的轮辋有无变形，如有则需要更换轮辋再进行四轮定位。

2. 检查底盘

（1）将车辆驶入四轮定位仪测量工位，调整角度盘位置，使前轮停在角度盘正中，如图 1-5-1 所示；

（2）举升车辆至合适高度，挂上保险，如图 1-5-2 所示；

（3）依次检查前悬架、转向横拉杆及球头等有无损坏，如图 1-5-3 所示；

（4）依次检查稳定杆、后减振器及横摆臂等有无损坏，如图 1-5-4 所示；

图 1-5-1　前轮在角度盘正中的位置

图 1-5-2　车辆举升

视频

1-11 四轮定位检测与调整

四轮定位操作要求

- 每次四轮定位测量时必须测量前桥和后桥的六个参数；
- 所有汽车四轮定位所需的信息都可在四轮定位计算机中找到；
- 新车只有在行驶里程达 1 000 ～ 2 000 km 后才适合进行四轮定位，因为只有在此之后螺旋弹簧的沉降过程才结束；
- 在进行调整工作时，应尽可能精确地达到相关额定值；
- 如果在底盘上进行调节工作，必须对驾驶人辅助系统进行校准

倾斜车辆及四轮定位

产生原因	特别要求
• 产生此问题的原因可能在于，在直线行驶时转向器的齿条没有准确位于中间位置，由此会出现一个很小的向左或向右的转向助力，会导致车辆偏斜	• 在对故障为“汽车向一侧倾斜或跑偏”的车辆进行四轮定位时，必须检查齿条是否在中间位置

四轮定位检测前准备

- 检查车轮悬架、车轮轴承、转向系统是否有不允许的间隙和损坏；
- 同一车桥上轮胎花纹深度的最大允许偏差是 2 mm；
- 达到规定的轮胎充气压力；
- 确认汽车空载重量；
- 燃油箱装满；
- 确认备用车轮和车载工具在汽车相应的安装位置；
- 车窗玻璃清洗装置的水箱必须装满；
- 在测量过程中滑座和转盘都不在末端挡块处；
- 测量前，确保所用四轮定位仪每年至少检测一次并在必要时进行过调节；
- 将汽车开到举升机上前，检查汽车与校准装置之间是否有足够大的调整工作面；
- 开始校准前先读取故障存储器，必要时排除存在的故障

一生之计在于勤

图 1-5-3　前桥检查

图 1-5-4　后桥检查

（5）降下车辆，放置垫块；

（6）二次举升车辆至轮胎最低点距离举升平台约 20 cm 高度，如图 1-5-5 所示；

（7）释放驻车制动器，双手反向用力搬动四个车轮，如图 1-5-6 所示，检查车轮轴承有无松旷，如存在明显松旷，应更换后再进行四轮定位。

图 1-5-5　车辆二次举升

图 1-5-6　车轮调整

3. 安装传感器

（1）将卡具上下卡爪卡在右后车轮的轮辋上并紧固，向内推压卡具，将左右两个卡爪固定在车轮上，挂上防脱钩，如图 1-5-7 所示；

（2）分别安装剩余三个车轮的卡具；

四轮定位仪组成图

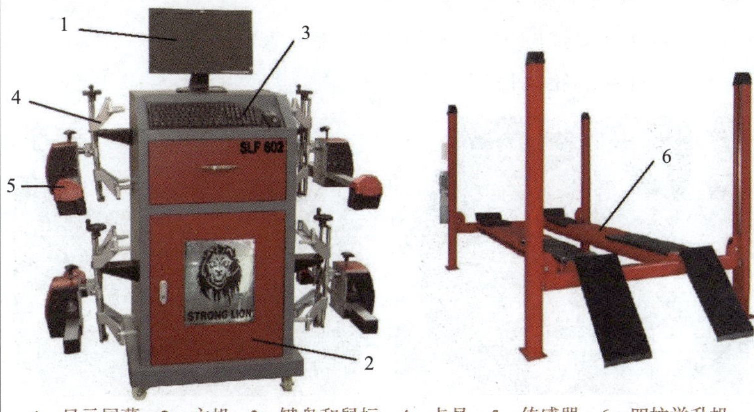

1—显示屏幕；2—主机；3—键盘和鼠标；4—卡具；5—传感器；6—四柱举升机

四轮定位参数

- 车辆的转向车轮、转向节和前轴三者之间的安装具有一定的相对位置，这种具有一定相对位置的安装称为转向车轮定位，又称前桥定位；对两个后轮来说也同样存在与后轴之间安装的相对位置，称为后桥定位

前桥定位参数	前桥外倾角	车轮平面与垂直线（车轮支撑点处，相对路面垂直）之间的角度
	前桥前束	指车轮前端面与后端面在汽车横向方向的距离差，也可指车身前进方向与车轮平面之间的夹角
	主销后倾角	从侧面看车轮，转向主销（车轮转向时的旋转中心）向后倾倒，称为主销后倾角
	主销内倾角	从车前后方向看车轮时，主销轴向车身内侧倾斜，称为主销内倾角

学习笔记

视频

1-12 四轮定位参数

学习笔记

（3）从台架上取下四个车轮传感器，安装在四个车轮的卡具上，如图 1-5-8 所示；

（4）分别连接四个传感器的传输线，如图 1-5-9 所示；

（5）打开四轮定位仪，输入客户信息，如图 1-5-10 所示；

图 1-5-7　卡具安装

图 1-5-8　传感器安装

图 1-5-9　传输线连接

客户档案列表（当前维修单信息）

维修单号/工位	0.12
维修人员	123
维修单注释	
检测原因	

图 1-5-10　客户信息

（6）分别按下四个传感器启动按钮，如图 1-5-11 所示；

（7）分别调整四个传感器至水平位置，使水平气泡处于传感器的中心位置，如图 1-5-12 所示。

4. 车轮偏位补偿

（1）对两前轮偏位补偿进行调整，缓慢转动车轮，如图 1-5-13 所示；

四轮定位参数（续）

后桥定位参数	后桥外倾角	同前桥外倾角
	后桥前束	同前桥前束

- 后桥定位参数是否需要调节主要看汽车的悬架形式，一般后桥为非独立悬架的车辆不需要调节后桥参数，如常见的扭力梁后悬架结构，由于悬架结构本身的原因就不需要调节后桥，而后桥为独立悬架的车辆则需要调节，如多连杆后桥

偏位补偿

原因	必要性
• 四轮定位的传感器固定卡具是安装在车轮轮辋上的，并且以轮辋边缘为基准，但是卡具、轮辋等不可避免的有自身偏差引起的固定误差，为了保证传感器安装位置的精确，以获得更准确的数据，需要四轮定位仪对安装位置进行“匹配”	• 不进行轮辋偏位补偿就不能正确调整前束； • 必须对轮辋偏位进行补偿，否则会使测量结果不准确

偏位补偿可消除误差

- 轮辋变形带来的误差；
- 卡具安装不到位带来的误差；
- 卡具的卡爪存在磨损带来的误差；
- 特殊轮辋，需要配合使用卡爪套管装卡的情况带来的误差；
- 其他原因导致的误差

偏位补偿操作原则

- 偏位补偿时，要松开驻车制动器并置于空挡；
- 偏位补偿时，要及时调整传感器水平位置；
- 偏位补偿时，要保持传感器位置不变，转动车轮；
- 转动车轮时，一定是车轮向正前方行驶的方向；
- 操作结束后一定要锁止

（2）当计算机屏幕上两前车轮偏位补偿全部为绿色时，如图 1-5-14 所示，停止转动，确认并锁止紧固；

（3）以同样的方法对两后轮偏位补偿进行调整，并进行偏位补偿计算。

图 1-5-11　传感器启动

图 1-5-12　水平调整

图 1-5-13　前轮偏位补偿

图 1-5-14　两前车轮偏位补偿完成

5. 定位准备

（1）取下前轮对应的角度盘锁销（图 1-5-15）和后轮的侧滑板锁销；

（2）一名维修人员在车内按下驻车制动按钮，根据定位仪提示进行操作检测，如图 1-5-16 所示；

汽车数据铭牌

- 在大众汽车集团，对于车的各种技术装备和结构都定义了一个特定的代码；
- 对于车型或车的描述只需采用该车的所有装备和结构的 PR 编号组合即可；
- 汽车数据铭牌上相应的前桥 PR 编号记录了车上安装的底盘类型；
- PR 编号决定了汽车四轮定位参数标准值分配；
- 汽车数据铭牌在备用车轮槽和保养手册中；
- 如图中箭头所示，汽车安装的是运动底盘 GO2

FAHRZG.-IDENT-NR. X000 35-6-5214 922
VEHICLE-IDENT-NO. www zzz 3C z FE401097

TYP / TYPE 3G2 45Y

1-495 PASSAT Lim. HLBMT
110 kW TDI D6F

MOTORKB. / GETR.KB.
ENG. CODE / TRANS. CODE CVS A PZN

LACKNR. / INNENAUSST.
PAINT NO. / INTERIOR LC9X-------- TO

M.-AUSST. / OPTIONS

	BOA	U16	G1A	H4X	JOK	DN4	
–	1AT	1G0	2ZD		5RQ	5SL	TR1
3FB	3SO	8TB	QI6		I8H	8GV	
8RM		1ZA	L14	OYC	GO2	7MM	

学习笔记

（3）进入调整前检测转向操作界面，车内人员根据显示要求转动转向盘，当界面中向正前方向行驶的标记处于规定范围内且同时为绿色时调整完毕，如图 1-5-17 所示；

（4）安装制动锁，如图 1-5-18 所示；

（5）降下车辆，使车轮与角度盘、侧滑板接触，按压车辆前后部数次，使减振器复位；

图 1-5-15　取下角度盘锁销

图 1-5-16　定位仪提示

图 1-5-17　转向调整操作

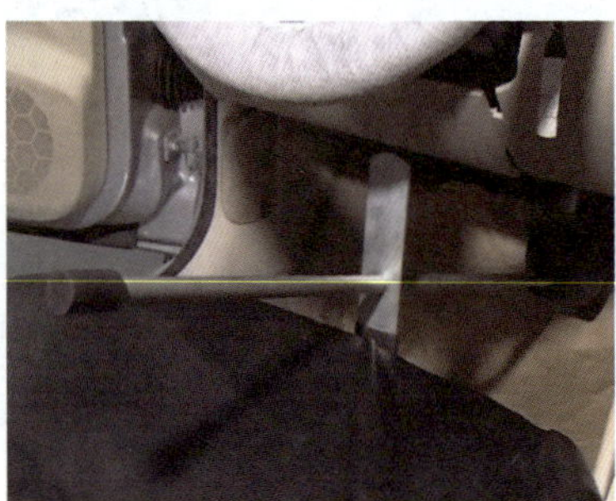

图 1-5-18　制动锁安装

最大转向角超差原因

通过四轮定位计算机确定最大转向角度，如果最大转向角的值超出公差范围或转向盘倾斜时，则需要注意下列部件，如损坏则更换：

- 转向系统的部件是否存在损伤或变形；
- 车轮悬架的部件是否存在损伤或变形；
- 转向横拉杆外观是否正常；
- 转向横拉杆是否对称

最大转向角检测方法

（1）如下图所示，测量“短”转向横拉杆球头的尺寸 a，将“长”转向横拉杆球头缩短到相同尺寸，需要将转向横拉杆 1 更多地拧到转向横拉杆 2 上；

（2）尺寸 a 在左右两侧横拉杆球头处必须一致，允许的最大偏差必须小于 2.5 mm；

（3）当转动转向盘到中间位置时，要平稳转动

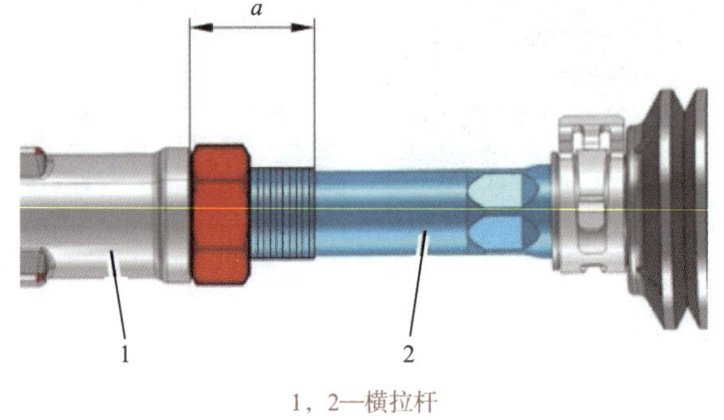

1，2—横拉杆

（6）进入调整前检测水平气泡界面，当界面中每个气泡处于传感器的中心位置，且全部为绿色时，调整完毕，如图 1-5-19 所示；

（7）进入调整前检测转向操作界面，根据界面提示向左转动转向盘 20°，当界面中的向左 20° 转向页面的指针转动到中间时且界面全部为绿色时，调整完毕，如图 1-5-20 所示；

（8）向右转动转向盘调整与向左调整方法相同；

（9）使用转向盘固定装置固定转向盘，使转向盘处于中间位置，如图 1-5-21 所示。

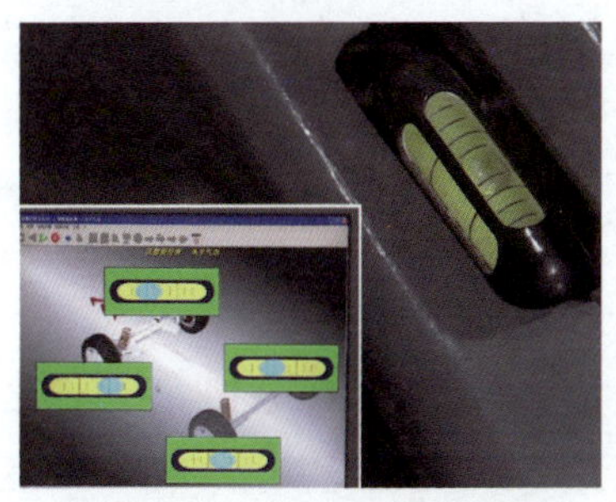

图 1-5-19　水平气泡界面

图 1-5-20　转向调整操作

6. 定位调整

（1）调整前桥外倾角。

进入定位调整界面，发现该车辆的前桥外倾角不在标准范围内，如图 1-5-22 所示，需要进行调整。

① 进入调整前检测水平气泡界面，当界面中每个气泡都处于传感器的中心位置，且全部为绿色时，调整完毕；

② 举升车辆至合适高度，挂上保险，二次举升车辆至轮胎最低点距离举升平台约 20 cm 高度；

四轮定位检测流程

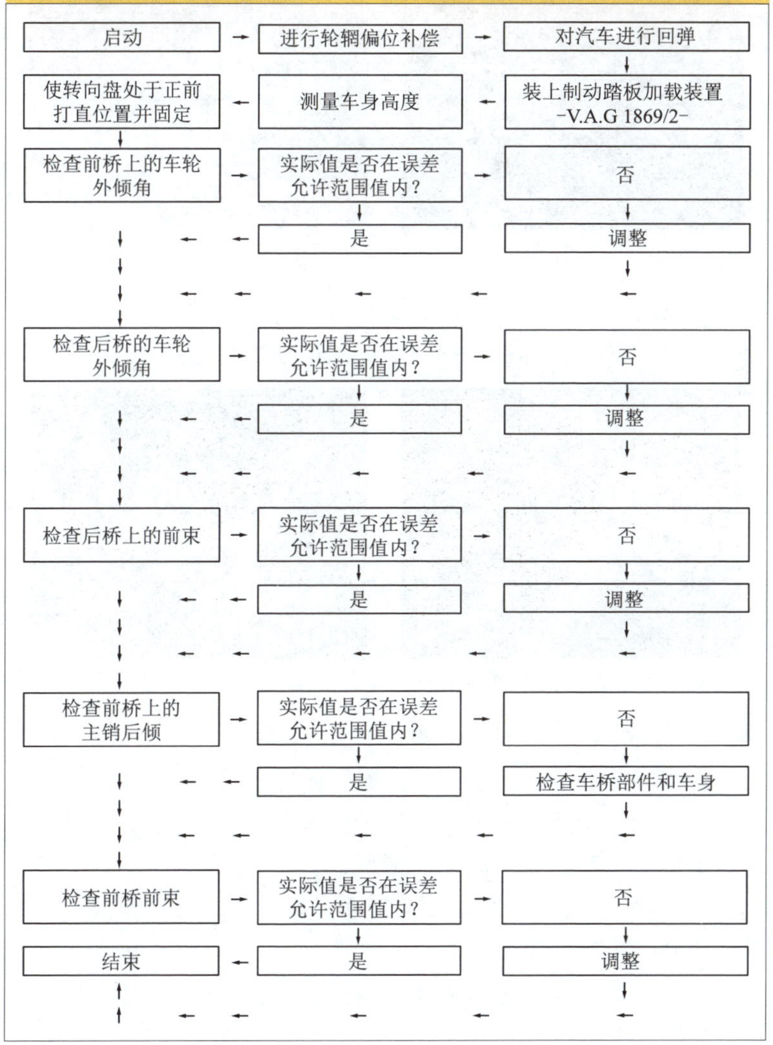

启动 →	进行轮辋偏位补偿 →	对汽车进行回弹
使转向盘处于正前打直位置并固定 ←	测量车身高度 ←	装上制动踏板加载装置 -V.A.G 1869/2-
检查前桥上的车轮外倾角 →	实际值是否在误差允许范围值内？ →	否
	是	调整
检查后桥的车轮外倾角 →	实际值是否在误差允许范围值内？ →	否
	是	调整
检查后桥上的前束 →	实际值是否在误差允许范围值内？ →	否
	是	调整
检查前桥上的主销后倾 →	实际值是否在误差允许范围值内？ →	否
	是	检查车桥部件和车身
检查前桥前束 →	实际值是否在误差允许范围值内？ →	否
结束 ←	是	调整

学习笔记

学习笔记

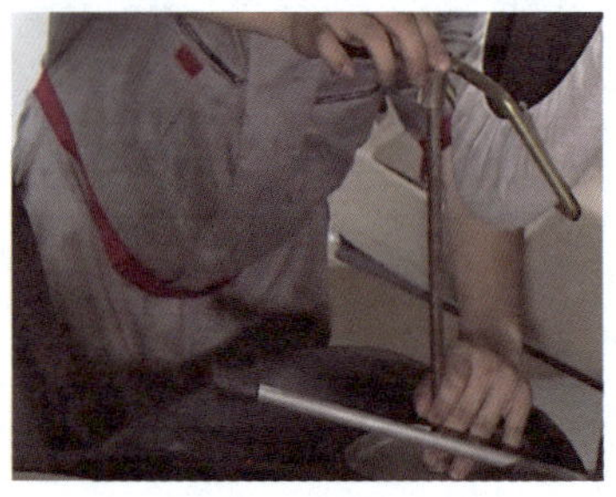

图 1-5-21　转向盘固定

图 1-5-22　前部外倾角

③ 松开右侧下摆臂上的三颗螺母，如图 1-5-23 所示；

④ 根据检测界面向外推动车轮，如图 1-5-24 所示；

图 1-5-23　松开下摆臂上的螺母

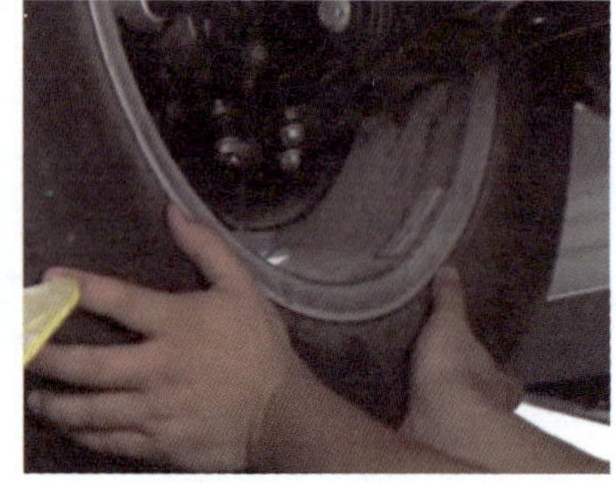

图 1-5-24　推动车轮

⑤ 数据合格时，预紧下摆臂上的三颗螺母；

⑥ 用相同的方法调整另外一侧外倾角；

⑦ 当检测界面的数据在标准范围内时，停止调整，按照规定力矩值紧固两侧下摆臂上的六颗螺母；

⑧ 若外倾角仍不合格，可以通过移动副车架轻微改变外倾角，松开副车架四颗固定螺栓，如图 1-5-25 和图 1-5-26 所示，使用撬棒移动副车架直至两侧外倾角在标准范围内，按照规定力矩值紧固副车架四颗固定螺栓。

前桥外倾角调整方法

（1）拧出螺栓 1，接着拧入一个新螺栓，但不要拧紧；

（2）按照上述方法，依次替换新的螺栓 2、3、4；

（3）通过推拉副车架将车轮外倾角调节到额定值；

（4）向侧面推移副车架 5，直至两侧的外倾角相等；

（5）只能向左或向右推副车架，切勿在行驶方向或其反方向上进行推移；

（6）拧紧副车架的螺栓 1、2、3、4；

（7）检查转向柱的万向接头和排水槽前板开口之间的自由度应大于或等于 5 mm；

（8）按规定力矩值拧紧螺栓 1、2、3、4

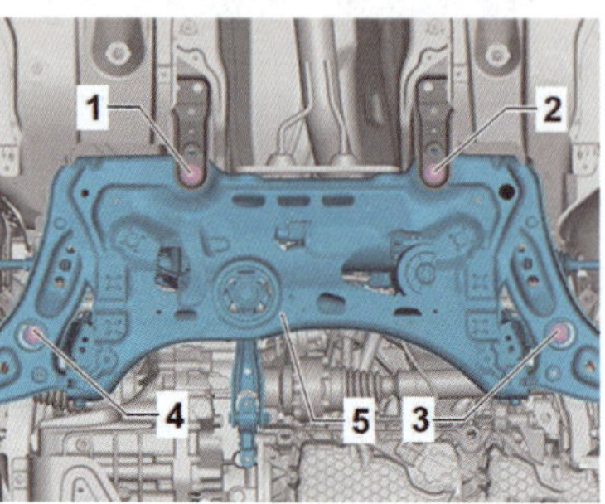

1，2，3，4—螺栓；5—副车架

前桥前束调整方法

（1）脱开锁紧螺母 2；

（2）脱开或拧紧锁紧螺母 2 时，必须用合适的工具卡住转向横拉杆球头 1；

（3）通过旋转六角螺栓，方向如箭头所示，分别调整左轮和右轮前束；

（4）拧紧锁紧螺母 2；

（5）再次检测车轮前束值；

（6）如前束值在公差范围内，则按规定力矩值拧紧锁紧螺母 2

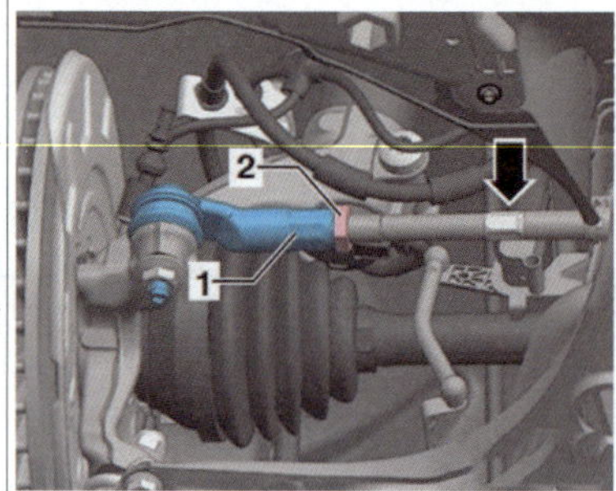

1—横向拉杆球头；2—锁紧螺母

一生之计在于勤

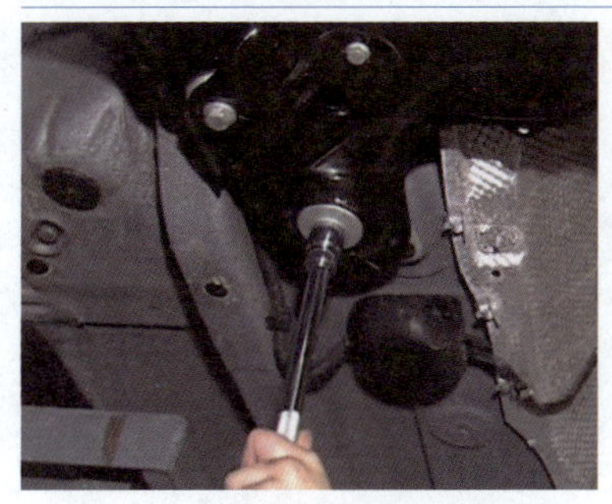

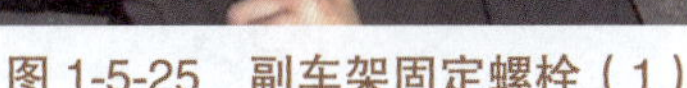
图 1-5-25　副车架固定螺栓（1）

图 1-5-26　副车架固定螺栓（2）

（2）检测后桥外倾角。

检测的数据值在标准范围内，不需要调整。

（3）检测后桥前束。

检测的数据值在标准范围内，不需要调整。

（4）检测主销后倾角。

检测的数据值在标准范围内，不需要调整。

（5）调整前桥前束。

① 进入定位调整前轴检测数据值，读取的数据值不在标准范围内，进行调整补偿；

② 松开转向横拉杆锁止螺母，根据检测界面转动转向横拉杆，如图 1-5-27 所示；

③ 当检测界面的数据在标准范围内时，停止调整，拧紧锁止螺母；

④ 用相同的方法调整另外一侧前束；

⑤ 对前轴单独前束进行调整后检测，如图 1-5-28 所示，数据值都在标准范围内。

（6）完成定位调整，打印检测报告。

后桥外倾角调整方法

（1）脱开副车架上部横摆臂螺栓连接件的螺母 A；

（2）旋转偏心螺栓（箭头所示）的六边接头来调整车轮外倾角；

（3）从中间位置开始向左或向右最大的调整范围是 90°；

（4）拧紧螺母 A；

（5）再次检测车轮外倾角值；

（6）按规定力矩值拧紧螺母 A

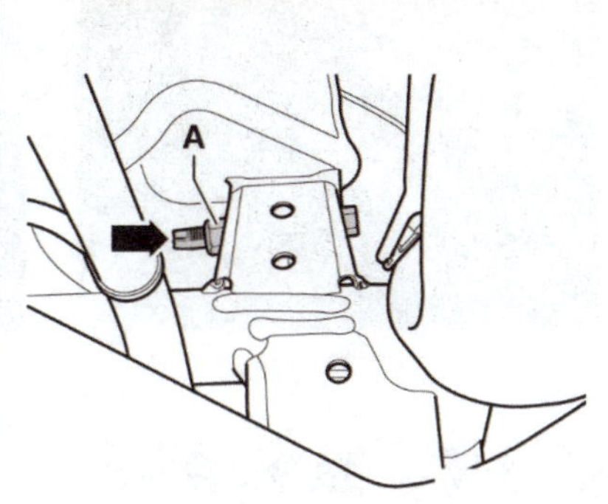

后桥前束调整方法

（1）脱开螺母 1；

（2）旋转偏心螺栓 2，直至达到标准值；

（3）从中间位置开始向左或向右最大的调整范围是 90°；

（4）拧紧螺母 1；

（5）再次检测车轮前束值；

（6）如前束值在公差范围内，则按规定力矩值拧紧螺母 1

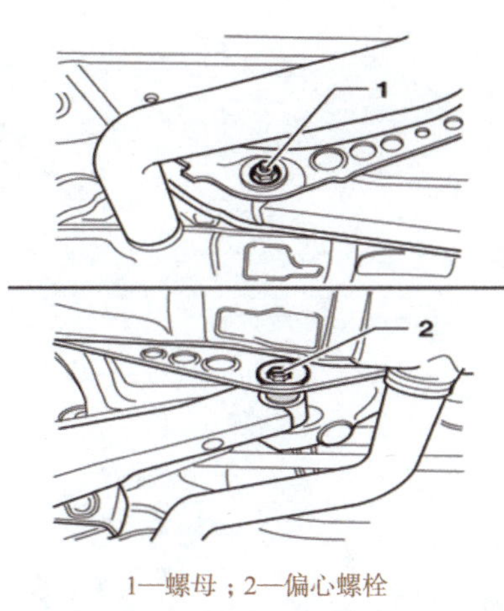

1—螺母；2—偏心螺栓

学习笔记

学习笔记

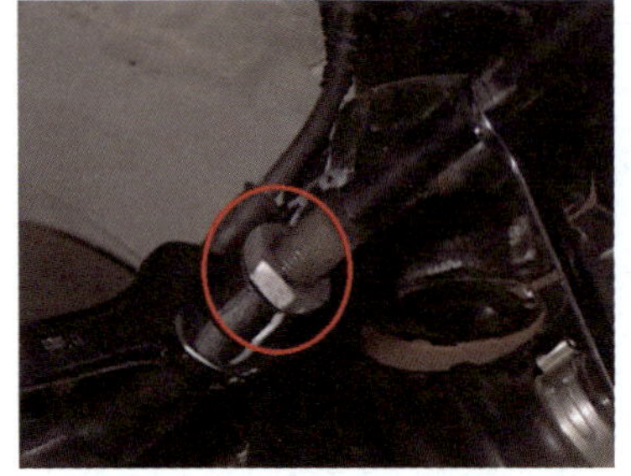

图 1-5-27　松开锁止螺母

图 1-5-28　前轴单独前束

步骤四：故障排除验证

维修人员对车辆进行路试，故障现象消失，故障排除。

四轮定位参数标准值

前桥定位	车轮外倾角 两侧之间允许的最大差值	−32' ± 30' 30'
	总前束	10' ± 10'
	主销后倾角 两侧之间允许的最大差值	7°23' ± 30' 30'
后桥定位	车轮外倾角 两侧之间允许的最大差值	−1° 20' ± 30' 30'
	总前束 行驶轴线最大允许偏差	10' ± 10' 20'

任务测评

一、知识测评

确定本任务关键词，按重要程度进行关键词排序并举例解读。

根据自己对重要信息捕捉、排序、表达、创新和划分权重的能力进行自评，满分 100 分（表 1-5-1）。

表 1-5-1　四轮定位知识测评表

序号	关键词	举例解读	评分自定
1			
2			
3			
4			
5			
总　　分			

二、能力测评

对表 1-5-2 所列作业内容，操作规范即得分，操作错误或未操作即零分。

表 1-5-2　四轮定位能力测评表

序号	能力点	配分	得分
1	检查车轮	10	
2	检查底盘	15	
3	安装传感器	20	
4	车轮偏位补偿	20	
5	定位准备	15	
6	定位调整	20	
总　　分		100	

三、素养测评

对表 1-5-3 所列素养点，做到即得分，未做到即零分。

表 1-5-3　四轮定位素养测评表

序号	素养点	配分	得分
1	设备和工具安全检查	20	
2	车辆安全防护	20	
3	工具清洁校准存放	20	
4	工量辅具、零部件、油水液体“三不落地”	20	
5	工位“5S”	20	
总　　分		100	

四、拓展训练

（1）请列举出在四轮定位过程中易出现的问题，分析产生问题的原因并制订解决问题的措施（满分 25 分）。

（2）车轮定位是指车轮、悬架系统元件以及转向系统元件，安装到车架（或车身）上的几何角度与尺寸须符合一定的要求，保证汽车行驶的稳定性和安全性。车辆发生行驶跑偏或轮胎偏磨，就要对车辆进行车轮定位操作。试制订四轮定位流程并进行操作（满分 25 分）。

（3）众所周知，在 4S 店里，给车辆做四轮定位是一项很耗时间的工作，需要反复地调整各个部位并进行检测，很多技工都不愿意做这项工作。李洪学却不这样想，他认为不管是什么故障车只要他接手了就一定要修好，所以只要交给他的任务师傅都非

学习笔记

常放心。同时，针对四轮定位，李洪学也进行了一些梳理，不同的参数超差产生的故障现象是不同的，这样能够有针对性地进行调整和检测，大大节省了维修时间。

请按图 1-5-29 所示思维导图格式，对四轮定位的学习收获进行总结，并对李洪学的工作做一个评价，选择两个合适的词填到空格里并作出说明（满分 50 分）。

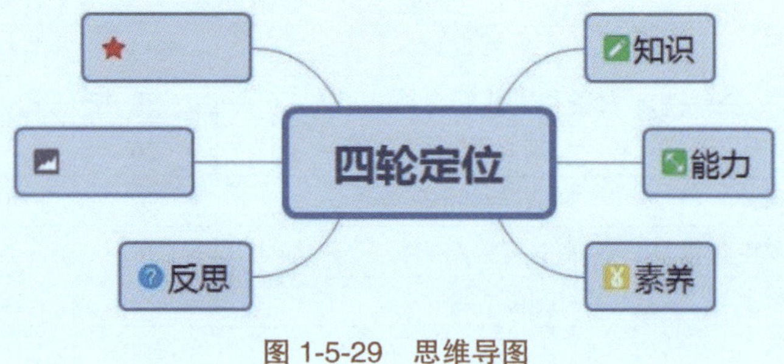

图 1-5-29 思维导图

学习笔记

任务六　维修车身高度传感器

职业行动

步骤一：故障现象确认

客户反映自己的 2018 款大众迈腾 B8L 轿车在行驶时仪表盘上突然出现动态前照灯随动故障。维修人员对车辆进行路试，发现故障现象与客户描述相同。

对于前照灯随动故障，我们需要使用故障诊断仪读取故障码，以确定具体的故障部位或故障元件。

步骤二：作业准备

1. 作业场地

选择带有消防设施的作业场地。

2. 设备设施

举升机、故障诊断仪。

3. 工量辅具

常用工具套件、翼子板布、万用表。

4. 零件耗材

手套、抹布、防护三件套。

步骤三：故障诊断维修

1. 读取故障码

（1）首先将点火开关置于 ON 挡，连接故障诊断仪并启动；

（2）进入 ODIS 诊断系统，正确选择车辆信息；

（3）诊断仪开始对车辆进行诊断；

职业知识

前部车身高度传感器装配图

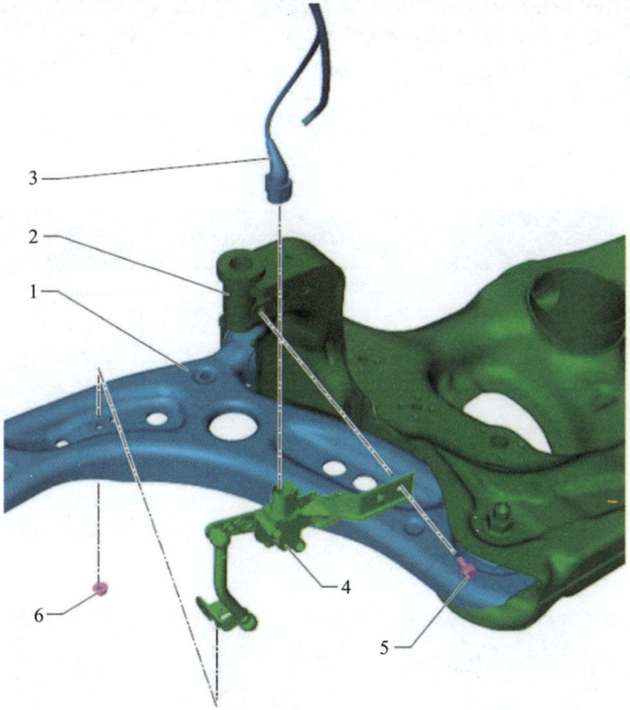

1—下摆臂；2—副车架；3—电气插头连接；4—车身高度传感器；5—螺栓；6—螺母

前部车身高度传感器分类

前部车身高度传感器	左前车身高度传感器
	右前车身高度传感器

学习笔记

（4）故障存储器中显示车轮减振电子系统故障，如图 1-6-1 所示；

（5）点击进入车轮减振电子系统故障界面，显示左前车身高度传感器断路或对正极短路，如图 1-6-2 所示；

图 1-6-1　故障存储器中显示

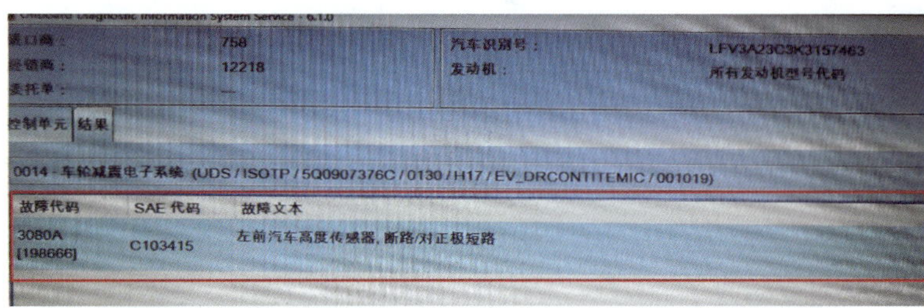

图 1-6-2　左前车身高度传感器故障

（6）读取左前车身高度传感器数据流，显示故障，如图 1-6-3 所示；

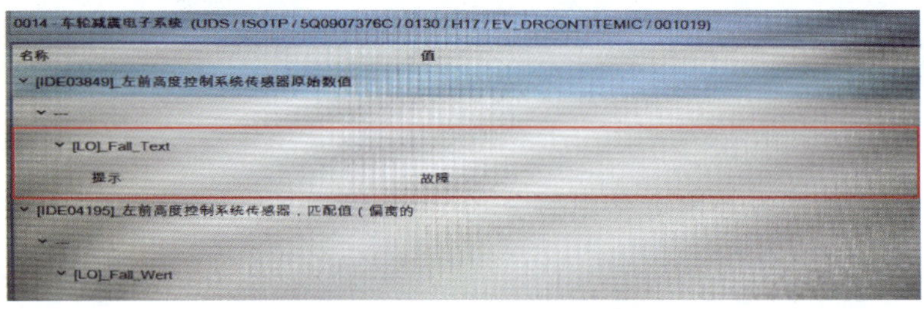

图 1-6-3　数据流显示故障读取

前照灯随动故障原因分析

- 前照灯照明距离调节装置伺服电动机可能出现故障；
- 前照灯照明距离调节装置控制单元可能出现故障；
- 车身高度传感器等电器元件可能出现故障；
- 相关线路可能出现故障

左前车身高度传感器 G78 电路图

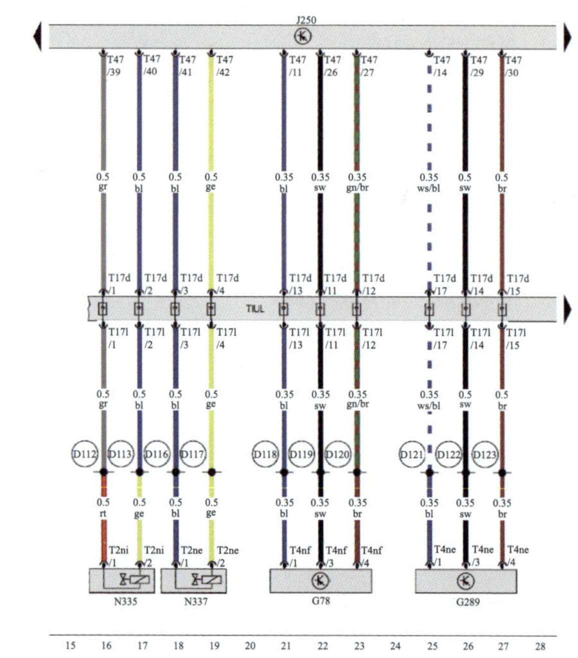

- 左前车身高度传感器 G78 的三根线为电源线、搭铁线、信号线；
- 需要进行实际测量来确定每根线的作用；
- 减振电子调节控制单元 J250 通过这三根线控制左前车身高度传感器 G78

世上无难事，只要肯攀登

学习笔记

（7）根据故障代码显示，可以判断左前车身高度传感器故障，需要对其进行检查。

2. 测量电压

举升车辆至合适高度，使用万用表检查左前车身高度传感器电压，左前车身高度传感器 G78 的插接器 4 号针脚的电压为 5 V，传感器供电电压正常。

3. 检查搭铁

通过电路图可以知道，G78 的供电搭铁是通过 J250 在发动机舱内左侧搭铁，检查该搭铁点，接触牢固、良好，没有锈蚀现象。一般情况下 J250 本身出现故障的可能性很小，按照从易到难的故障诊断原则，我们先对 G78 与 J250 之间的线束进行检查。

4. 检查导线

通过电路图我们可以知道，G78 与 J250 之间的导线连接中，在车内下部左侧位置有一插接器 TIUR，因此我们需要使用万用表分段检查导线的导通性。

（1）分别测量左前车身高度传感器 G78 的针脚 T4hf/1 与 TIUR 的 T17l/13、T4hf/3 与 T17l/11 之间的导线电阻，测得结果均为 0.05 Ω，表明 G78 与 TIUR 之间的连接线路正常。

（2）分别测量 TIUR 的 T17d/13 与 J250 控制单元插接器的 T47/11、T17d/11 与 T47/26 之间的导线电阻，测得结果均为 0.05 Ω，表明 TIUR 与 J250 之间的连接线路正常。

5. 检查传感器

对左前车身高度传感器 G78 的供电、搭铁及导线均进行了检查，没有发现异常，怀疑可能是传感器本身损坏，更换一个新的传感器，并使用故障诊断仪读取数据流，数据正常，如图 1-6-4 所示。

6. 基本设置

使用故障诊断仪对车轮减振器电子装置和前照灯进行基本设置。

左前车身高度传感器更换方法

（1）将插头连接 1 从左前车身高度传感器上脱开

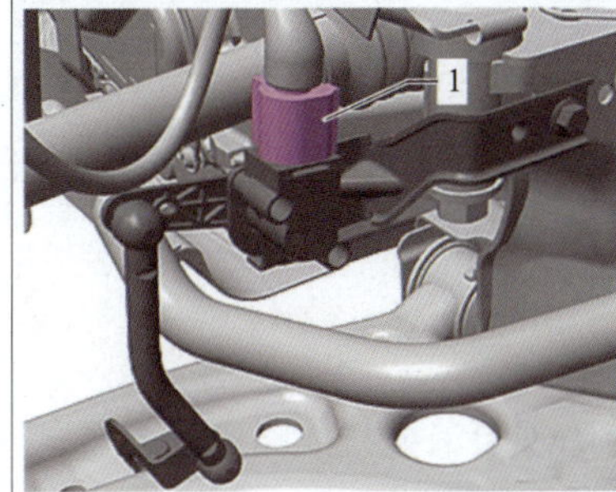

1—插头连接

（2）拧下螺母 1，从下摆臂 3 中拉出左前车身高度传感器的支架 2

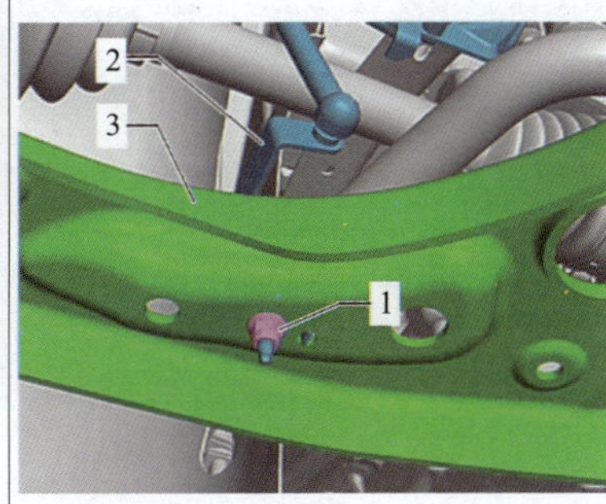

1—螺母；2—支架；3—下摆臂

（3）旋出螺栓 1，取出左前车身高度传感器 2

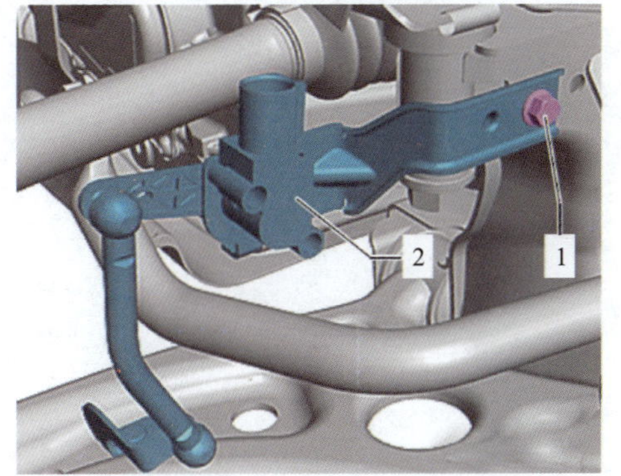

1—螺栓；2—车身高度传感器

（4）安装以倒序进行

（5）左前车身高度传感器作为备件，只能与连接杆及上下部固定板一起更换

学习笔记

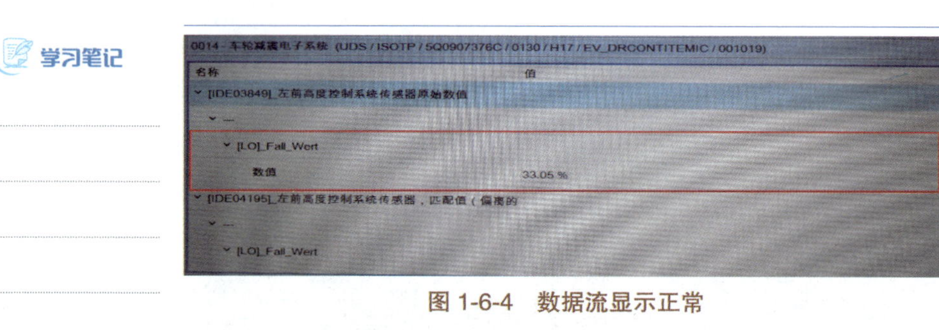

图 1-6-4　数据流显示正常

步骤四：故障排除验证

维修人员对车辆进行路试，故障现象消失，故障排除。

左前车身高度传感器安装原则

- 车身高度传感器的操作杆必须指向汽车外侧；
- 车身高度传感器的螺纹必须拧入主销的外侧孔中；
- 为保证正确的安装位置，车身高度传感器的止动凸耳必须嵌入内孔中；
- 按规定力矩值拧紧相关螺母和螺栓

世上无难事，只要肯攀登

学习笔记

任务测评

一、知识测评

确定本任务关键词，按重要程度进行关键词排序并举例解读。

根据自己对重要信息捕捉、排序、表达、创新和划分权重的能力进行自评，满分 100 分（表 1-6-1）。

表 1-6-1 维修车身高度传感器知识测评表

序号	关键词	举例解读	评分自定
1			
2			
3			
4			
5			
总 分			

二、能力测评

对表 1-6-2 所列作业内容，操作规范即得分，操作错误或未操作即零分。

表 1-6-2 维修车身高度传感器能力测评表

序号	能力点	配分	得分
1	读取故障码	20	
2	测量电压	20	
3	检查搭铁	20	
4	检查导线	20	
5	检查传感器	20	
总 分		100	

三、素养测评

对表 1-6-3 所列素养点，做到即得分，未做到即零分。

表 1-6-3 维修车身高度传感器素养测评表

序号	素养点	配分	得分
1	设备和工具安全检查	20	
2	车辆安全防护	20	
3	工具清洁校准存放	20	
4	工量辅具、零部件、油水液体“三不落地”	20	
5	工位“5S”	20	
总 分		100	

四、拓展训练

（1）请列举出在维修车身高度传感器过程中易出现的问题，分析产生问题的原因并制订解决问题的措施（满分 25 分）。

（2）前照灯随动故障，可能是由于前照灯照明距离调节装置控制单元、车身高度传感器等电器元件故障或线路故障等造成的。对于电器类故障，我们需要使用故障诊断仪读取故障码，来确定具体的故障部位或故障元件。试制订诊断与维修流程并进行维修（满分 25 分）。

（3）经过一年的努力工作，李洪学已经掌握了汽车各机械系统部件的维修方法，但是由于基础薄弱，对车辆的电控系统维修还不是很熟练，他经常会求助于师傅，师傅对他说：“遇到电器故障，不要害怕，利用平时我教你的知识，一步一步厘清电路图，了解了控制原理，维修起来就会得心应手了。”李洪学牢记师傅的

学习笔记

教诲，再遇到电器故障时就自己慢慢分析，渐渐地掌握了电控系统的维修方法。同时他还自制了一套插针，在诊断电器故障时检测得更精确，受到领导和师傅的一致表扬。

请按图 1-6-5 所示思维导图格式，对维修车身高度传感器的学习收获进行总结，同时将李洪学的工作总结成两个合适的词填到空格里并作出说明（满分 50 分）。

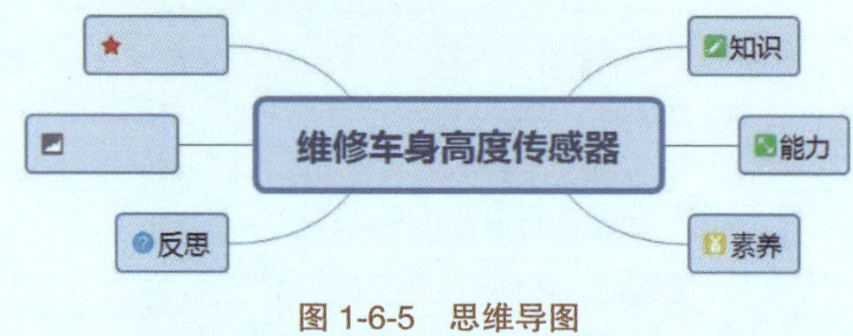

图 1-6-5　思维导图

学习笔记

学习考评

一、考评项目

请根据本项目所学对 2018 款大众迈腾 B8L 轿车行驶系统常见故障进行诊断与维修，并完成考评报告。

二、实施准备

1. 学生准备

学生按照本项目计划，已经完成以下所有任务并达到 75 分以上时，可进行相应学习考评的实施工作：

（1）理解学习考评需要的相关理论、知识和方法，并能应用知识进行相关故障诊断分析；

（2）按时、按质量要求完成相应任务作业，得分大于 75 分；

（3）按规定独立完成对行驶系统以及控制电路的诊断和检修工作，具备相应的技能水平，得分大于 75 分；

（4）具有自觉遵守技术标准、规范操作、安全、环保、“5S”作业、团结协作要求的好习惯，得分大于 80 分；

（5）能制订汽车行驶系统常见故障诊断与维修工作计划。

2. 教师准备

（1）在安排学生实施学习考评前，应确保学生已经学会了汽车工量具、专用检测仪器的基本使用方法，并做过相关实操训练；

（2）通过学生课堂问题研讨、作业、实操及其他方式，确认学生已经具备实施学习考评所需要的知识、技能和能力基础，特别是掌握了安全操作规范、零部件识别、故障检测等方面的知识要点；

（3）对协助教师进行测评的学生进行测评、监督方法的培训，确保测评结果的准确性、公平性；

（4）准备好测评记录。

三、验证方法与标准

（1）每位测评人员负责对 4 名学生进行全过程的监控和测评；

（2）详细记录学生在实施学习考评过程中的相关信息、数据、结果、操作方法、完成时间，以及出现错误、事故等情况；

（3）学习考评的故障现象确认、准备工作、故障诊断维修、故障排除验证等操作要求在 90 分钟内完成。时间不够可申请延长时间，总时间最多不超过 120 分钟；

（4）考核内容及评分标准见下表。

考核内容及评分标准

序号	评分项	得分条件	评分标准	配分	扣分
1	安全 /5S/ 态度	□1. 能进行工位 5S 操作； □2. 能进行设备和工具安全检查； □3. 能进行车辆安全防护操作； □4. 能进行工具清洁校准存放操作； □5. 能进行三不落地操作	未完成 1 项扣 3 分，扣分不得超 15 分	15	
2	专业技能能力	□1. 能正确确认故障现象； □2. 能根据正确诊断方法进行故障诊断； □3. 能按照正确的故障维修思路和步骤进行故障检修； □4. 能正确检测相关数据，并做好记录； □5. 能够熟练操作工量具及检测仪器	未完成 1 项扣 10 分，扣分不得超 50 分	50	

学习笔记

（续）

序号	评分项	得分条件	评分标准	配分	扣分
3	工具及设备的使用能力	□1．能正确选用维修工具； □2．能正确使用故障诊断仪； □3．能正确使用测量工具； □4．能正确使用专用工具； □5．能熟练使用办公软件	未完成1项扣5分，扣分不得超10分	10	
4	资料、信息查询能力	□1．能正确使用维修手册查询资料； □2．能正确使用用户手册查询资料； □3．能在规定时间内查询所需资料； □4．能正确记录查询资料章节页码； □5．能正确记录所需维修信息	未完成1项扣2分，扣分不得超10分	10	
5	数据判读和分析能力	□能判断行驶系统相关部件是否需要维修或更换	未完成1项扣10分，扣分不得超10分	10	
6	表单填写与报告的撰写能力	□1．字迹清晰； □2．语句通顺； □3．无错别字； □4．无涂改； □5．无抄袭	未完成1项扣1分，扣分不得超5分	5	
合计				100	

四、考评报告

说明：考评分为理论考评和实操考评，理论考评根据项目要求以及考评模板格式制订项目实施方案，方案经老师审核合格后，方可进行实操考评。考评报告模板详见附录A。

学习笔记

拓展阅读

汽车维修思维模式之本质思维

面对新技术不断发展的汽车行业，维修技能和维修思路对维修技师来说特别重要，好的维修思路更是重中之重，可使维修工作达到事半功倍的效果。

本质思维是指通过思维，找到问题的核心关键点，即找到事物所具有的最根本属性。找到问题的本质就有可能触及最基础的问题。

不同的李洪学

毕业于汽车检测与维修技术专业的李洪学，在一家4S店工作不到一年时间就表现得与众不同，上手快、故障判断准确、思路清晰，根本原因在于他掌握了一套汽车维修的思维方式。

客户反映汽车前照灯不亮，本质思维分析过程：

不亮的本质就是车灯所在的系统不能构成回路了。

检查这个回路，看电路基本组成：电源、发光体、熔丝、继电器、导线、搭铁等，再从最容易检查到最麻烦检查的顺序进行一一排查，很快问题就可能得到解决。

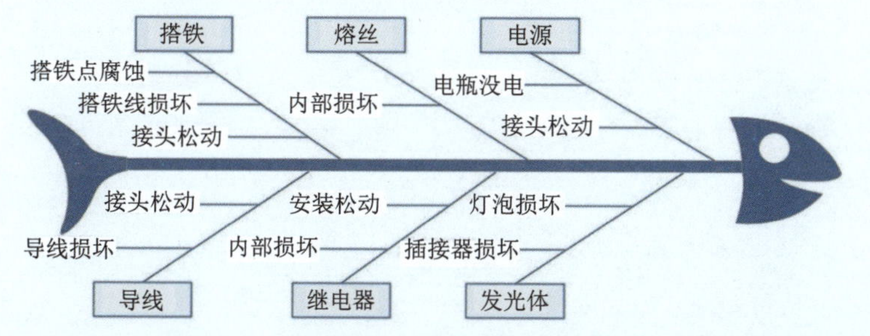

客户反应如制动跑偏，本质思维分析过程：

首先确认什么情况制动跑偏：只在制动时才跑偏，即说明汽车在其他方面没问题，制动跑偏的实质是制动时两边车轮得到的制动效果不一样。

从制动系统的组成来分析（假设制动系统为液压系统）不是制动主管路问题，而是分路问题，从油路，到分缸，到制动钳，到摩擦片，到制动盘就能很容易找到故障点。

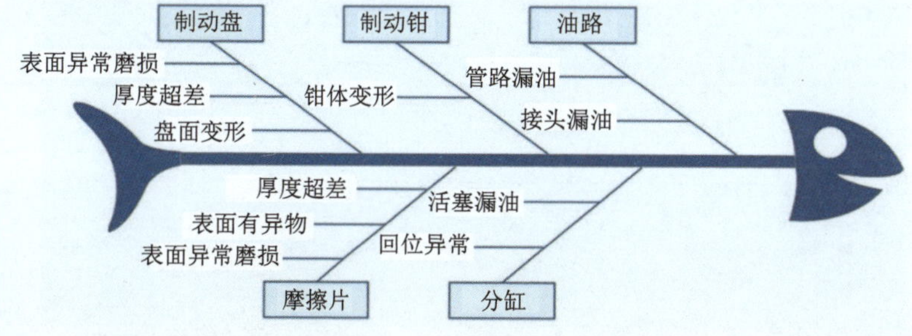

思考

你已经学习了汽车维修专业的基本知识和技能，现在有一台故障车摆在你面前，你从何着手呢？头脑中是否会浮现一些判断故障的方法？是否掌握了汽车维修的思维模型？这一点很重要，因为汽车品牌、车型众多，你不可能把所有车型的配置和结构全部学习一遍，所以需要我们建立故障诊断的思维模型。

请仿照上述两个例子，画出汽车行驶系统故障判断鱼骨图。

学习笔记

项目二　维修汽车制动系统

一、项目描述

完成对汽车制动系统的故障诊断与维修。

二、项目要求

符合 2018 款大众迈腾 B8L 轿车技术要求与标准，正确使用工量具，完成如下作业：

（1）维修盘式制动器；

（2）维修制动管路及排气系统；

（3）维修制动主缸和真空助力器；

（4）维修电子驻车制动系统；

（5）维修防抱死制动系统。

三、学习目标

（1）准确陈述盘式制动器、制动管路故障诊断方法；

（2）准确陈述制动主缸、真空助力器故障诊断方法；

（3）准确陈述电子驻车制动系统、防抱死制动系统故障诊断方法；

（4）规范地对盘式制动器、制动管路故障进行维修并对制动系统进行排气；

（5）规范地对制动主缸、真空助力器故障进行维修；

（6）规范地对电子驻车制动系统、防抱死制动系统故障进行维修；

（7）养成自觉遵守技术标准和要求规定、规范操作、安全、环保、“5S”作业的好习惯；

（8）树立自信、自立、自强的人生态度；

（9）建立汽车维修经验思维模式。

四、学习载体

2018 款大众迈腾 B8L 轿车制动系统常见故障现象：

（1）高速行驶时快速制动底盘前部出现吭吭异响；

（2）在行驶中仪表盘上制动警告灯点亮；

（3）在行驶中制动功能失灵，仪表盘上制动警告灯点亮；

（4）仪表盘提示“电子驻车制动故障”；

（5）在行驶中仪表盘上的 ABS 故障指示灯点亮。

2018 款大众迈腾 B8L 轿车制动系统

学习笔记

学习笔记

任务一　维修盘式制动器

职业行动

步骤一：故障现象确认

客户反映自己的 2018 款大众迈腾 B8L 轿车在行驶中制动或高速降低速时底盘前部出现吭吭异响。维修人员对车辆进行路试，行驶中制动未出现任何异常现象，根据客户描述，将车速提高至 120 km/h 时开始较快制动，此时异响出现，现象为有节奏的“吭吭”异响，直至车辆完全停止，异响声出现在车辆底盘的右前部。

紧固底盘前部所有螺栓，检查球头间隙及胶套均正常，检查轮胎磨损、变形、附着异物，未发现异常，做车轮动平衡，检查半轴总成的等速万向节和半轴均正常。经过对上述零部件的检查，没有发现异常，故将故障范围缩小至右前制动器，对其拆卸并检查。

步骤二：作业准备

1. 作业场地

选择带有消防设施的作业场地。

2. 设备设施

举升机。

3. 工量辅具

常用工具套件、游标卡尺、车轮扳手、扭力扳手、分泵活塞回位器、翼子板布。

4. 零件耗材

手套、抹布、砂纸、制动摩擦片、制动盘、防护三件套。

职业知识

盘式制动器装配图

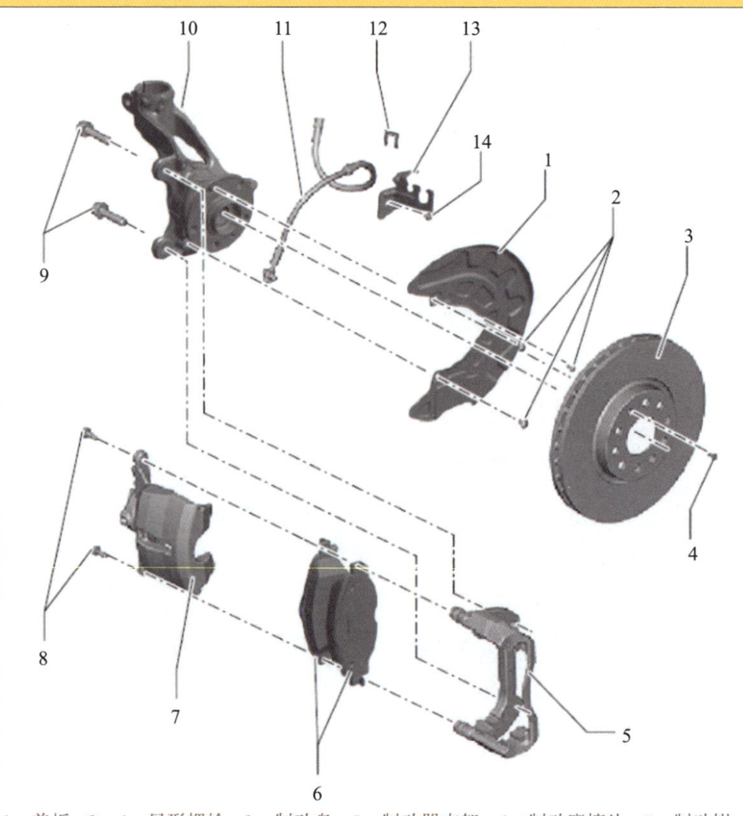

1—盖板；2，4—星形螺栓；3—制动盘；5—制动器支架；6—制动摩擦片；7—制动钳；8—自锁式六角螺栓；9—带筋螺栓；10—车轮轴承罩；11—制动软管；12—固定架；13—支架；14—螺栓

视频

2-1 拆装和检查制动器

能够做好“分外事”是一种了不起的本事

步骤三：故障诊断维修

1. 拆卸制动器

（1）拆下车轮，拔下制动摩擦片磨损显示器的连接插头。

（2）使用螺钉旋具将制动摩擦片的止动弹簧从制动钳中撬出并取下。

（3）使用螺钉旋具轻微撬动制动分泵，拆卸导向杆固定螺栓。

（4）取下制动钳、制动摩擦片、制动器支架。

（5）拆卸并取下制动盘。

2. 检查制动器

（1）检查制动摩擦片磨损情况，如图 2-1-1 所示，是否存在烧蚀、沟槽、硬点、偏磨，针对不同磨损情况进行不同的处理。打磨制动摩擦片表面去除硬点，有烧蚀或沟槽则需要更换制动摩擦片，发现偏磨则需要检查制动分泵回位情况。

（2）使用游标卡尺检查制动摩擦片的厚度，如图 2-1-2 所示，超出磨损极限应更换。

图 2-1-1　制动摩擦片磨损

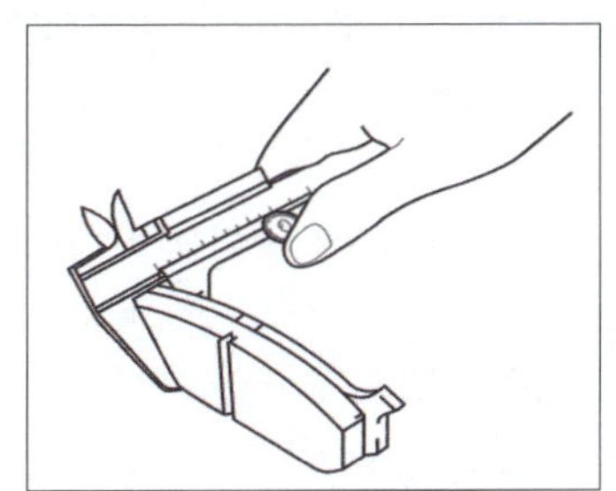

图 2-1-2　制动摩擦片厚度检查

（3）检查制动盘工作面是否有裂纹、锈斑、划痕、沟槽，如图 2-1-3 所示，针对不同磨损情况进行不同的处理。用砂纸打磨制动盘表面去除锈斑，有裂纹或深沟槽则需要更换制动盘，发现划痕或浅沟槽则需要对制动盘表面进行抛光修理。

制动器 PR 编号配置

- 汽车数据铭牌在左侧 B 柱下方和保养手册中；
- 汽车铭牌上的相应 PR 编号记录了汽车上安装的制动器类型；
- 通过 ELSA/ 车辆特定信息查看关于所安装的制动器相应信息；
- 制动器 PR 编号对于制动钳、制动盘和制动摩擦片的配合很重要

制动盘部分参数差值说明

- 不同车型的制动盘摩擦面端面跳动值、制动盘周向厚度差值不同，此数据需要查询对应车型的维修手册，2018 款大众迈腾 B8L 轿车的制动摩擦片磨损极限、前轮制动盘磨损极限和制动盘摩擦面端面跳动值如下

制动盘部分参数差值范围

零件检测值	单位	数值
制动盘摩擦面端面跳动值	mm	≤ 0.05
制动盘周向厚度差值	mm	≤ 0.05

制动摩擦片、制动盘更换原则

零件	更换原则
制动摩擦片	• 装配制动摩擦片前需要用酒精清洁制动钳； • 装配制动摩擦片后检查所有止动弹簧的位置是否正确； • 同一车桥的制动摩擦片应成套更换； • 需要更换新的自锁螺栓将制动钳固定在制动器支架上； • 每次更换制动摩擦片后要在静止状态下多次将制动踏板用力踩到底，以便制动摩擦片进入与其运行状态相对应的位置； • 更换制动摩擦片后应检查制动液液位，并进行试车和磨合
制动盘	• 同一车桥上的制动盘必须一起更换； • 表面修整或更换制动盘后，应进行试车和磨合

学习笔记

视频

2-2 测量制动摩擦片（刹车片）厚度

学习笔记

（4）使用千分尺检查制动盘的厚度，如图 2-1-4 所示，超出磨损极限应更换。

（5）如果车辆在行驶时制动器有异响，可能因为制动盘经过长时间的摩擦变薄后产生变形所致，因此需要使用百分表对制动盘摩擦面端面跳动值进行检测，如图 2-1-5 所示当跳动值超过极限值时，则需要更换制动盘。

（6）检测制动盘周向厚度差值。在制动盘一侧端面均匀选取 6 个测量点，用千分尺测量制动盘 6 个点两端面的厚度，得出 6 个周向厚度测量值，如图 2-1-6 所示，用测量得到的厚度最大值减去最小值即为制动盘周向厚度差，如制动盘周向厚度差超过极限值，则需要更换制动盘。

图 2-1-3　制动盘裂纹

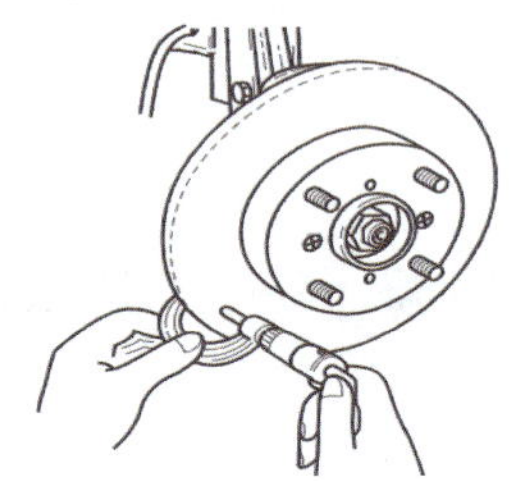
图 2-1-4　制动盘厚度检查

图 2-1-5　制动盘摩擦面端面跳动值测量示意

图 2-1-6　制动盘周向厚度差值测量示意

前、后轮制动器参数对比

- 2018 款大众迈腾 B8L 轿车前、后轮制动器均为盘式制动器，故障诊断与维修方法相同，但制动盘、制动钳活塞直径，制动摩擦片、制动盘厚度，制动盘磨损极限等标准数值均不相同（见下表），在维修过程中一定注意，更换零件时要选准对应制动器的配件参数，配件不可混用

制动器各参数	前轮制动器 /mm	后轮制动器 /mm
制动摩擦片正常厚度	14	11
不带背板的制动摩擦片磨损极限	2	2
制动盘正常直径	312	300
制动盘正常厚度	25	12
制动盘磨损极限	22	10
制动钳活塞正常直径	57	42

前轮制动器安装原则

- 制动钳活塞必须被压回去后才可安装到制动器支架上；
- 用锂基润滑脂略微润滑制动摩擦片导向面；
- 所有螺栓拧紧后，必须紧固至标准力矩值，每个位置的螺栓标准力矩值需要通过维修手册查得；
- 安装完毕后，需要对制动系统进行排气；
- 在停车状态下将制动踏板多次用力踩到底，以使制动摩擦片进入相应的工作位置；
- 需要进行试车；
- 在试车过程中，用中等偏大的力踩制动踏板，制动器不能过热，否则说明安装不正确；
- 带有压力的止动弹簧有造成人身伤害的危险，安装时一定要用手固定住止动弹簧；
- 检查制动液液位，缺少时需要补充

（7）检查制动分泵是否有渗油，如制动摩擦片有烧蚀现象，则还需要检查制动分泵回位是否正常，如图 2-1-7 所示，如回位不正常可对其进行分解并清洗，重新组装密封或更换新的制动分泵。

（8）经过上述检查后，得出制动摩擦片、制动盘及制动分泵均未异常，但发现制动盘的通风孔（如图 2-1-8 中箭头所示）里面有一块大小适中的石块，将其取出。

图 2-1-7　回位后的制动分泵

图 2-1-8　制动盘通风孔

3. 安装制动器

（1）将制动盘安装至法兰上，并安装固定螺栓。

（2）将带有止动弹簧的制动摩擦片安装在制动器凹槽内。

（3）将制动钳安装在制动器支架上，拧紧导向杆固定螺栓。

（4）连接制动摩擦片磨损显示器的连接插头。

（5）安装车轮。

步骤四：故障排除验证

维修人员对车辆进行路试，故障现象消失，故障排除。

活塞回位操作原则

- 将活塞压入液压缸之前，必须从制动液储液罐内吸出制动液。否则，如果在此期间制动液储液罐注满时，制动液会溢出并造成部件损坏；
- 旋转分泵活塞回位器 1 的手柄，通过其上压片将活塞顶回初始位置，如下图所示

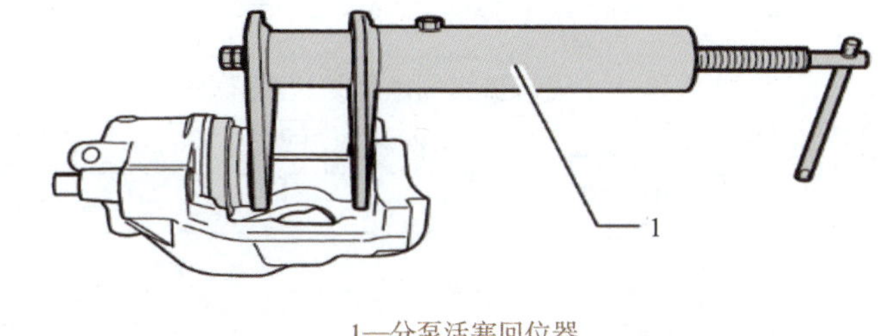

1—分泵活塞回位器

学习笔记

视频
2-3 安装制动摩擦片

学习笔记

任务测评

一、知识测评

确定本任务关键词，按重要程度进行关键词排序并举例解读。

根据自己对重要信息捕捉、排序、表达、创新和划分权重的能力进行自评，满分 100 分（表 2-1-1）。

表 2-1-1 维修盘式制动器知识测评表

序号	关键词	举例解读	评分自定
1			
2			
3			
4			
5			
总 分			

二、能力测评

对表 2-1-2 所列作业内容，操作规范即得分，操作错误或未操作即零分。

表 2-1-2 维修盘式制动器能力测评表

序号	能力点	配分	得分
1	拆卸制动器	25	
2	检查制动器	25	
3	测量制动器	25	
4	安装制动器	25	
总 分		100	

三、素养测评

对表 2-1-3 所列素养点，做到即得分，未做到即零分。

表 2-1-3 维修盘式制动器素养测评表

序号	素养点	配分	得分
1	设备和工具安全检查	20	
2	车辆安全防护	20	
3	工具清洁校准存放	20	
4	工量辅具、零部件、油水液体“三不落地”	20	
5	工位“5S”	20	
总 分		100	

四、拓展训练

（1）请列举出在维修盘式制动器过程中易出现的问题，分析产生问题的原因并制订解决问题的措施（满分 25 分）。

（2）紧固底盘前部所有螺栓，检查球头间隙及胶套，检查轮胎磨损情况，检查半轴总成，均无异常，故将故障范围缩小至右前制动器，对其拆卸并检查。试制订维修流程并进行维修（满分 25 分）。

（3）李洪学来到 4S 店工作已经一年多了，经常很晚才下班，室友好奇地问他：“你师傅早都下班了，你怎么这么晚才回寝室？”李洪学笑呵呵地回答：“有时候其他组的活没干完，我过去帮忙了。”室友恍然大悟，原来李洪学经常去帮助别人干活啊，我说他

能够做好“分外事”是一种了不起的本事

在店里的人缘怎么这么好，谁提起他都赞不绝口。还有一点，室友没有想到，通过帮助其他组完成维修工作，使得李洪学能够比别人更快地积累大量的工作经验，技术水平飞速地提升。

请按图 2-1-9 所示思维导图格式，对维修盘式制动器的学习收获进行总结，同时将李洪学的职业成长总结成两个合适的词填到空格里，并作出说明（满分 50 分）。

图 2-1-9　思维导图

学习笔记

任务二 维修制动管路及排气

职业行动

步骤一：故障现象确认

客户反映自己的2018款大众迈腾B8L轿车在行驶中仪表盘上制动警告灯突然点亮。维修人员对车辆进行路试，启动汽车后，仪表盘上制动警告灯常亮，行驶时踩踏制动踏板，踏板行程增大，制动性能降低。检查制动液储液壶，发现制动液液面低于下限位置。

经过路试，初步判断此故障是由缺少制动液引起的，但也不排除制动系统某部位出现泄漏造成，需做进一步检查。

步骤二：作业准备

1. 作业场地

选择带有消防设施的作业场地。

2. 设备设施

举升机。

3. 工量辅具

常用工具套件、扭力扳手、制动液回收壶、翼子板布。

4. 零件耗材

手套、抹布、制动液、防护三件套、制动管路备件。

步骤三：故障诊断维修

1. 检查制动液

检查制动液液面位置，正常应处于储液壶上限位置（MAX）和下限位置（MIN）之间，如图2-2-1所示。新车或新更换的制动液液面位置应接近于储液壶上限位置（MAX）。当制动液液面低于下限位置时，车辆仪表盘上制动警告灯点亮，如图2-2-2所示。

职业知识

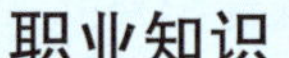

制动液更换操作原则

- 不同型号、不同品牌的制动液不允许混加，制动液的型号、品牌一定要与原车相符；
- 制动液型号一般会标注在储液罐盖子上，或从维修手册中查得；
- 制动液有毒，操作时不能与人体的皮肤接触；
- 制动液有腐蚀性，操作时不能与车身的油漆、车上的铝合金件、橡胶件接触；
- 如果制动液与上述物体接触，应立即用大量清水清洗；
- 制动液是易燃品，应远离火源；
- 制动液有吸湿性，长期裸露、密封不严的制动液会吸收空气中的水分，不宜使用；
- 抽出的制动液不得再使用；
- 废弃的制动液必须严格按照废弃物处理规定进行处理；
- 抽取制动液时，不得取下制动液储液罐上的滤网；
- 在抽完以后，制动液没有溢出滤网；
- 加注制动液前，应先清理储液壶上的灰尘，以免其进入到储液壶中；
- 制动液添加时不要超过最高刻线；
- 为避免空气进入制动系统，排气软管必须绷紧地固定在排气螺栓上；
- 制动液储液罐中的制动液液位必须始终充足，以防空气进入制动系统中；
- 操作完成后，制动钳上的排气螺栓必须要拧紧；
- 操作完成后，需要将制动钳排气阀上的盖罩重新盖上；
- 试车时，进行一次功能检查

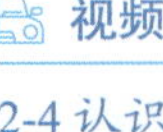

视频

2-4 认识制动液

"苦差事"是一种难得的历练

2. 补充制动液

（1）清理制动液储液壶上的灰尘；

（2）打开旋盖；

（3）加注制动液至正常高度位置，如图 2-2-3 所示；

（4）拧紧旋盖，如图 2-2-4 所示。

图 2-2-1　制动液储液壶上下限位置

图 2-2-2　制动警告灯

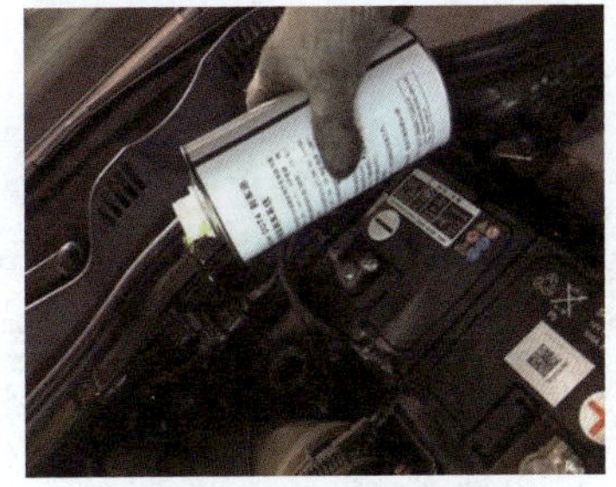

图 2-2-3　制动液加注

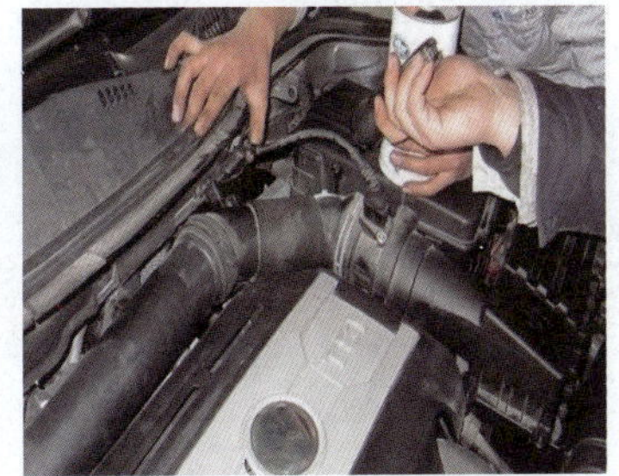

图 2-2-4　旋盖拧紧

3. 试车

制动液加注完成后，进行试车，在试车过程中反复踩踏制动踏板进行制动。仪表盘上制动警告灯熄灭，制动性能恢复。经过 10 min 行驶后，再次进行制动试验，发现制动踏板行程增加，制动性能降低的现象又出现了。检查制动液，观察到制动液量明显减少，制动系统可能存在泄漏。

制动液排放顺序及排放量

排气阀顺序	从排气阀排出的制动液量
左前制动钳	0.2 L
右前制动钳	0.2 L
左后制动钳	0.3 L
右后制动钳	0.3 L
总排放量（包括从制动液储液壶抽出的量）	约 1 L

制动系统泄漏维修原则

零件	维修原则
制动主缸	• 主缸缸体裂纹导致漏油，应更换主缸； • 主缸与储液壶连接处漏油，应更换密封圈； • 主缸活塞杆处漏油，应分解主缸并更换内部密封圈； • 主缸与管路连接处漏油，应检查连接螺纹并重装或更换
ABS 泵	• ABS 泵泵体裂纹导致漏油，应更换 ABS 总成； • ABS 泵与管路连接处漏油，应检查连接螺纹并重装或更换
制动管路	• 制动管路中的软管容易破损导致漏油，如发现应更换管路； • 制动管路中的硬管一般不容易损坏
制动器	• 制动器钳体裂纹导致漏油，应更换制动器； • 制动器与管路连接处漏油，应检查连接螺纹并重装或更换； • 制动器的制动轮缸漏油，应分解轮缸并更换内部密封圈
制动摩擦片	• 正常的制动摩擦片磨损会导致制动液储液壶内的液面轻微下降，但如果储液壶液位异常降低，尤其导致制动警告灯点亮，这表明制动系统可能有泄漏

学习笔记

视频

2-5 检查制动液液位

学习笔记

4. 检查制动系统泄漏

对制动系统中的制动主缸、ABS 泵、制动管路、制动器及其连接部位进行检查是否存在泄漏，如图 2-2-5 所示。在检查中发现车辆右后轮与制动钳连接的制动软管存在破损漏油的现象，需对其进行维修。

5. 更换制动管路

（1）使用制动液充放机，将储液壶中的制动液抽净，如图 2-2-6 所示；

（2）拆卸已损坏制动软管如图 2-2-7 所示，更换新制动软管，如图 2-2-8 所示；

（3）加注新的制动液，如图 2-2-9 所示。

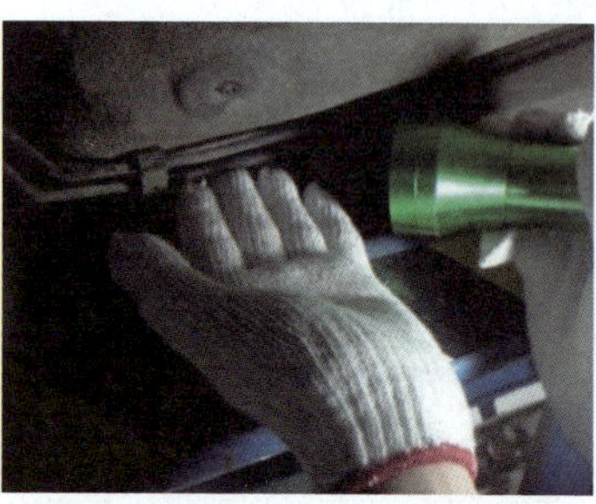
图 2-2-5　制动系统泄漏检查

图 2-2-6　制动液储液壶清空

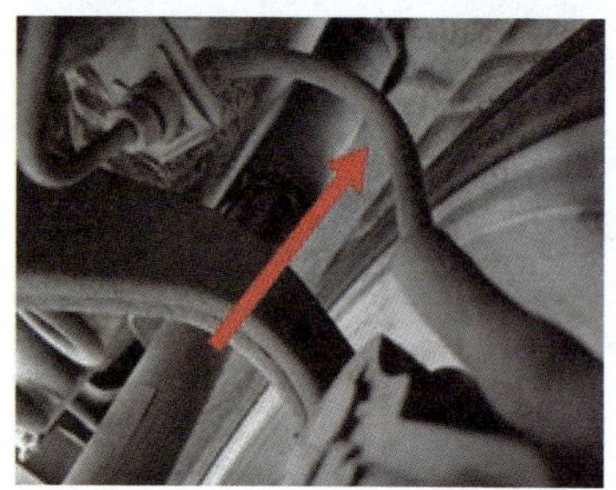
图 2-2-7　制动软管位置

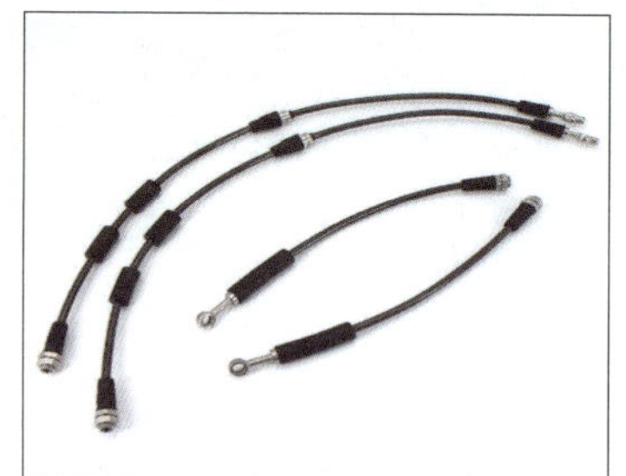
图 2-2-8　新制动软管

制动管路检查项目

- 检查制动软管是否扭曲；
- 检查制动软管是否有空隙及发脆；
- 检查制动软管和制动管路是否有擦伤；
- 检查制动管路接口和紧固件是否安装正确；
- 检查制动管路接口和紧固件是否有泄漏和锈蚀

制动管路更换操作原则

- 切勿将制动液与含矿物油的液体（机油、汽油、清洁剂）混合，矿物油会损坏制动系统的密封件和橡胶套管；
- 原则上必须更换碰到机油、制动液或冷却液的齿形传动带、三角传动带或多楔传动带；
- 加注时，制动液不得洒入发动机舱内，否则可能造成发动机舱内零件损坏；
- 制动管路最大只能弯曲 90°；
- 从汽车底部脱开制动管路；
- 拆卸制动软管一端时，用接油盘收集管路里旧的制动液，全部放净后再进行下一步操作

制动系统排气

排气顺序	排气要求
• 左前制动钳； • 右前制动钳； • 左后制动钳； • 右后制动钳	• 每个制动钳都必须进行排气； • 排气后必须进行试车，同时必须进行至少一次 ABS 调节

制动系统排气方法

人工排气法	机器排气法
• 需两人配合进行； • 新制动液用量少	• 可一人独立进行； • 新制动液用量多

“苦差事”是一种难得的历练

6. 制动系统排气

（1）一名维修人员坐在车中，举升车辆，将塑料排气软管安装到右后制动钳的排气阀上，如图 2-2-10 所示；

（2）将软管的另一端插入到制动液回收壶中；

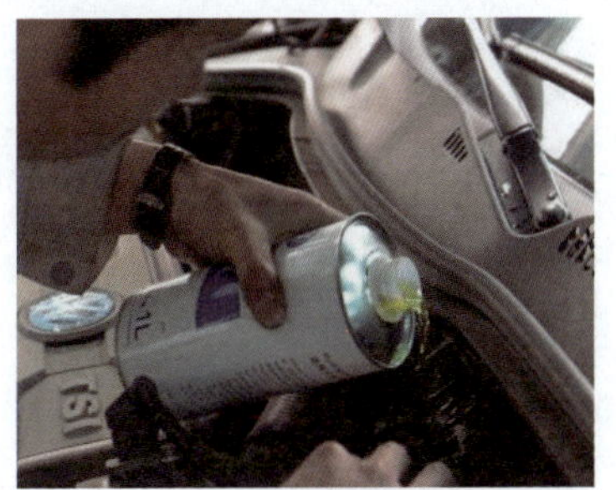

图 2-2-9　新制动液加注

图 2-2-10　制动系统排气

（3）打开排气阀，如图 2-2-11 所示；

（4）坐在车中维修人员连续三次踩制动踏板，将制动踏板踩到全程约 75% 并保持，在车下人员关闭排气阀后，松开制动踏板；

（5）重复（4），直到流入制动液回收壶中的制动液不再出现气泡；

（6）按规定力矩值紧固排气阀；

（7）重复上述步骤，对左后、左前、右前制动钳进行排气；

制动系统人工排气法操作分工

工作人员及工作位置	车外（维修人员甲）	驾驶室（维修人员乙）
工作内容	• 举升车辆	
	• 连接排气阀与制动液回收壶	
	• 打开排气阀	
		• 连续三次踩制动踏板，将制动踏板踩到全程约 75% 并保持
	• 关闭排气阀	• 松开制动踏板
	• 观察制动液回收壶中的制动液是否不再出现气泡	
		• 如还有气泡，则重复上述动作
	• 不再出现气泡后，按规定力矩值紧固排气阀	
	• 拆下制动液回收壶	
	• 重复上述步骤，对其余三个车轮的制动钳进行排气	
	• 降下车辆	
		• 试车

学习笔记

视频　2-6 检查与更换制动液

学习笔记

（8）拆下排气软管和制动液回收壶；

（9）检查制动液储液壶液面位置，必要时再次加注制动液。

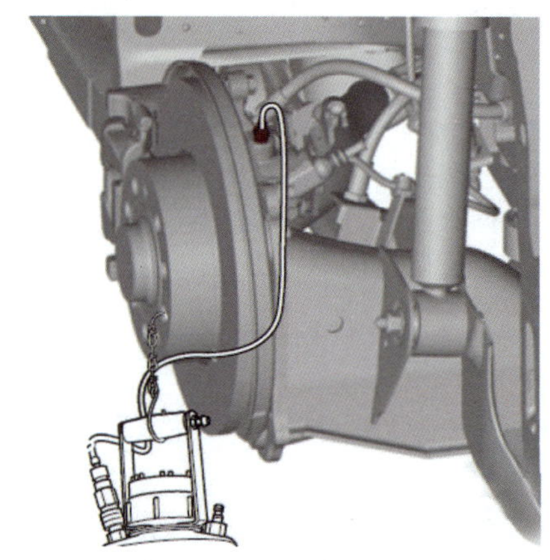

图 2-2-11　排气阀位置

步骤四：故障排除验证

（1）将点火开关拧至“START”位置，然后关闭。用中等力踩制动踏板并保持位置，如果踩制动踏板感到坚实而稳定且踏板行程不过大，则启动发动机，重新检查踏板行程；

（2）在上述检查过程中，如发现踩踏制动踏板脚感软或行程过大时，需要重新进行排气；

（3）在上述检查过程中，如踩制动踏板感到坚实而稳定且踏板行程不过大，则进行车辆路试。

维修人员对车辆进行路试，故障现象消失，故障排除。

制动系统性能检测

步骤	原地检测	行驶检测
1	• 将点火开关拧至“START”位置，然后关闭。用中等力踩下制动踏板并保持不动，注意踏板行程和脚感	
2	• 如果踩下制动踏板感到坚实而稳定且踏板行程不过大，则启动发动机，在发动机运行时，重新检查踏板行程	
3		• 如踩制动踏板感到坚实而稳定且踏板行程不过大，则进行车辆路试，以中速行驶进行几次正常制动，以确保制动系统功能正常
4	• 如果在开始时或发动机起动后制动踏板脚感软或行程过大，必须再次进行排气操作	

制动系统密封性检测

- 在制动装置功能和密封性正常的情况下进行制动系统密封性检测；
- 将制动系统检测仪器连接到制动钳的排气阀上；
- 预紧制动踏板，直至压力表显示压力 50 bar，在 45 s 的检测期间内压降不允许超过 4 bar 为正常，否则需要检查制动系统的各部件是否仍有泄漏

学习笔记

任务测评

一、知识测评

确定本任务关键词，按重要程度进行关键词排序并举例解读。

根据自己对重要信息捕捉、排序、表达、创新和划分权重的能力进行自评，满分 100 分（表 2-2-1）。

表 2-2-1　维修制动管路及排气知识测评表

序　号	关 键 词	举例解读	评分自定
1			
2			
3			
4			
5			
总　　分			

二、能力测评

对表 2-2-2 所列作业内容，操作规范即得分，操作错误或未操作即零分。

表 2-2-2　维修制动管路及排气能力测评表

序　号	能 力 点	配　分	得　分
1	检查制动液	10	
2	补充制动液	15	
3	检查制动系统泄漏	15	
4	更换制动管路	30	
5	制动系统排气	30	
总　　分		100	

三、素养测评

对表 2-2-3 所列素养点，做到即得分，未做到即零分。

表 2-2-3　维修制动管路及排气素养测评表

序号	素 养 点	配　分	得　分
1	设备和工具安全检查	20	
2	车辆安全防护	20	
3	工具清洁校准存放	20	
4	工量辅具、零部件、油水液体“三不落地”	20	
5	工位“5S”	20	
总　　分		100	

四、拓展训练

（1）请列举出在维修制动管路及排气过程中易出现的问题，分析产生问题的原因并制订解决问题的措施（满分 25 分）。

（2）正常的制动摩擦片磨损会导致制动液储液壶内的液面轻微下降，但如果储液壶液位异常降低，尤其导致制动警告灯点亮，这表明制动系统可能有泄漏。试制订维修流程并进行维修（满分 25 分）。

（3）自从入职到 4S 店，维修车间的脏活累活，李洪学总是抢着去干，比如车辆大修，他第一个冲上去抬发动机、抬变速器；换制动液，他自告奋勇将活揽下。同批入职的小伙伴笑他傻，李洪学自己却不这样认为，有时候干脏活累活即是经验的积累，

学习笔记

更是对自己意志品质的锻炼，经历过这些后还有什么困难能够难倒他。李洪学的这种做法也引起了单位领导的注意，年底表彰的时候，领导把他推荐为集团优秀员工。

按图 2-2-12 思维导图格式，对维修制动管路及排气的学习收获进行总结，并说明李洪学哪些表现属于“自立自强”“积极担当”的人生态度（满分 50 分）。

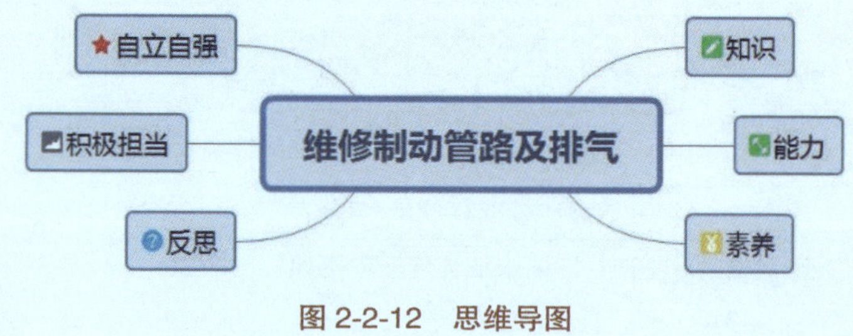

图 2-2-12　思维导图

学习笔记

任务三　维修制动主缸和真空助力器

职业行动

步骤一：故障现象确认

客户反映自己的2018款大众迈腾B8L轿车在行驶中制动功能失灵了，仪表盘上制动警告灯突然点亮，幸好车速较慢，使用电子驻车功能将车辆停下来。维修人员启动汽车后，仪表盘上制动警告灯常亮，制动踏板连接正常，踩踏制动踏板脚感很硬，行程很小。检查制动液储液壶，发现制动液液面低于下限位置。

制动液液面下降异常并且仪表盘上制动警告灯点亮，说明制动系统的某个部位可能有泄漏。检查制动踏板连接，各部件均正常。踩踏制动踏板脚感很硬，行程很小，说明制动系统的助力机构可能出现故障。应重新加注制动液后进行试车，再逐一进行检查。

步骤二：作业准备

1. 作业场地

选择带有消防设施的作业场地。

2. 设备设施

举升机、制动液充放机。

3. 工量辅具

常用工具套件、扭力扳手、翼子板布。

4. 零件耗材

手套、抹布、制动液、防护三件套、主缸、真空助力器。

职业知识

制动液

- 优质制动液应符合美国交通部DOT3和DOT4标准，这是国际认可的制动液标准。我国交通部和公安部制定JG3和JG4标准，也是参照美国标准制定的。在种类选择上，最好选择合成制动液，尽可能购买为汽车厂提供配套制动液的生产厂家产品

制动液特性

- 黏温性好，凝固点低，低温流动性好；
- 沸点高，高温下不产生气阻；
- 对制动系统的金属和非金属材料没有腐蚀性；
- 具有润滑作用

制动液性能要求

- 在高温、严寒、高速、湿热等工况条件下保证灵活传递制动力；
- 能够有效润滑制动系统的运动部件，延长制动分泵等部件的使用寿命；
- 使用过程中品质变化小，并不引起金属件和橡胶密封件的腐蚀和变质

真空助力器功能检测原则

- 在发动机静止情况下多次用力踩制动踏板；
- 用中等力踩住制动踏板并启动发动机；
- 当真空助力器功能正常时可以感觉到脚下的制动踏板有一定下沉，为正常；
- 当真空助力器出现故障时，首先检查真空助力器的真空系统；
- 当发生故障时需要更换整个真空助力器

真空软管

- 真空软管需带止回阀，并装入真空助力器中；
- 一些汽油发动机车辆上，在止回阀上安装了真空传感器

学习笔记

步骤三：故障诊断维修

1. 补充制动液

（1）清理制动液储液壶上的灰尘；

（2）打开旋盖；

（3）加注制动液至正常高度位置，如图 2-3-1 所示；

（4）拧紧旋盖。

2. 试车

制动液加注完成后，进行试车，在车辆启动后反复踩踏制动踏板进行制动，故障现象仍然存在。车辆熄火静止半个小时，再次进行检查，发现制动液量明显减少，如图 2-3-2 所示，制动系统可能存在泄漏。

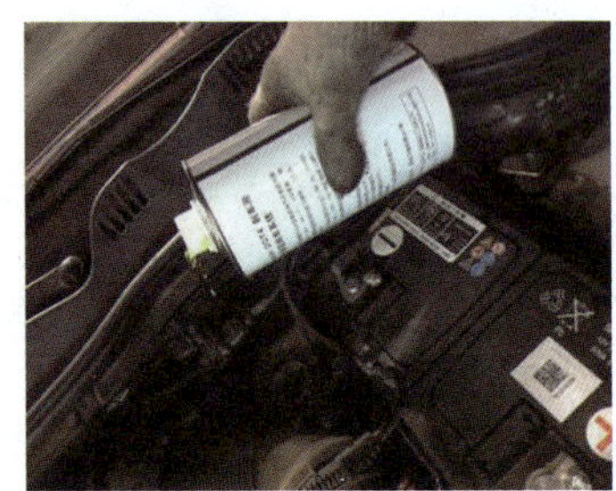

图 2-3-1　制动液加注

图 2-3-2　制动液液量观察

3. 检查制动系统泄漏

对制动系统中的制动主缸、ABS 泵、制动管路、制动器及连接部位进行检查是否存在泄漏，均未发现有泄漏。因制动液储液壶与制动主缸连接（图 2-3-3），储液壶液量减少，应先对制动主缸进行拆卸检查。

4. 拆卸制动主缸

（1）蓄电池距离制动主缸很近（图 2-3-4），不方便操作，应先拆卸蓄电池及其支架；

视频

2-7 真空助力器工作原理

真空助力器 / 制动主缸装配图

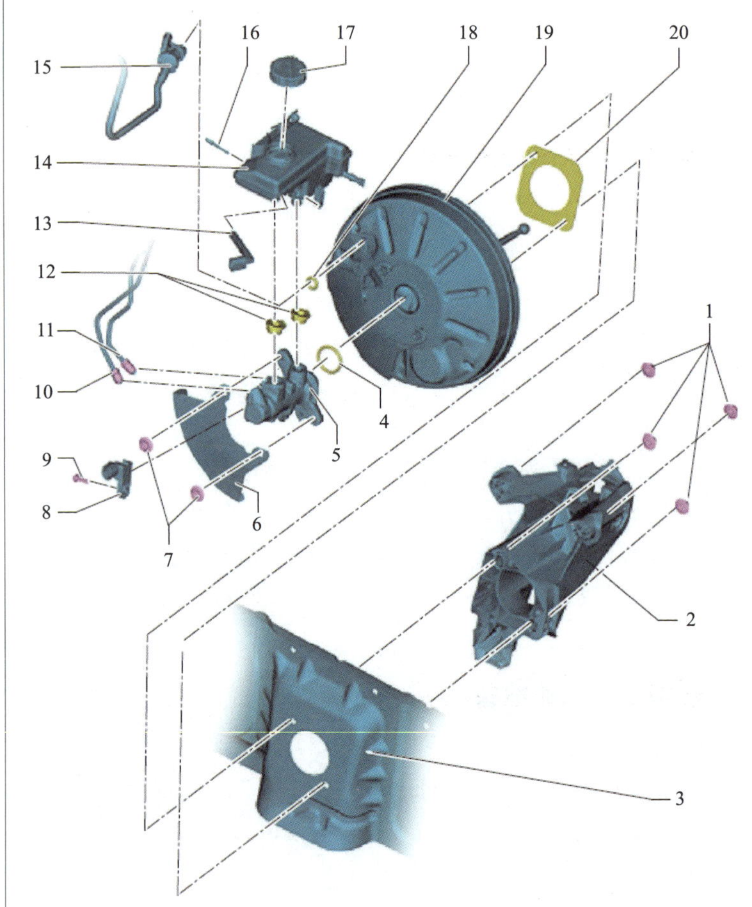

1，7—自锁式六角螺母；2—踏板机构 / 轴承座；3—前围板；4，20—密封件；5—制动主缸；6—隔热板；8—制动信号灯开关；9—螺栓；10，11—制动管路；12—密封塞；13—制动液液位警告信号触点；14—制动液储液罐；15—真空软管；16—固定螺栓；17—密封盖；18—密封环；19—真空助力器

学习笔记

（2）使用制动液充放机，将储液壶中的制动液抽净，如图 2-3-5 所示；

（3）拆下线束固定卡子（图 2-3-6）和三个电气连接插头（图 2-3-7）；

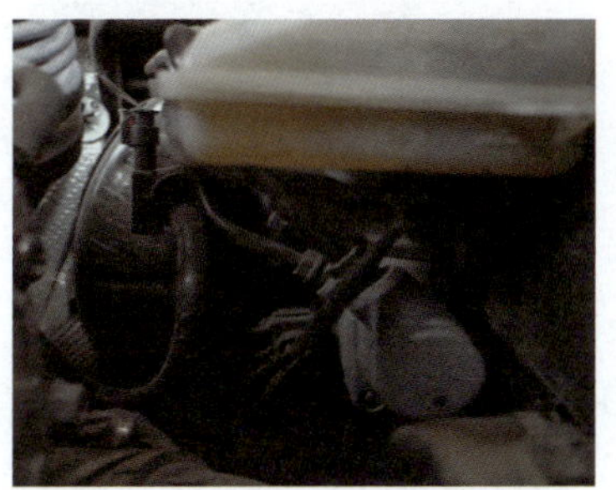
图 2-3-3　储液壶和制动主缸

图 2-3-4　制动主缸和蓄电池位置

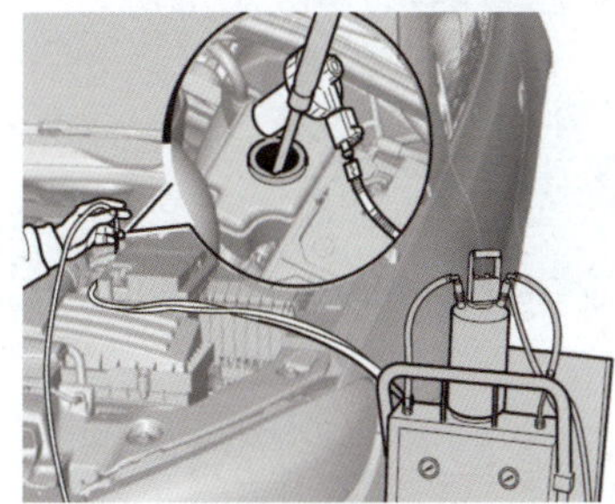
图 2-3-5　制动液抽取

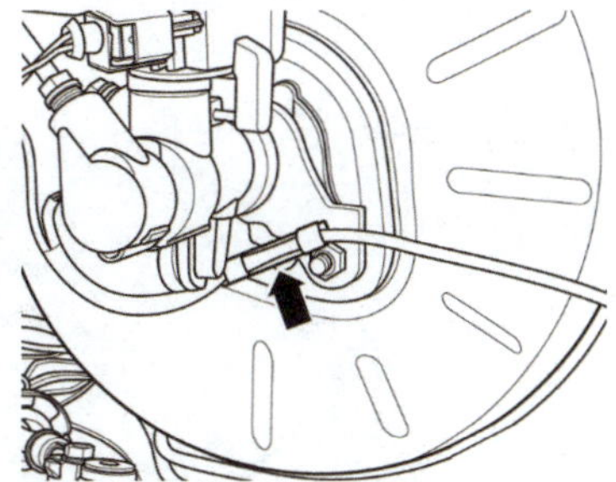
图 2-3-6　线束固定卡子

（4）拧下星形螺栓将制动液储液壶拔下，如图 2-3-8 所示；

（5）拧下制动主缸上的制动管路（图 2-3-9），用密封塞密封制动管路。拧下制动主缸的螺母，从真空助力器中取出制动主缸，拔下制动主缸上的制动信号灯开关。

制动主缸电气插头放置要求

- 电气连接插头拔下后，需要做好标记，以免在安装时发生混淆；
- 将这些插头与电线放置妥当，避免在操作时被损伤或制动液溅入其中

制动主缸电气插头分类

电气连接插头	类型
电气连接插头 1	制动信号灯开关插头
电气连接插头 2	真空传感器插头
电气连接插头 3	制动液液位传感器插头

真空助力器作用

- 辅助驾驶人提高制动的力度，降低驾驶人踩踏制动踏板工作强度，一旦真空助力器损坏，失去助力，会明显感到踩踏制动踏板需要很大的力气，而且达不到原有制动力度，制动距离延长

真空泵

- 真空助力器的真空源主要来自发动机进气歧管或真空泵。2018 款大众迈腾 B8L 轿车就是采用真空泵来对真空助力器抽真空的，真空泵 2 与燃油高压泵 1、真空泵 3 相连接

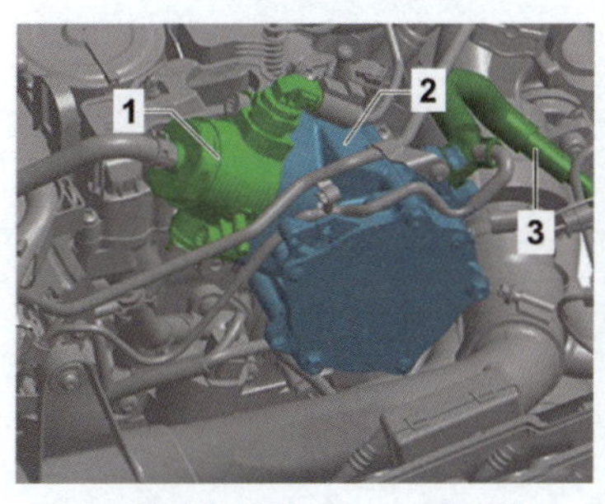

1—燃油高压泵；2，3—真空泵

- 当助力失效时，检查真空助力器、止回阀、真空管都没有问题，那么故障原因有可能是真空泵（如图红圈所示）损坏，应更换新的真空泵

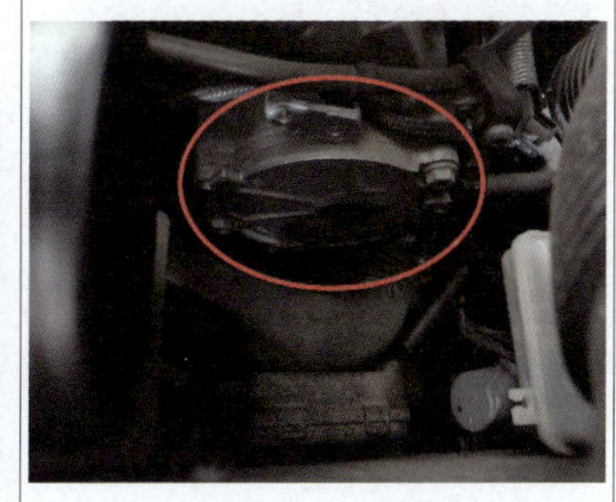

学习笔记

5. 拆卸真空助力器

拆下制动主缸后，我们发现制动主缸活塞杆处密封圈损坏产生严重漏油，制动液已经全部流入到真空助力器中，因此需要将其拆卸并更换。

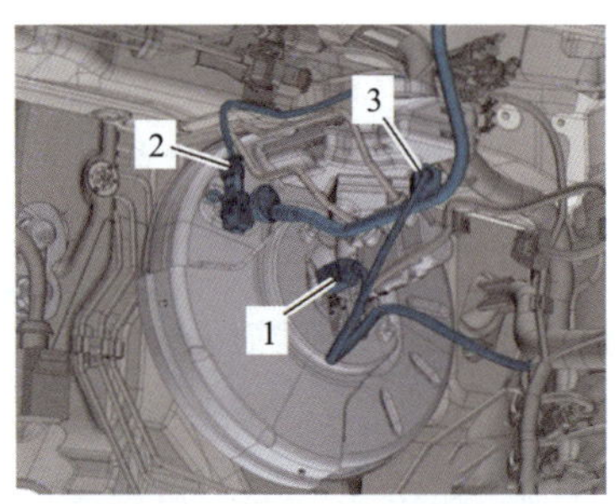

图 2-3-7　电气连接插头位置

1，2，3—真空助力器上电气连接插头

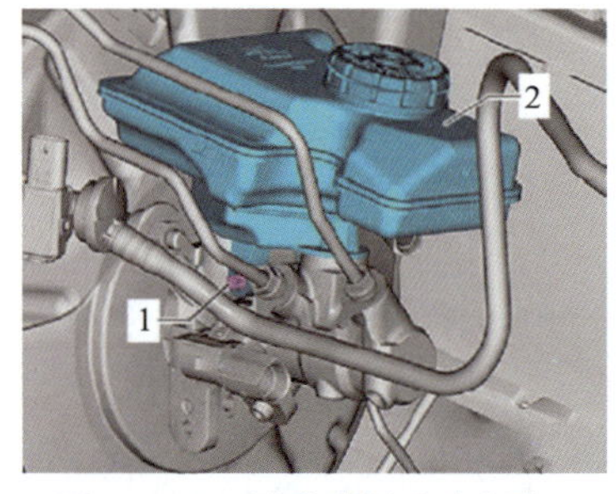

图 2-3-8　制动液储液壶拆卸

1—星形螺栓；2—制动液储液壶

（1）将带止回阀的真空软管从真空助力器中拉出，如图 2-3-10 所示；

（2）拆卸驾驶人侧仪表板盖板，拆下膝部安全气囊（图 2-3-11）和脚部空间出风口（图 2-3-12）；

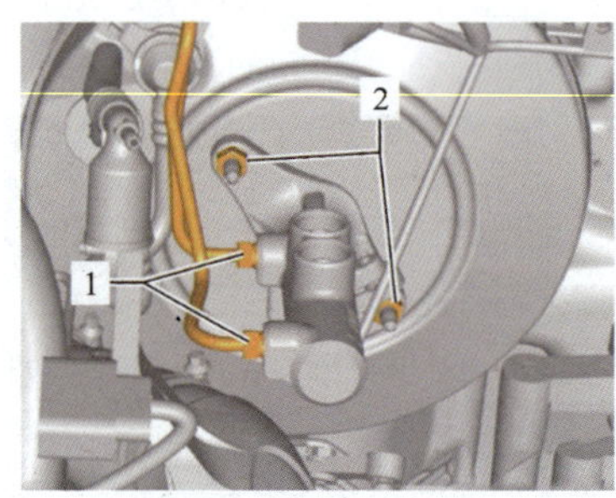

图 2-3-9　制动主缸及管路

1—制动管路；2—螺母

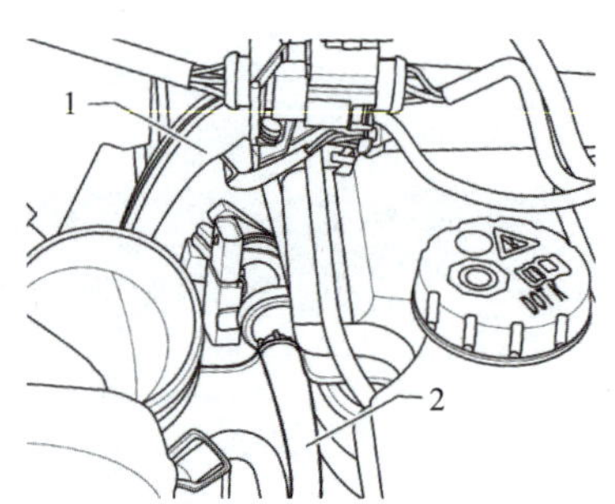

图 2-3-10　真空软管

1—真空助力器；2—真空软管

止回阀故障现象

- 如真空助力器上的止回阀失效，则真空助力器会失去真空源，将无法正常工作。失去助力的制动踏板，踩踏时脚感很硬，踩踏费力，行程较小

止回阀检测方法

（1）将空气沿止回阀 1 的一端吹向另一端；

（2）检测另一端是否透气；

（3）将空气沿止回阀相反的一端吹向另一端；

（4）检测另一端是否保持密封；

（5）正常情况下，应是一个方向（如图箭头所示）透气，另一个方向密封，如检测结果不符合标准，则更换止回阀

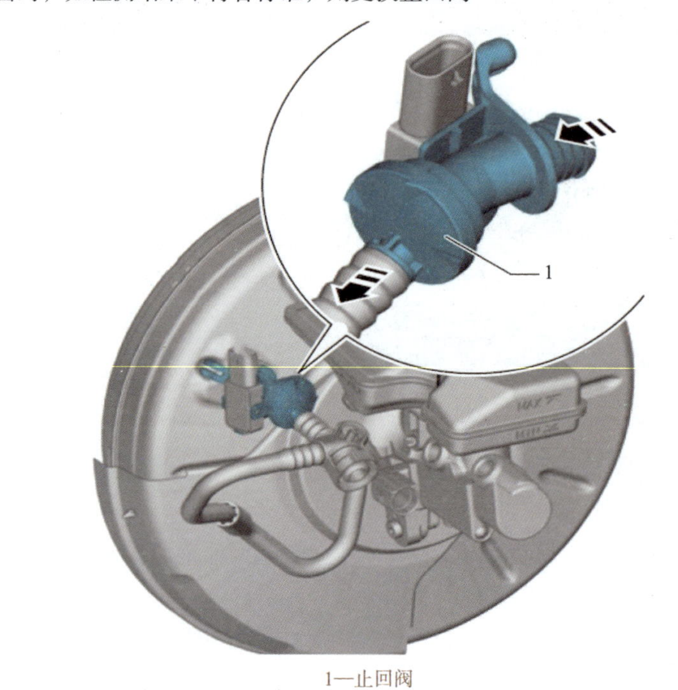

1—止回阀

（3）拧下真空助力器螺母 3、4，如图 2-3-13 所示，将真空助力器从前围板上拔下。

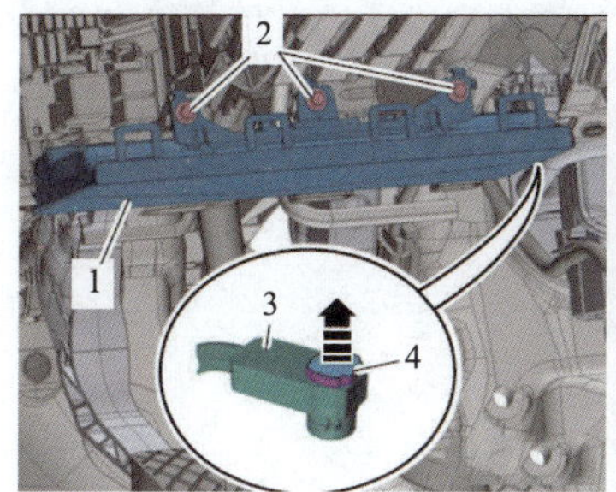

图 2-3-11　膝部安全气囊

1—膝部安全气囊；2—螺栓；3—插头；4—插头防松件

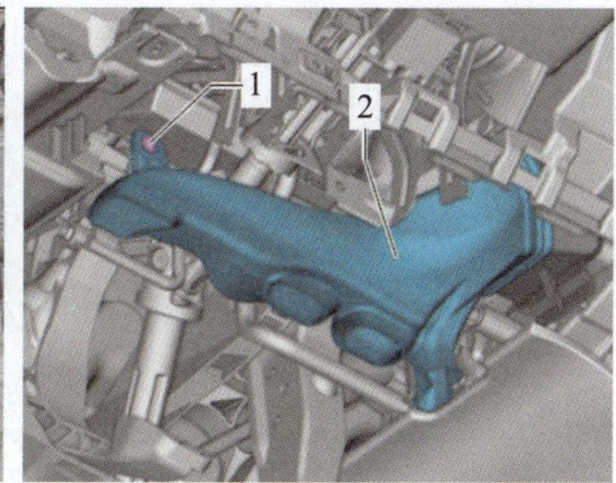

图 2-3-12　脚部空间出风口

1—螺栓；2—驾驶人侧脚部空间出风口

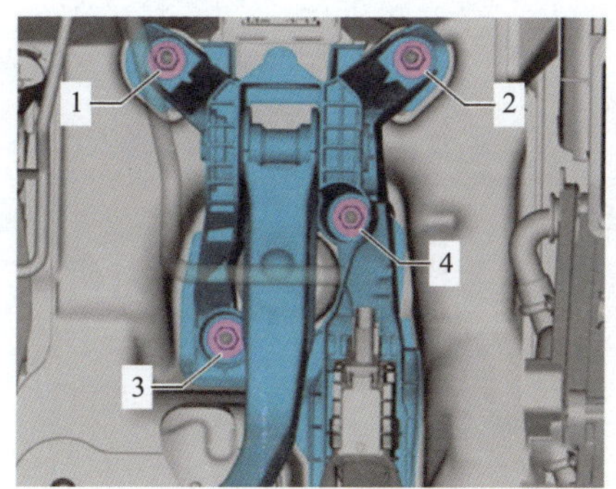

图 2-3-13　制动踏板侧固定螺母

1，2，3，4—螺母

6. 安装真空助力器和制动主缸

将新的真空助力器和制动主缸，按照与拆卸相反的顺序进行安装，将制动管路连接完成。

真空传感器拆卸方法

（1）将带止回阀的真空管 2 从真空助力器 1 上脱开

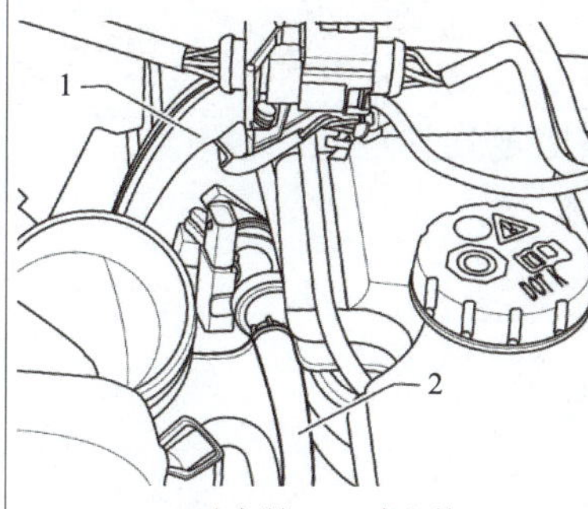

1—助力器；2—真空管

（2）将电气连接插头 3 从真空传感器 1 上脱开，真空传感器 1 从真空管路 2 中松开

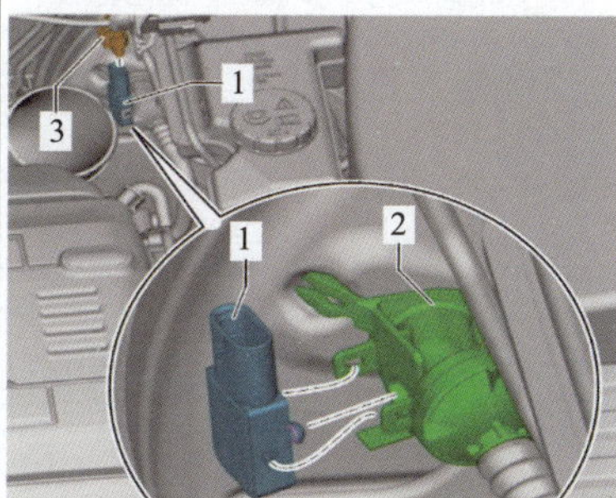

1—真空传感器；2—真空管路；3—电气连接插头

制动液充放机加注制动液及排气方法

（1）将适量新制动液倒入制动液充放机（又称制动系统安全养护机）的加注口中，设定正确气动压力，接通电源

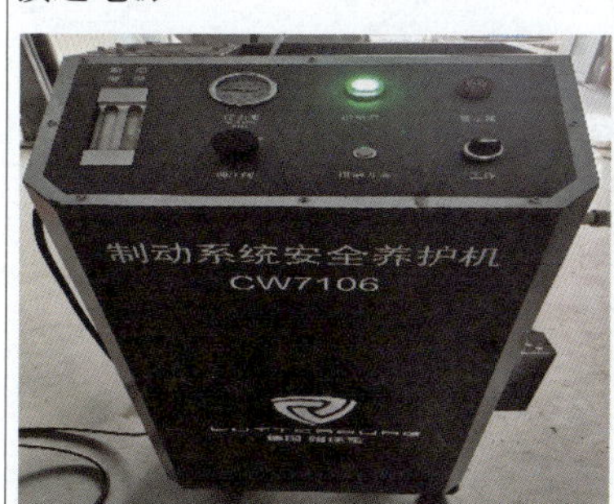

（2）将连接加注软管的适配接头 1 拧到制动液储液壶上

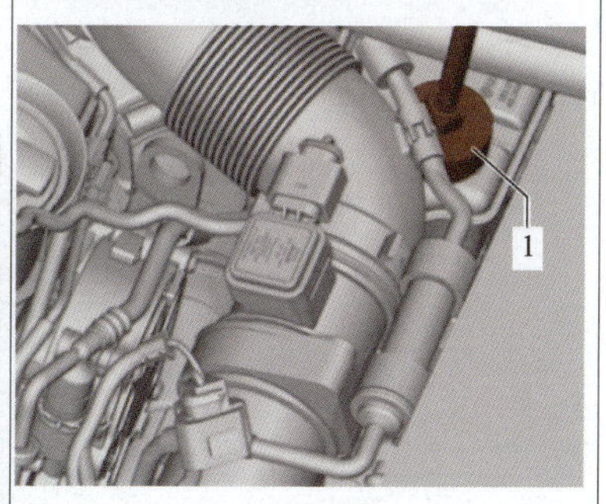

1—适配接头

学习笔记

学习笔记

7. 注入新制动液和排气

使用制动液充放机对制动系统进行加注制动液和排气操作。与任务 2 中的制动检测步骤相同。

步骤四：故障排除验证

维修人员对车辆进行路试，故障现象消失，故障排除。

制动液充放机加注制动液及排气方法（续）	
（3）举升车辆，将 4 个回抽软管连接到4个车轮制动钳的排气阀上，打开工作开关	（4）当观察到 4 条回抽软管里的制动液连续排出且无气泡，操作完成
（5）检查储液壶液位，进行适当补充	

学习笔记

任务三测评

一、知识测评

确定本任务关键词，按重要程度进行关键词排序并举例解读。

根据自己对重要信息捕捉、排序、表达、创新和划分权重的能力进行自评，满分 100 分（表 2-3-1）。

表 2-3-1　维修制动主缸和真空助力器知识测评表

序号	关键词	举例解读	评分自定
1			
2			
3			
4			
5			
总　分			

二、能力测评

对表 2-3-2 所列作业内容，操作规范即得分，操作错误或未操作即零分。

表 2-3-2　维修制动主缸和真空助力器能力测评表

序号	能力点	配分	得分
1	补充制动液	10	
2	检查制动系统泄漏	10	
3	拆卸制动主缸	25	
4	拆卸真空助力器	25	
5	安装真空助力器和制动主缸	30	
总　分		100	

三、素养测评

对表 2-3-3 所列素养点，做到即得分，未做到即零分。

表 2-3-3　维修制动主缸和真空助力器素养测评表

序号	素养点	配分	得分
1	设备和工具安全检查	20	
2	车辆安全防护	20	
3	工具清洁校准存放	20	
4	工量辅具、零部件、油水液体“三不落地”	20	
5	工位“5S”	20	
总　分		100	

四、拓展训练

（1）请列举出在维修制动主缸和真空助力器过程中易出现的问题，分析产生问题的原因并制订解决问题的措施（满分 25 分）。

（2）制动液液面下降异常并且仪表盘上制动警告灯点亮，说明制动系统的某个部位可能有泄漏。检查制动踏板连接，各部件均正常。踩踏制动踏板脚感很硬，行程很小，说明制动系统的助力机构可能出现故障。试制定维修流程并进行维修（满分 25 分）。

（3）最近 4S 店里来了很多故障车，都是一些“疑难杂症”车辆，老师傅们都不愿意接这些活，既耗费时间和精力又不怎么挣钱。李洪学了解情况后跟师傅说：“师傅，我想试一试，如果能将这些车辆修好，对我技能的提升会有很大帮助。”师傅同意了。白天，师傅指导李洪学修车；晚上，李洪学自学相关故障的理论知识并在车上进行验证。一周的时间里，李洪学共完成了三台“疑难杂症”车。从此，客户都知道了这家 4S 店里有个小李师傅。

学习笔记

按图 2-3-14 思维导图格式，对维修制动主缸和真空助力器的学习收获进行总结，各列举五个自己“迎难而上”“肯于钻研”的事例（满分 50 分）。

图 2-3-14　思维导图

学习笔记

任务四　维修电子驻车制动系统

职业行动

步骤一：故障现象确认

客户反映自己的 2018 款大众迈腾 B8L 轿车在一次车辆停车执行电子驻车制动时，仪表盘提示“电子驻车制动故障”。维修人员启动汽车后，仪表盘上的电子驻车制动灯点亮，电子驻车制动开关指示灯闪烁，左后轮驻车制动器未释放。

电子驻车制动故障，我们需要使用故障诊断仪读取故障码，以确定具体的故障部位或故障元件。

步骤二：作业准备

1. 作业场地

选择带有消防设施的作业场地。

2. 设备设施

举升机、故障诊断仪。

3. 工量辅具

常用工具套件、万用表、跨接线、翼子板布、拔线钳。

4. 零件耗材

手套、抹布、线束、防护三件套、熔丝。

步骤三：故障诊断维修

1. 读取故障码

（1）首先将点火开关置于“ON”挡，连接 VAS5052A 故障诊断仪并启动；

（2）进入 ODIS 诊断系统，正确选择车辆信息；

（3）诊断仪开始对车辆进行诊断；

职业知识

电子驻车制动系统组成图

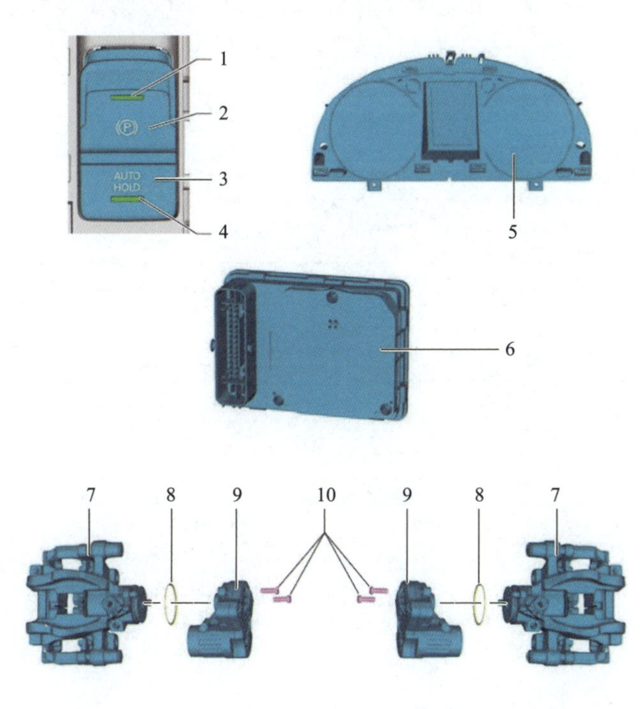

1—电控机械式驻车制动器指示灯；2—电子机械式驻车制动器按钮；3—AUTO HOLD 按键；4—AUTO HOLD 指示灯；5—组合仪表；6—电控机械式驻车制动器控制单元；7—后部制动钳；8—密封环；9—驻车制动电动机；10—内六角螺栓

视频

2-8 认识电子驻车制动系统

学习笔记

（4）故障存储器显示左侧驻车制动电动机供电电压断路，如图 2-4-1 所示；

（5）选择读取左右两侧制动器的电流，左侧制动器电流高达 6 553.5 A，右侧制动器的电流为 17 A，左侧制动器不正常，如图 2-4-2 所示；

（6）根据故障代码显示，左侧驻车制动电动机供电电压断路以及左侧制动器的电流读数不正常，可以判断左侧驻车制动电动机 V282 供电不正常，右侧驻车制动电动机 V283 供电正常。

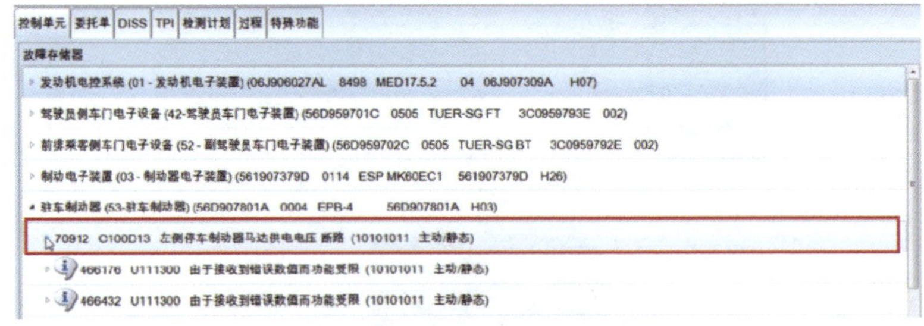

图 2-4-1　左侧驻车制动电机供电电压断路

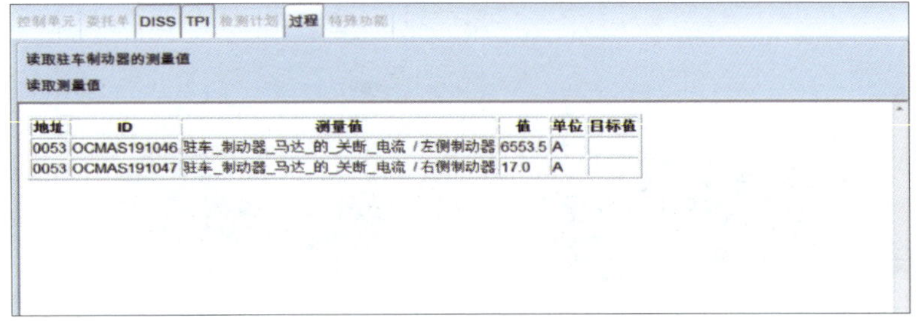

图 2-4-2　两侧制动器电流

电子驻车制动系统各零件安装位置

部件名称	安装位置
电控机械式驻车制动器指示灯 K213	在电子驻车制动器按钮 E538 中
电子机械式驻车制动器按钮 E538	在中控台中
AUTO HOLD 按钮 E540	在中控台中
AUTO HOLD 指示灯 K237	在 AUTO HOLD 按钮 E540 中
电控机械式驻车制动器控制单元 J540	集成在 ABS 控制单元 J104 中，不能单独更换
后部制动钳	后部车轮内侧
驻车电动机	左侧驻车电机 V282，安装在左后制动钳上；右侧驻车电动机 V283，安装在右后制动钳上
密封环	制动钳与驻车制动电机之间

部分零件位置示意图

• 驻车电动机 1 及插头 2	• 密封环

学习笔记

2. 测量电压

举升车辆至合适高度，使用万用表检查左右两侧驻车制动电动机电压，左侧驻车制动电动机 V282 的插接器（图 2-4-3）1、2 号针脚之间的电压为 0 V，右侧驻车制动电动机 V283 的插接器 1、2 号针脚之间的电压为 5.5 V（此电压为驻车制动器控制单元的占空比电压）。

图 2-4-3　驻车制动电动机插接器

3. 检查搭铁

通过电路图我们可以知道，V282 与 V283 的供电搭铁都是通过 J104 在发动机舱内右侧搭铁，检查该搭铁点，接触牢固、良好，没有锈蚀现象。一般情况下 J104 本身出现故障的可能性很小，按照从易到难的故障诊断原则，我们先对 V282 与 J104 之间的线束进行检查。

4. 检查导线

通过电路图我们可以知道，V282 与 J104 之间的导线连接中，在车内下部右侧位置有一插接器 TIUR，因此我们需要使用万用表分段检查导线的导通性。

（1）分别测量左侧驻车制动电机 V282 的针脚 T2kd/1 与 TIUR 的 T17f/15、T2kd/2 与 T17f/17 之间的导线电阻（图 2-4-4），测得结果均为 0.05 Ω，表明 V282 与 TIUR 之间的连接线路正常。

左侧驻车制动电动机 V282 电路图

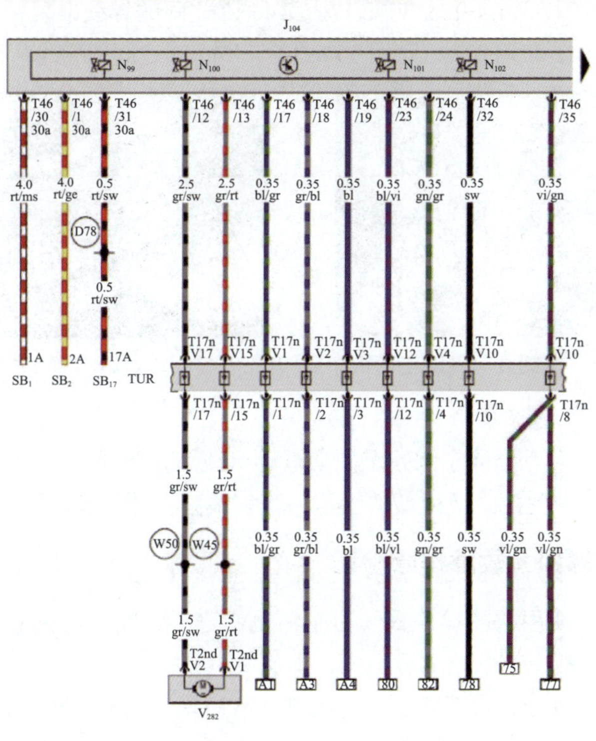

- 左侧驻车制动电动机 V282 有两根连接导线；
- 两根导线对应的驻车制动电动机插接器针脚号为 T2kd/1、T2kd/2；
- 两根导线连接 ABS 控制单元 J104，经过连接点 TIUR；
- 两根导线在连接点 TIUR 上的针脚号分别为 T17f/15、T17n/15 和 T17f/17、T17n/17；
- 两根导线与 ABS 控制单元 J104 插接器连接的针脚号为 T46/12、T46/13。

学习笔记

（2）分别测量 TIUR 的 T17n/15 与 J104 控制单元插接器（图 2-4-5）的 T46/13、T17n/17 与 T46/12 之间的导线电阻，测得结果为 0.04 Ω 和无穷大，表明 T17n/17 与 T46/12 之间的导线断路。

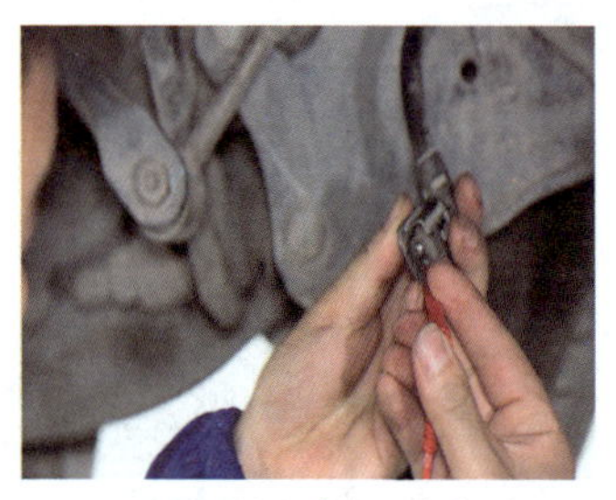

图 2-4-4　左侧驻车制动电动机测量

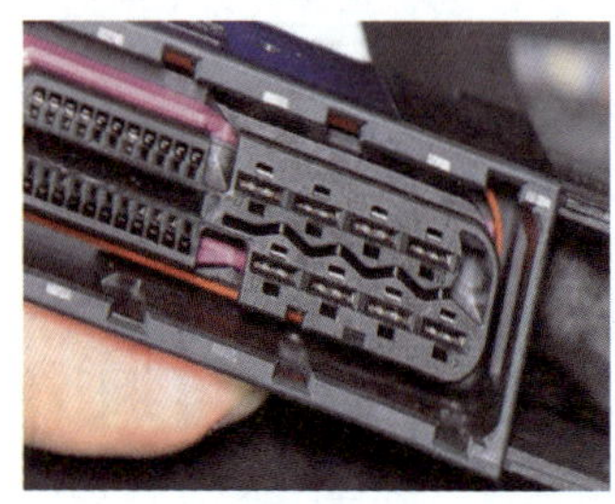

图 2-4-5　J104 控制单元插接器测量

5. 维修故障

稍微用力拉扯左侧驻车制动电动机线束，导线从 J104 控制单元插接器中脱落，更换新的线卡，修复线束，并重新装配。

步骤四：故障排除验证

（1）使用故障诊断仪，对车辆重新进行诊断，左侧驻车制动电动机供电电压断路故障消失，如图 2-4-6 所示。

（2）维修人员对车辆进行路试，故障现象消失，故障排除。

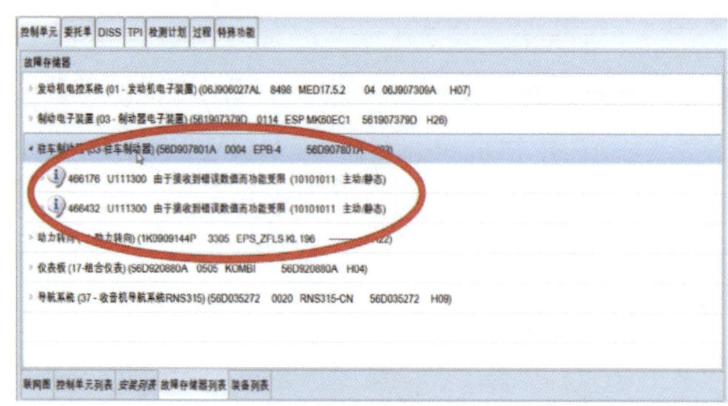

图 2-4-6　左侧驻车制动电动机供电电压断路故障消失

驻车制动电动机拆装方法		
拆卸方法	（1）关闭点火开关至少 30 s； （2）将插头 1 从驻车制动电动机上拔下； （3）拧出驻车制动电动机的两个内六角螺栓，如图箭头所示； （4）略微转动驻车制动电动机，从制动钳上拔下驻车制动电动机； （5）取出密封环； （6）清洁驻车制动电动机的环槽和接触面	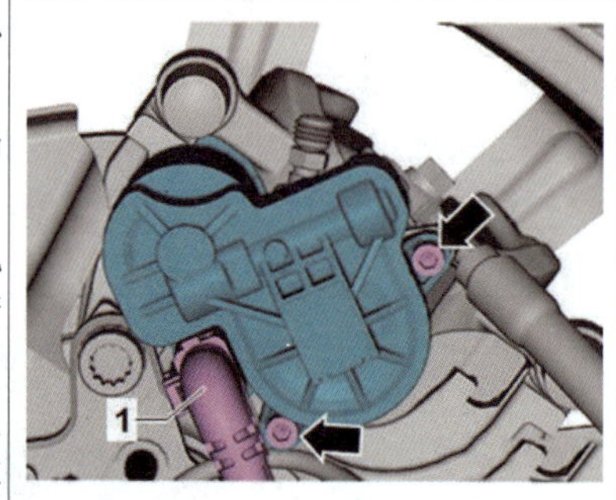
安装方法	（1）稍微浸润新密封环然后安装； （2）彻底润滑驻车电动机驱动轴上的星形组件； （3）用星形组件 A 稍稍回转驱动轴以便可以正确安装驻车电动机； （4）将驻车制动电动机平齐地安放到制动钳上，旋转驻车制动电动机直至螺栓孔和螺纹吻合； （5）拧紧内六角螺栓，安装插头； （6）使用故障诊断仪对制动装置进行基本设置	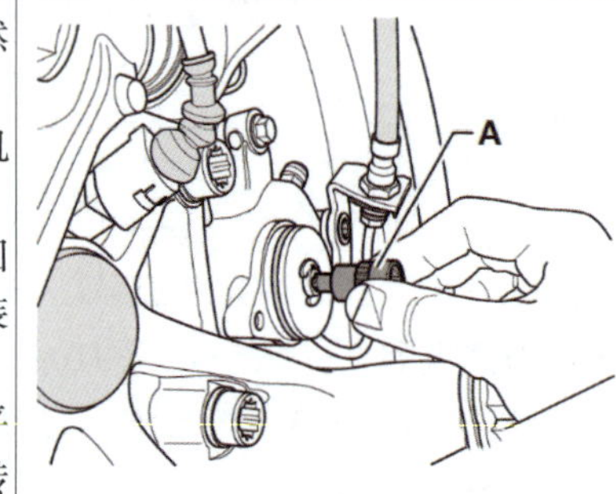

工作要善于苦干加巧干

任务测评

一、知识测评

确定本任务关键词，按重要程度进行关键词排序并举例解读。

根据自己对重要信息捕捉、排序、表达、创新和划分权重的能力进行自评，满分 100 分（表 2-4-1）。

表 2-4-1　维修电子驻车制动系统知识测评表

序号	关键词	举例解读	评分自定
1			
2			
3			
4			
5			
总　　分			

二、能力测评

对表 2-4-2 所列作业内容，操作规范即得分，操作错误或未操作即零分。

表 2-4-2　维修电子驻车制动系统能力测评表

序号	能力点	配分	得分
1	读取故障码	20	
2	测量电压	20	
3	检查搭铁	20	
4	检查导线	20	
5	维修故障	20	
总　　分		100	

三、素养测评

对表 2-4-3 所列素养点，做到即得分，未做到即零分。

表 2-4-3　维修电子驻车制动系统素养测评表

序号	素养点	配分	得分
1	设备和工具安全检查	20	
2	车辆安全防护	20	
3	工具清洁校准存放	20	
4	工量辅具、零部件、油水液体“三不落地”	20	
5	工位“5S”	20	
总　　分		100	

四、拓展训练

（1）请列举出在维修电子驻车制动系统过程中易出现的问题，分析产生问题的原因并制订解决问题的措施（满分 25 分）。

（2）启动汽车后，仪表盘上的电子驻车制动灯点亮，电子驻车制动开关指示灯闪烁，左后轮驻车制动器未释放。使用 VAS5052A 型诊断仪的 ODIS 系统来进行诊断，读取故障码，根据故障代码进一步检测相关部件。试制定诊断维修流程并进行维修（满分 25 分）。

（3）在 4S 店工作时间长了，李洪学发现一个现象，大家都能够按照标准的操作流程来进行维修作业，也能够排除故障，但是很少有人思考怎样在不违反操作规范的前提下优化操作步骤来提高工作效率。借助大学学过的理论知识和了解的汽车发展新技术，

学习笔记

在师傅的指导下，李洪学将制动系统电控部件检查由原来的七步缩减为五步，做了一个小小的创新，这样既完成了系统的故障排查又提高了工作效率，得到厂家相关技术人员的认可。

按图 2-4-7 思维导图格式，对维修电子驻车制动系统的学习收获进行总结，并各列举自己五个“打破常规”“守正创新”事例（满分 50 分）。

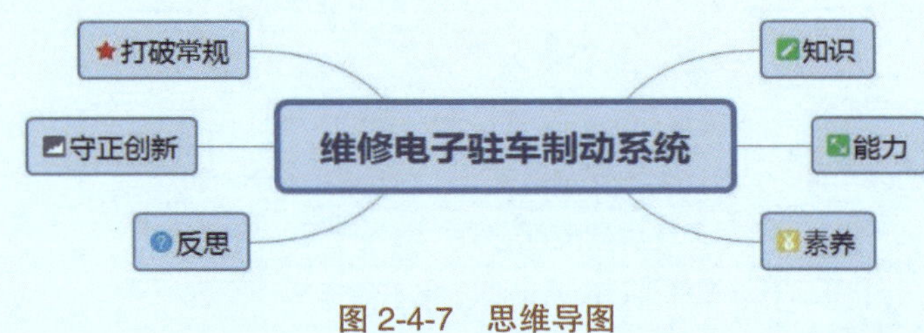

图 2-4-7　思维导图

学习笔记

任务五　维修防抱死制动（ABS）系统

职业行动

步骤一：故障现象确认

客户反映自己的2018款大众迈腾B8L轿车在行驶过程中，仪表盘上的ABS故障指示灯点亮。维修人员检查制动液储液壶液位正常，启动汽车后，仪表盘上的ABS故障指示灯点亮，路试时，在制动过程中，感觉方向不稳，制动稳定性能降低，制动效能下降。

如果ABS电控单元供电或搭铁故障、自身损坏、检测不到轮速传感器信号等，这时ABS故障指示灯会常亮，ABS功能将会停止，只有常规制动。我们需要使用故障诊断仪读取故障码，以确定具体的故障部位或故障元件。

步骤二：作业准备

1. 作业场地

选择带有消防设施的作业场地。

2. 设备设施

举升机、故障诊断仪。

3. 工量辅具

常用工具套件、万用表、跨接线、翼子板布、拔线钳。

4. 零件耗材

手套、抹布、线束、防护三件套、轮速传感器、ABS总成。

步骤三：故障诊断维修

1. 读取故障码

（1）首先将点火开关置于“ON”挡，连接VAS5052A故障诊断仪并启动；

职业知识

ABS/ESP组成图

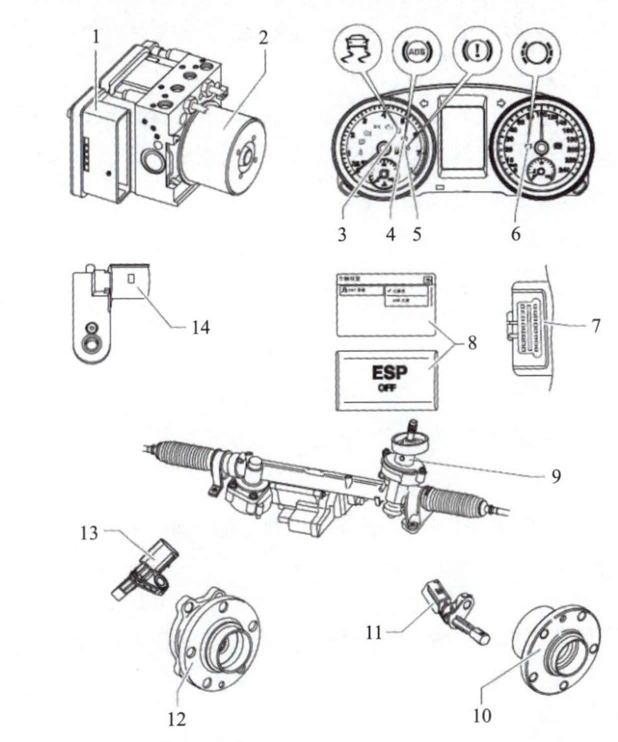

1—ABS控制单元；2—ABS液压单元；3—ASR和ESP指示灯；4—ABS指示灯；5—制动装置指示灯；6—制动摩擦片指示灯；7—诊断接头；8—ASR和ESP按钮；9—转向角传感器；10—后转速传感器；11—后轮毂；12—前轮毂；13—前转速传感器；14—制动信号灯开关

学习笔记

（2）进入 ODIS 诊断系统，正确选择车辆信息，开始对车辆进行诊断；

（3）故障存储器中显示左前轮轮速传感器故障，如图 2-5-1 所示；

（4）选择读取左前轮轮速传感器数据流；

（5）手动旋转车轮，点击开始更新，观察测量值有无变化，测量值一直显示为“0”，表示左前轮轮速传感器无信号输出，如图 2-5-2 所示；

（6）根据故障代码显示，左前轮轮速传感器故障以及检测不到左前轮转速即左前轮轮速传感器无信号输出，可以判断左前轮轮速传感器本身或相关线路故障。

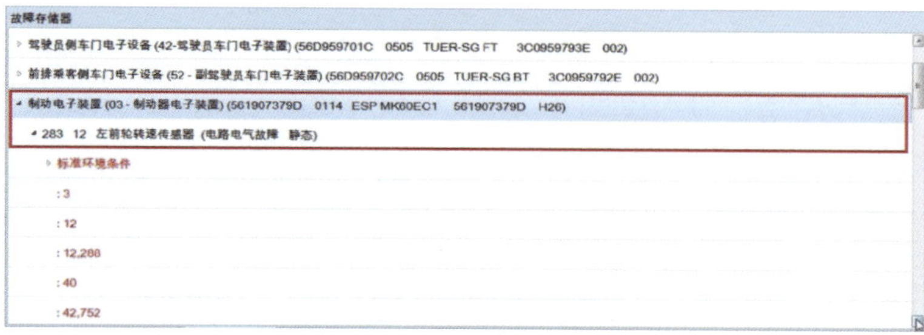

图 2-5-1 左前轮轮速传感器故障

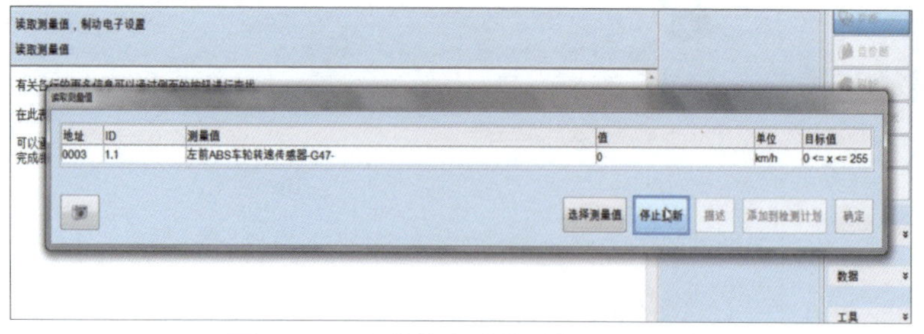

图 2-5-2 左前轮轮速传感器无测量值

轮速传感器线路检查方法

无信号输出时	（1）用万用表检测轮速传感器插接器两个针脚的电流值在规定范围内，说明是轮速传感器自身故障； （2）如果检测的电流值不正常，应检测电控单元与传感器之间的线路电阻是否正常； （3）检测电控单元与传感器之间的线路的搭铁是否有短路现象，如果线路没有问题，可能是轮速传感器自身故障
有信号输出时	（1）启动车辆，让前轮空转，观察其两侧车轮轮速传感器数据流是否接近，通过对比，判断可能哪个传感器有故障； （2）用手转动两个后轮，观察其数据流，通过对比，判断可能哪个传感器有故障； （3）如果数据流不正常，测量传感器电流是否在规定范围内； （4）如果检测的电流值不正常，应检测电控单元与传感器之间的线路电阻是否正常； （5）检测电控单元与传感器之间的线路的搭铁是否有短路现象，如果线路没有问题，可能是轮速传感器自身故障

轮速传感器更换方法

（1）将电气连接插头从轮速传感器上脱开；
（2）拧出螺栓，从车轮轴承壳体中拔出轮速传感器；
（3）清洁孔径的内表面；
（4）使用耐高温螺栓安装膏涂抹传感器四周；
（5）安装过程以拆卸的倒序进行；
（6）按照规定力矩拧紧螺栓；
（7）使用故障诊断仪对轮速传感器进行基本设置

学习笔记

2. 检查外观

举升车辆至合适高度，检查左前轮轮速传感器插头是否松动，线束连接是否可靠，线束表面是否有破损，检查左前轮轮速传感器外观是否有变形，安装是否松动，检查发现其外观完好，如图 2-5-3 所示。

3. 检查线路

断开左前轮轮速传感器插接器，使用万用表电流挡测量插接器两个针脚的电流值，为 7 mA，正常，如图 2-5-4 所示。判断为左前轮轮速传感器自身故障，更换新的轮速传感器。

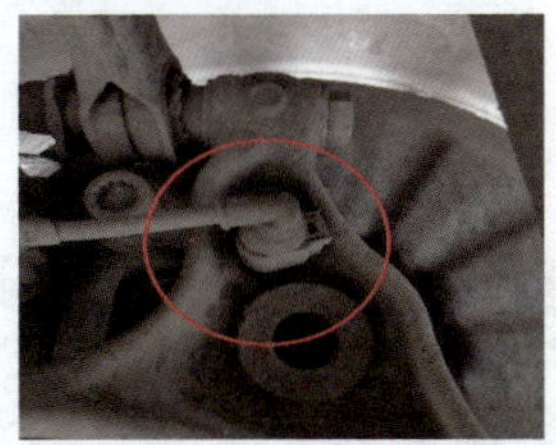

图 2-5-3　轮速传感器

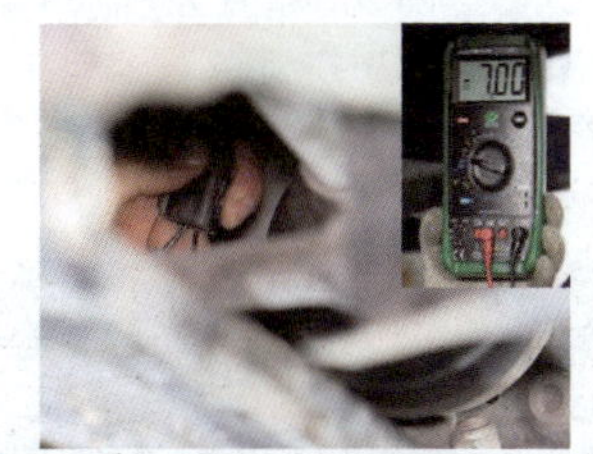

图 2-5-4　轮速传感器插接器检测

4. 读取数据流

重新读取左前轮轮速传感器数据流。手动旋转左前轮，开始更新数据流，观察车轮转动时测量值有无变化，若测量值随车轮的转动跳动，则表示左前轮轮速传感器有信号输出，故障排除，如图 2-5-5 所示。

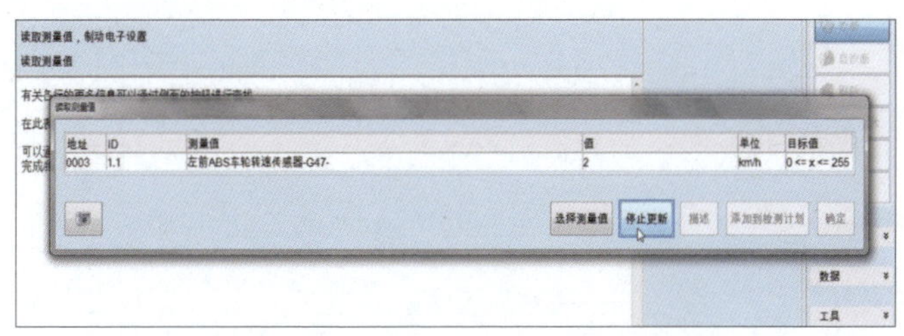

图 2-5-5　左前轮轮速传感器有测量值

防抱死制动系统电路图

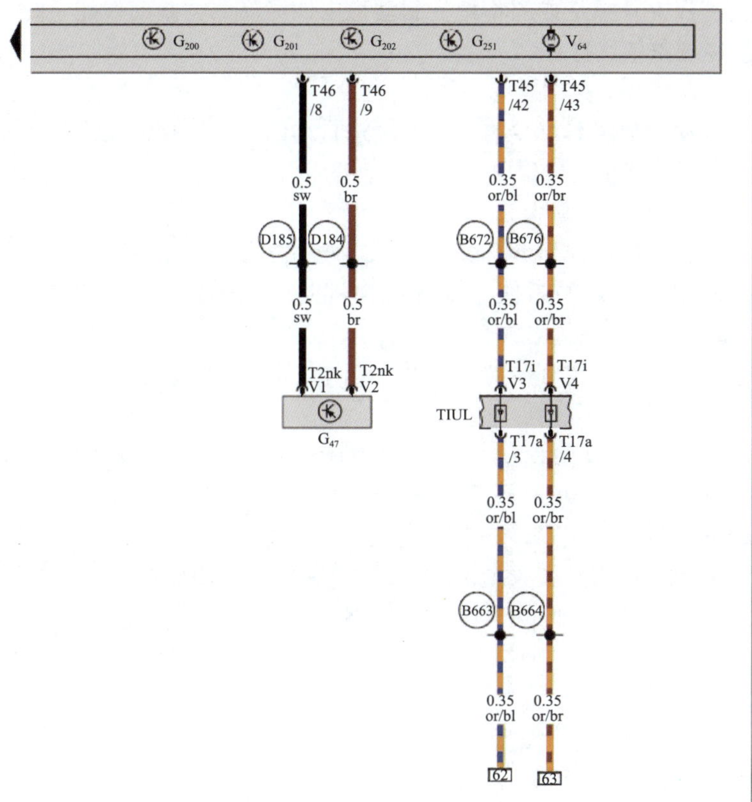

- ABS 控制单元 J104 通过两根导线控制左前轮轮速传感器 G47；
- 左前轮轮速传感器 G47 的插接器针脚号为 T2nk/1、T2nk/2，与 ABS 电控单元相连的针脚号分别为 T46/8 和 T46/9

学习笔记

5. 试车

启动汽车，仪表盘上的 ABS 故障指示灯点亮，路试时，在制动过程中，感觉方向不稳，制动稳定性能降低，制动效能下降，故障现象依然存在。

6. 读取故障码

使用故障诊断仪再次对车辆进行诊断，故障存储器中显示制动电子装置中的电磁阀故障。

7. 检查电磁阀

（1）使用故障诊断仪进入 ABS 电控单元；

（2）驱动链接，使电磁阀工作，同时用手触摸 ABS 液压单元，感知是否有振动；

（3）如果没有振动，说明电磁阀有故障，需要更换。

8. 更换电磁阀

由于 ABS 电控单元与 ABS 液压单元是集成在一起的，因此当 ABS 电控单元损坏，或液压单元某个元件损坏时，都应更换 ABS 总成。

（1）使用制动液充放机将制动液储液壶中的油液抽取干净；

（2）使用故障诊断仪读取 ABS 电控单元编码，并记录；

（3）使用扳手拆下 ABS 所有连接油管（注意做标记，安装时不可装错）；

（4）更换 ABS 总成，对新更换的 ABS 总成进行电控单元编码；

（5）加注制动液并排气。

步骤四：故障排除验证

（1）使用故障诊断仪，对车辆重新进行诊断，制动电子装置中的电磁阀故障消失；

（2）维修人员对车辆进行路试，同时进行至少一次 ABS 调试，故障现象消失，故障排除。

防抱死制动系统维修原则

- 在防抱死制动系统上进行维修工作时对清洁度的要求很高，绝不允许使用含矿物油的辅助剂，如机油、油脂等；
- 不得使用腐蚀性的清洁剂，例如制动器清洗剂、汽油、稀释剂或类似物等清洁防抱死制动系统连接处及其周围区域；
- 不要使用含絮抹布擦拭防抱死制动系统或遮盖其配件

另一种故障可能

- 除传感器自身或其线路故障，导致仪表盘上的 ABS 故障指示灯点亮外，跟传感器有关的还有一种可能故障，即车轮轴承表面损坏（如下左图所示）或有杂质（如下右图所示）及传感器间隙过大时，都会造成仪表盘上的 ABS 故障指示灯点亮，用故障诊断仪读取故障码即显示轮速传感器故障

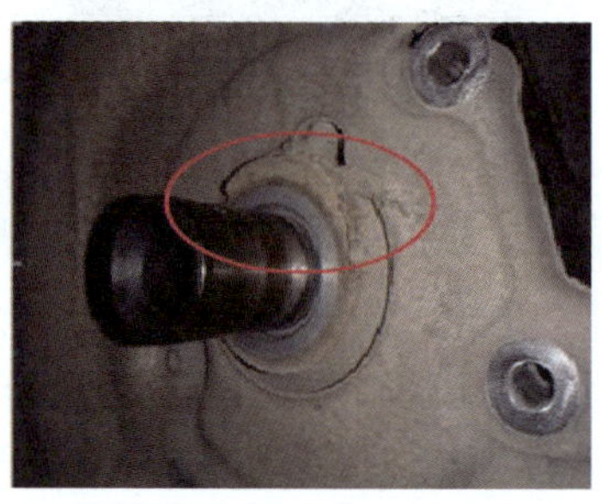

学习笔记

任务测评

一、知识测评

确定本任务关键词，按重要程度进行关键词排序并举例解读。

根据自己对重要信息捕捉、排序、表达、创新和划分权重能力进行自评，满分 100 分（表 2-5-1）。

表 2-5-1　维修防抱死制动系统知识测评表

序号	关键词	举例解读	评分自定
1			
2			
3			
4			
5			
总　分			

二、能力测评

对表 2-5-2 所列作业内容，操作规范即得分，操作错误或未操作即零分。

表 2-5-2　维修防抱死制动系统能力测评表

序号	能力点	配分	得分
1	读取故障码	20	
2	检查外观	10	
3	检查线路	15	
4	读取数据流	15	
5	检查电磁阀	20	
6	更换电磁阀	20	
总　分		100	

三、素养测评

对表 2-5-3 所列素养点，做到即得分，未做到即零分。

表 2-5-3　维修防抱死制动系统素养测评表

序号	素养点	配分	得分
1	设备和工具安全检查	20	
2	车辆安全防护	20	
3	工具清洁校准存放	20	
4	工量辅具、零部件、油水液体“三不落地”	20	
5	工位“5S”	20	
总　分		100	

四、拓展训练

（1）请列举出在维修防抱死制动系统过程中易出现的问题，分析产生问题的原因并制订解决问题的措施（满分 25 分）。

（2）在刚打开点火开关时，ABS 故障指示灯会点亮，如果 ABS 电控单元供电或搭铁故障、自身损坏、检测不到轮速传感器信号等，这时 ABS 故障指示灯会常亮，ABS 功能将会停止，只有常规制动。试制订诊断维修流程并进行维修（满分 25 分）。

（3）去年和李洪学一起来到这家 4S 店工作的一共有 3 名同学，经过一年的时间，其他两人都辞职了，只有李洪学坚持了下来。两人的辞职原因是，认为每天都干这些重复性的工作，学不到东西，换个环境试一试。可是李洪学却不这样认为，在每天接触的各个型号车辆中蕴含着无穷的技术，只要一直坚持把工作做得比

学习笔记

别人更完美、更迅速，调动自己全部的智慧从点滴小事中发现真相，同时根据所学还能对一些操作流程进行创新和优化，李洪学坚信没有坚持就没有提高，见异思迁就是借口，是逃兵。

按图 2-5-6 所示思维导图格式，对维修防抱死制动系统的学习收获进行总结，并搜集两个制动系统故障案例，梳理故障判断思路，从态度和思路两个方面各选一个合适的词填到空格里，并说明选择依据（满分 50 分）。

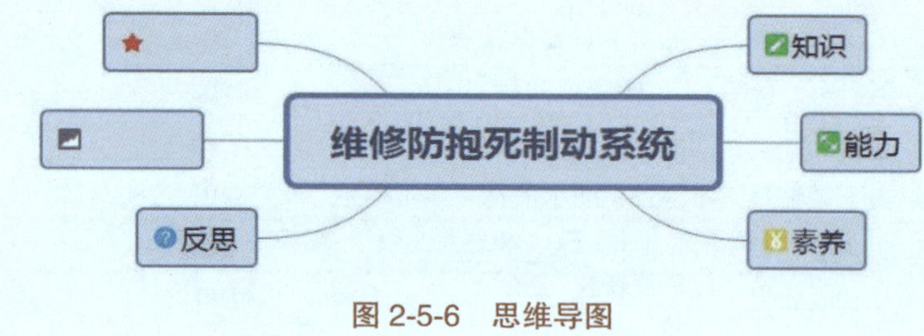

图 2-5-6　思维导图

学习笔记

学习考评

一、考评项目

请根据本项目所学对 2018 款大众迈腾 B8L 轿车制动系统常见故障进行诊断与维修，并完成考评报告。

二、实施准备

1. 学生准备

学生按照本项目计划，已经完成以下所有任务并达到 75 分以上时，可进行相应学习考评的实施工作：

（1）理解完成学习考评需要的相关理论、知识和方法，并能应用知识进行相关故障诊断分析；

（2）按时、按质量要求完成相应任务作业，得分大于 75 分；

（3）按规定独立完成对制动系统以及控制电路的诊断和检修工作，具备相应的技能水平，得分大于 75 分；

（4）具有自觉遵守技术标准和要求规定、规范操作、安全、环保、“5S” 作业、团结协作的好习惯，得分大于 80 分。

（5）能制订汽车制动系统常见故障诊断与维修工作计划。

2. 教师准备

（1）在安排学生实施学习考评前，应确保学生已经学会了汽车工量具、专用检测仪器的基本使用方法，并做过相关实操训练；

（2）通过学生课堂问题研讨、作业、实操及其他方式，确认学生已经具备实施学习考评所需要的知识、技能和能力基础，特别是安全操作规范、零部件识别、故障检测等方面的知识要点；

（3）对协助教师进行测评的学生进行测评、监督方法的培训，确保测评结果的准确性、公平性；

（4）准备好测评记录。

三、验证方法与标准

（1）每位测评人员负责对 4 名学生进行全过程的监控和测评；

（2）详细记录学生在实施学习考评过程中的相关信息、数据、结果、操作方法、完成时间，以及出现错误、事故等情况；

（3）学习考评的故障现象确认、准备工作、故障诊断维修、故障排除验证等操作要求在 90 min 内完成。时间不够可申请延长时间，总时间最多不超过 120 min。

（4）考核内容及评分标准见下表。

考核内容及评分标准

序号	评分项	得分条件	评分标准	配分	扣分
1	安全/5S/态度	□1. 能进行工位 5S 操作 □2. 能进行设备和工具安全检查 □3. 能进行车辆安全防护操作 □4. 能进行工具清洁校准存放操作 □5. 能进行三不落地操作	未完成 1 项扣 3 分，扣分不得超 15 分	15	
2	专业技能能力	□1. 能正确确认故障现象 □2. 能根据正确诊断方法进行故障诊断 □3. 能按照正确的故障维修思路和步骤进行故障检修 □4. 能正确检测相关数据，并做好记录 □5. 能够熟练操作工量具及检测仪器	未完成 1 项扣 10 分，扣分不得超 50 分	50	

学习笔记

（续）

序号	评分项	得分条件	评分标准	配分	扣分
3	工具及设备的使用能力	□1．能正确选用维修工具 □2．能正确使用故障诊断仪 □3．能正确使用测量工具 □4．能正确使用专用工具 □5．能熟练使用办公软件	未完成1项扣5分，扣分不得超10分	10	
4	资料、信息查询能力	□1．能正确使用维修手册查询资料 □2．能正确使用用户手册查询资料 □3．能在规定时间内查询所需资料 □4．能正确记录查询资料章节页码 □5．能正确记录所需维修信息	未完成1项扣2分，扣分不得超10分	10	
5	数据、判读和分析能力	□能判断制动系统相关部件是否需要维修或更换	未完成扣10分，扣分不得超10分	10	
6	表单填写与报告的撰写能力	□1．字迹清晰 □2．语句通顺 □3．无错别字 □4．无涂改 □5．无抄袭	未完成1项扣1分，扣分不得超5分	5	
合计				100	

四、考评报告

说明：考评分为理论考评和实操考评，理论考评根据项目要求以及考评模板格式制订项目实施方案，方案经老师审核合格后，方可进行实操考评。考评报告模板详见附录A。

拓展阅读

汽车维修思维模式之经验思维

经验思维是以经验为依据判断问题的思维形式,什么是经验?是长期从事某一工作积累的第一直觉反应，是某一问题最可能的原因的直觉判断。在汽车维修行业工作越久，经验思维就丰富，而刚入行的人较缺乏经验思维。

李洪学的惊叹

李洪学毕业后就跟随李师傅做学徒，常常惊叹于李师傅的故障判断速度和准确性，为什么一下子就知道毛病了呢？一看客户车型，一听客户介绍故障现象，就知道了大致故障点。因为，丰富的经验在起作用，经验性知识并不仅仅是时间的积累，关键是还要用心，不断总结归纳，提高自己的判断水平。

工作不到一年时间的李洪学，回校给老师讲了两个印象最深的故事。

① 客户反映喇叭不响了。

2007 款标致 207，这段时间喇叭不响了，李师傅听了情况，直接说要换游丝总成，报价一千多。客户有些不信，维修一个喇叭怎么会需要这么多钱，于是到其他店咨询了下，说是只需要换游丝就行了，可真正拆开的时候，发现还是需要换总成。

② 车辆行驶中熄火了。

李洪学刚刚到 4S 店工作不到 3 天，就碰到一辆车，行驶中熄火了，李师傅一听直接说换发电机，发电机换上，问题解决。李洪学很纳闷，李师傅也没检查，怎么就这么肯定是发电机问题呢？客户走后李洪学提出了自己的疑惑，李师傅说这款车这种故障他修的多了，经验而已。

思考

作为维修人员，每天必须养成总结的习惯，多多积累各种车型故障案例，形成自己的故障案例库，当客户的车辆故障现象与自己案例库车型故障案例相匹配时，可优先考虑该故障的故障点及解决办法。如果不是此处故障，再利用其他思路和方法寻找新的故障点，工作近一年的李洪学整理了 134 个案例。

你学习了这么长时间了,查一查自己的案例库里有几个案例!

学习笔记

项目三　维修汽车转向系统

一、项目描述

完成对汽车转向系统的故障诊断与维修。

二、项目要求

符合 2018 款大众迈腾 B8L 轿车技术要求与标准，正确使用工量具，完成如下作业：

（1）维修转向器；

（2）维修助力转向控制单元；

（3）维修转向柱；

（4）维修电子转向柱锁控制单元。

三、学习目标

（1）准确陈述转向器、助力转向控制单元故障诊断方法；

（2）准确陈述转向柱、电子转向柱锁控制单元故障诊断方法；

（3）规范地对转向器、助力转向控制单元故障进行维修；

（4）规范地对转向柱、电子转向柱锁控制单元故障进行维修；

（5）养成自觉遵守技术标准和要求规定、规范操作、安全、环保、“5S” 作业的好习惯；

（6）养成归纳总结的工作习惯；

（7）建立汽车维修循迹思维模式。

四、学习载体

2018 款大众迈腾 B8L 轿车转向系统常见故障现象（见下图）：

（1）在低速行驶时打转向盘底盘有异响；

（2）在行驶中仪表盘上的转向系统故障指示灯点亮，转向时转向盘沉；

（3）在原地或在行驶中打转向盘时都会发出异响，转向盘游动间隙变大；

（4）仪表黑屏，电子转向柱锁无法解锁，车辆无法启动。

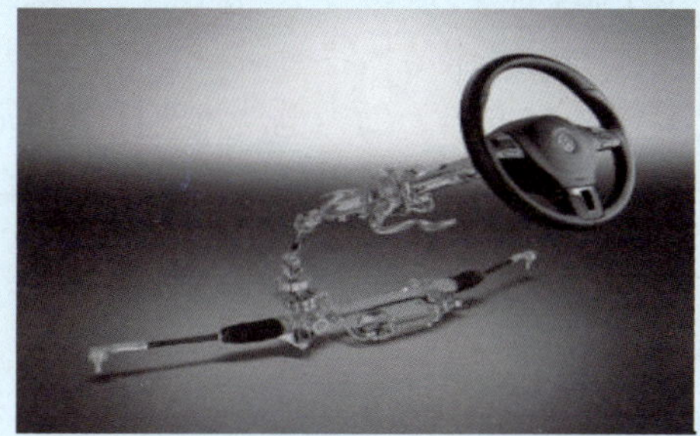

2018 款大众迈腾 B8L 轿车转向系统

学习笔记

学习笔记

任务一　维修转向器

职业行动

步骤一：故障现象确认

客户反映自己的 2018 款大众迈腾 B8L 轿车在低速行驶时打转向盘底盘有异响，与客户一同试车，发现打转向盘时底盘会发出“滋滋”响声。

将此车开到举升机上进行检测判断，发现此时声音是从转向器部位发出的，于是重新紧固底盘螺栓，但未发现有松动，并且响声还存在，用手触摸转向器助力电动机部位，能感觉有明显的振动感，此时怀疑声音应该是从转向器助力电动机里发出的，而大众迈腾 B8L 轿车的转向器、助力电动机及控制单元为一体式，所以需要对转向器整体进行更换。更换前需要使用诊断仪读取转向器助力电动机控制单元编码，并记录。

步骤二：作业准备

1. 作业场地

选择带有消防设施的作业场地。

2. 设备设施

举升机、故障诊断仪、发动机和变速器举升平台。

3. 工量辅具

常用工具套件、车轮扳手、扭力扳手、翼子板布、球形万向节压出器。

4. 零件耗材

手套、抹布、转向器总成、防护三件套。

职业知识

转向器装配图

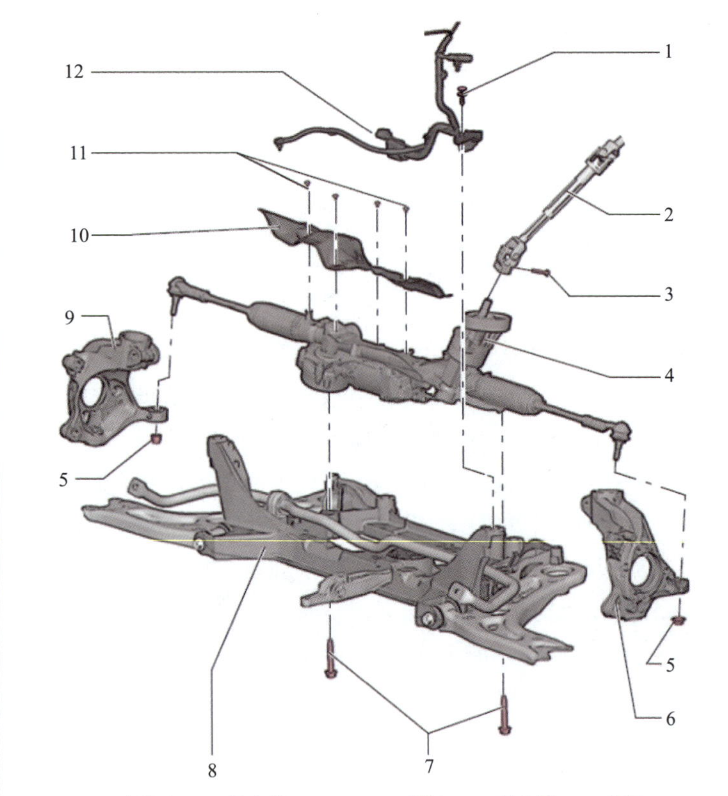

1—膨胀夹；2—转向柱；3，7，11—螺栓；4—转向器；5—螺母；6—左侧车轮轴承罩；8—副车架；9—右侧车轮轴承罩；10—隔热板；12—线束

不要只看到高手技艺非凡，关键是他时常不声不响地深思熟虑

步骤三：故障诊断维修

1. 拆卸转向器

（1）将转向盘转到正前打直位置并拔出钥匙，以锁死转向盘锁；

（2）断开蓄电池接线；

（3）拆卸驾驶人侧仪表盘脚部空间盖板，向后翻起地板垫；

（4）如图 3-1-1 所示，将螺栓从万向接头上拧出，然后将万向接头沿箭头方向脱开；

（5）脱开车轮连接螺栓，升高汽车，拆下车轮；

（6）拆卸下部隔声垫，拧出图 3-1-2 中箭头所示螺栓，并从副车架上脱开排气装置支架；

（7）拧出摆动支承的螺栓，如图 3-1-3 所示；

（8）拧下连接杆左右侧的六角螺母，将左右两侧的连接杆从稳定杆中拉出，如图 3-1-4 所示；

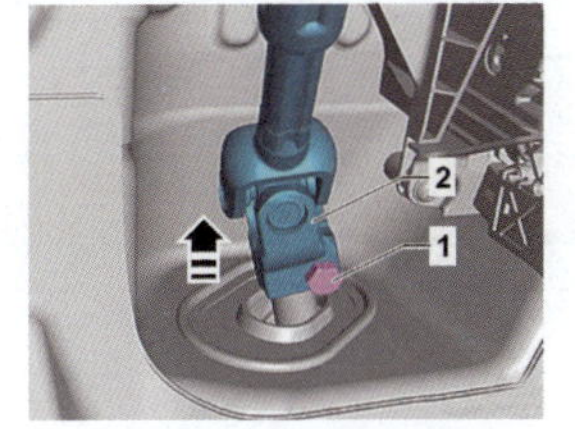

图 3-1-1　万向接头固定位置

1—螺栓；2—万向接头

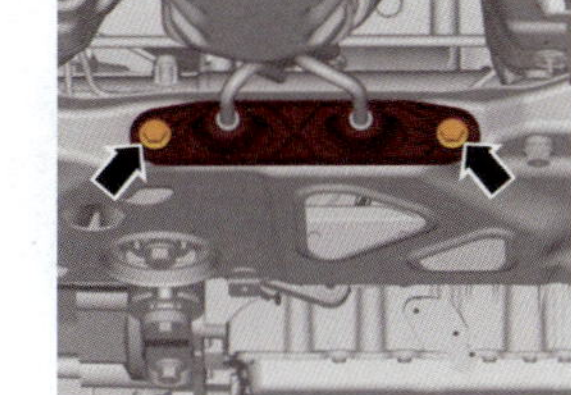

图 3-1-2　排气装置支架固定螺栓

图 3-1-3　摆动支承位置

1—摆动支承螺栓

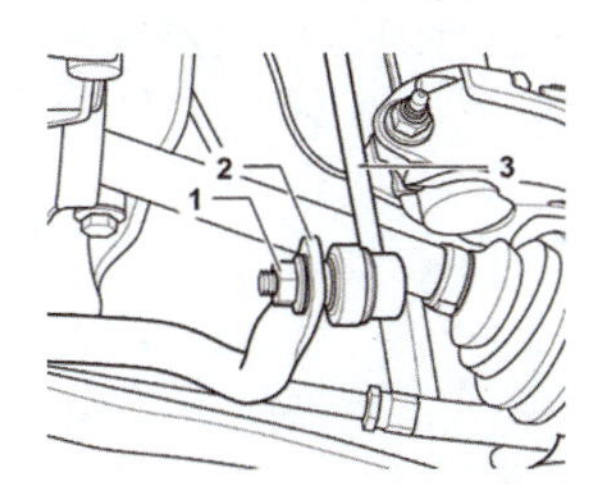

图 3-1-4　稳定杆与连接杆

1—六角螺母；2—稳定杆；3—连接杆

转向器组成图

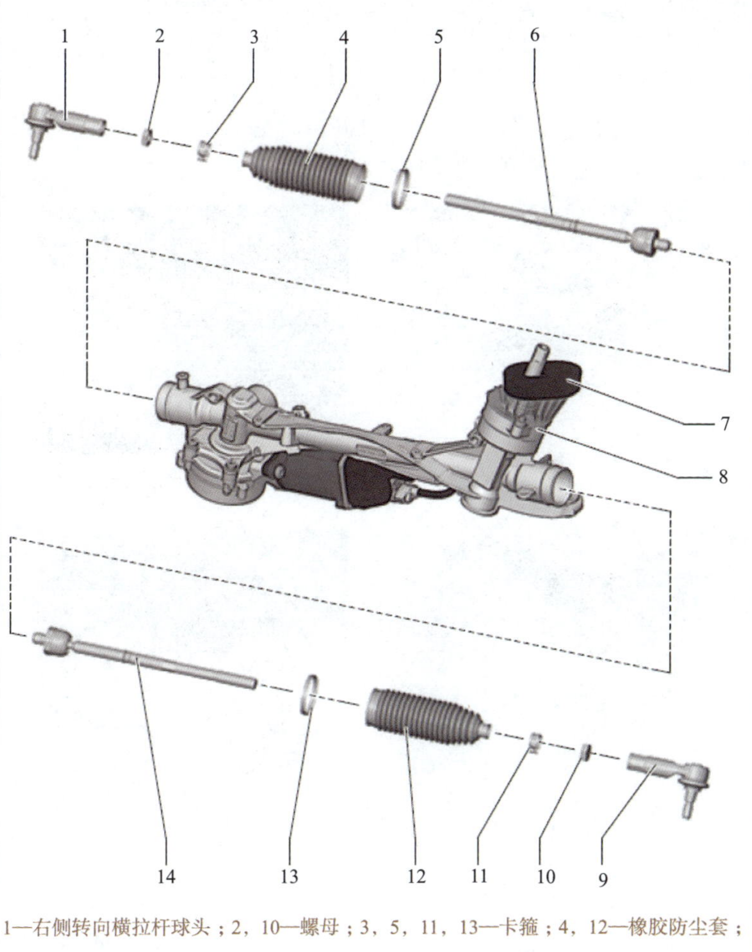

1—右侧转向横拉杆球头；2，10—螺母；3，5，11，13—卡箍；4，12—橡胶防尘套；6，14—转向横拉杆；7—密封罩；8—转向器；9—左侧转向横拉杆球头

学习笔记

学习笔记

（9）拧下左右两侧的螺母，如图 3-1-5 箭头所示，从主销中取出摆臂；

（10）使用工具压出横拉杆球头并拧下螺母，如图 3-1-6、图 3-1-7 所示；

（11）将插头连接从左前车身高度传感器 G78 或右前车身高度传感器 G289 上脱开，如图 3-1-8 所示；

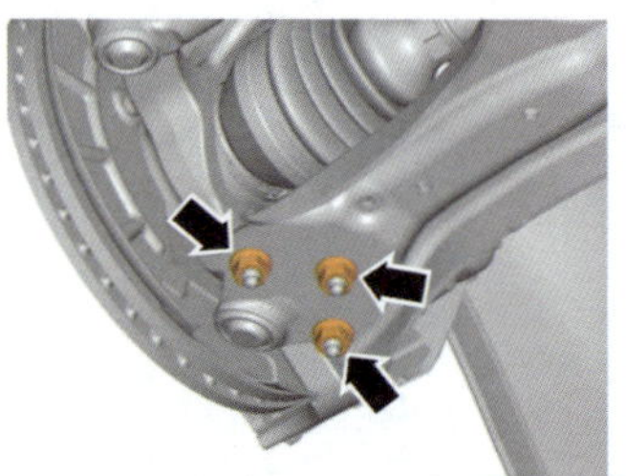

图 3-1-5　主销螺母

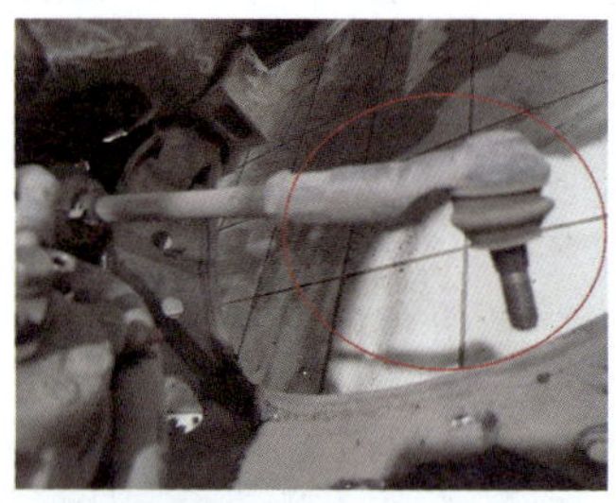

图 3-1-6　压出后的横拉杆球头

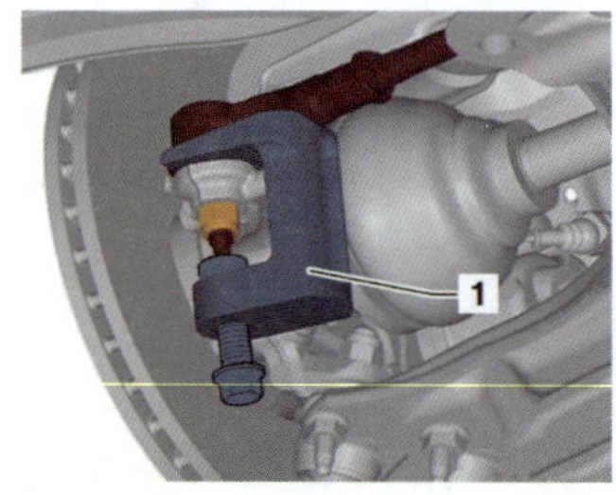

图 3-1-7　转向横拉杆球头

1—球形万向节压出器

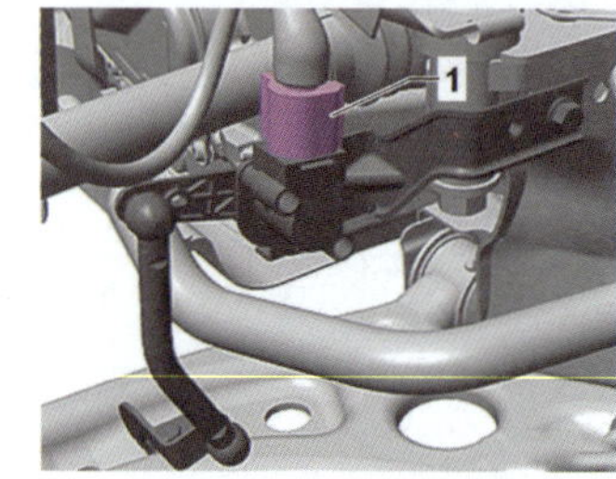

图 3-1-8　车身高度传感器位置

1—车身高度传感器插头

（12）拧出螺母，将左前车身高度传感器 G78 和右前车身高度传感器 G289 的连杆从下摆臂上脱开，并置于一旁，如图 3-1-9 所示；

（13）脱开副车架和转向器上线束的两个夹子，如图 3-1-10 所示；

转向器拆卸原则

- 如车辆配备了 1.8 L 和 2.0 L 涡轮增压直喷式发动机的车辆，在脱开车身高度传感器的连杆后，应脱开机油油位和机油温度传感器 G266 的插头连接，如右图箭头所示

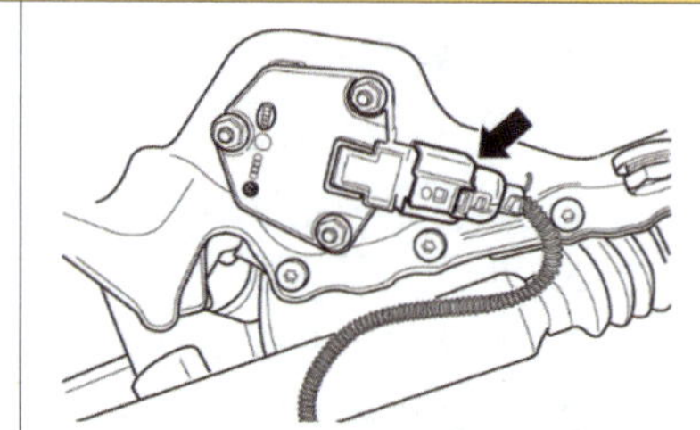

- 根据发动机配置不同，车辆需安装不同的隔热板 1 对于有些发动机配置，即使不拆卸隔热板也可以触到转向器的插头连接，但带有长隔板的汽车则需要拆除隔板，拧出隔板固定螺栓（如箭头所示）并取下隔板

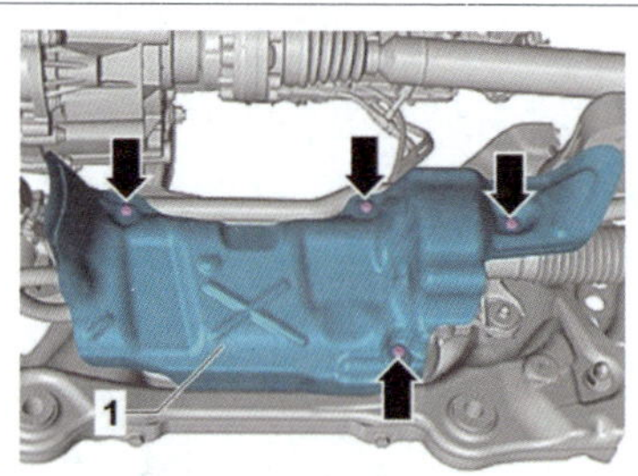

1—隔热板

转向器放置方式

- 如下图所示放置转向器，以避免损坏助力转向控制单元 1

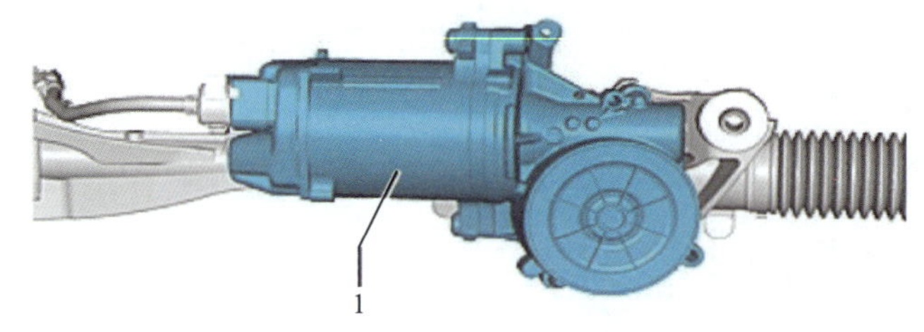

1—助力转向控制单元

不要只看到高手技艺非凡，关键是他时常不声不响地深思熟虑

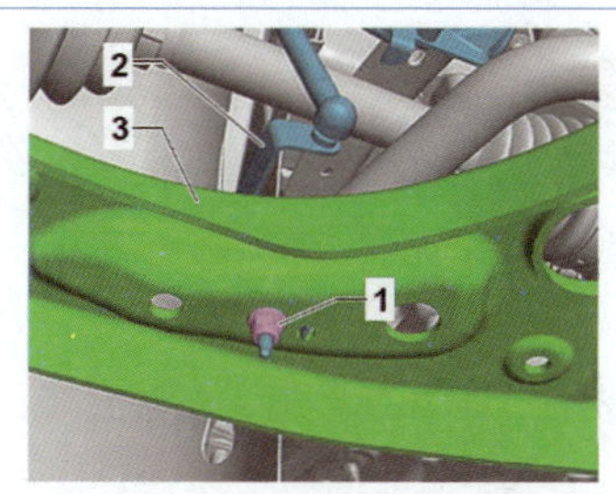

图 3-1-9　车身高度传感器连杆位置

1—螺母；2—连杆；3—下摆臂

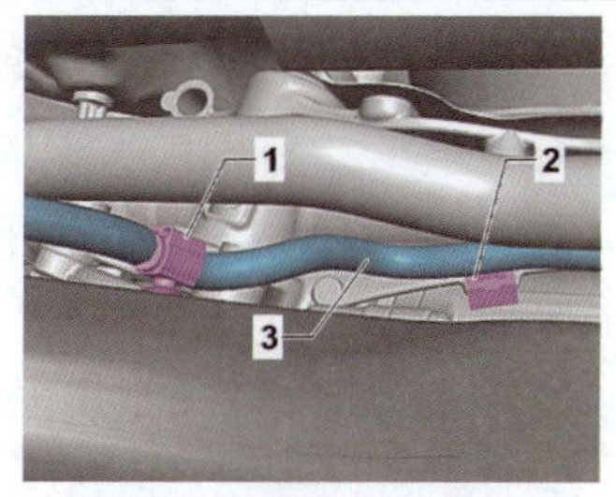

图 3-1-10　副车架和转向器上电线束和夹子

1，2—固定夹子；3—线束

（14）脱开副车架上的电控机械式转向器助力电动机控制单元 J500 线束固定卡子，如图 3-1-11 箭头所示；

（15）拆卸转向器固定螺栓 1，如图 3-1-12 所示，将发动机和变速器举升装置固定在副车架下，如图 3-1-13 所示；

（16）根据导线长度降低副车架约 10 cm，从电控机械式转向器助力电动机控制单元 J500 上脱开线束固定卡子，如图 3-1-15 箭头所示；

（17）脱开转向器上的两个连接插头，如图 3-1-14 所示，从副车架上脱开转向器，并向后取出，如图 3-1-16 所示。

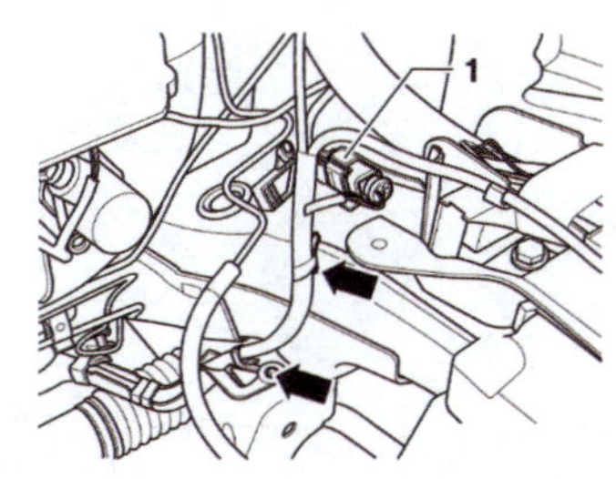

图 3-1-11　转向器控制单元线束固定卡子

1—插头

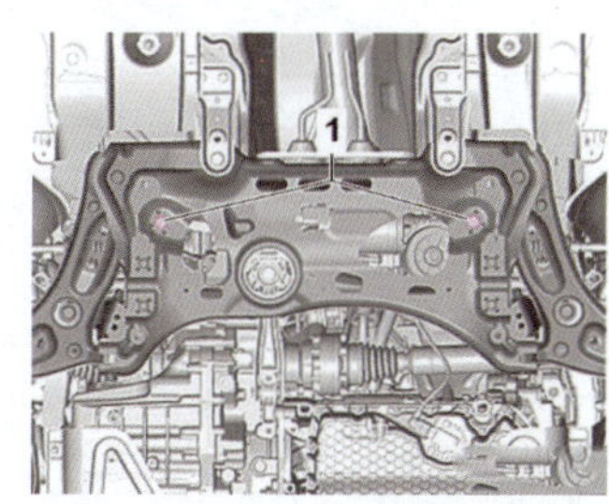

图 3-1-12　转向器固定位置

1—螺母

转向横拉杆拆装方法

（1）将转向盘旋转到正前打直位置，拆卸蓄电池支架，脱开车轮螺栓，升高汽车，拆下车轮，清洁橡胶防尘套区域内的转向器外部	（2）从车轮轴承罩中压出横拉杆球头并拧下螺母，打开卡箍并向后推橡胶防尘套
（3）如拆卸左侧转向横拉杆，则将转向系向右转到限位位置，反之亦然，使用开口扳手 1 和扭力扳手 2 的组合工具拧下转向横拉杆 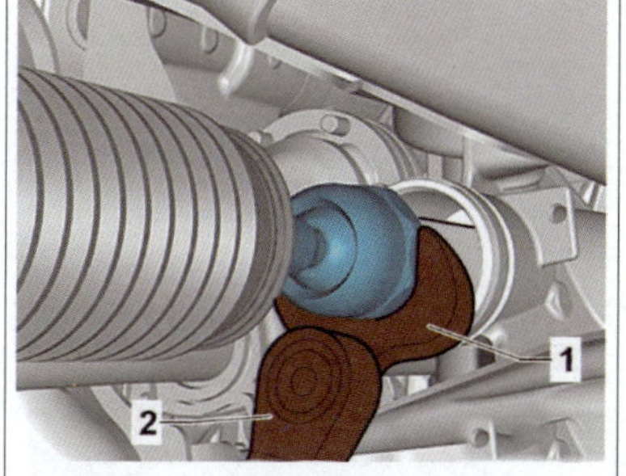	（4）安装时要将转向盘旋转到正前打直位置，将新的卡箍和橡胶防尘套安装在转向横拉杆上，将转向横拉杆一直拧入转向横拉杆头，直到达尺寸 a=（373 ± 1）mm 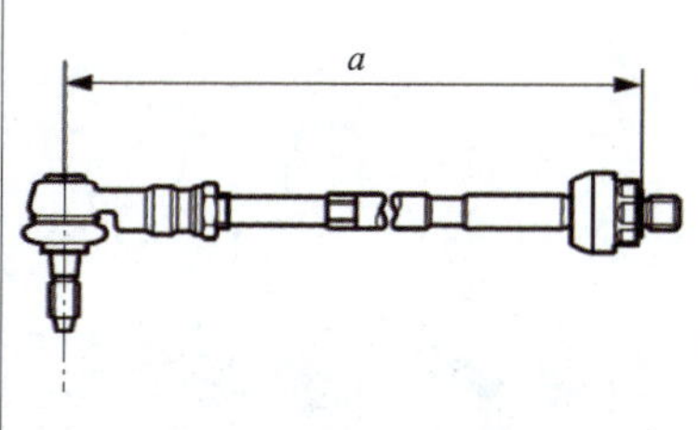 1—开口扳手；2—扭力扳手
（5）拧紧转向横拉杆	（6）用润滑脂润滑橡胶防尘套的密封表面
（7）分别将橡胶防尘套推到转向横拉杆上和转向器壳体的限位位置	（8）用卡箍钳夹紧新卡箍
（9）装上车轮并拧紧，进行四轮定位	（10）对角度传感器和转向系进行基本设置

学习笔记

视频

3-1 分解转向器

学习笔记

图 3-1-13　举升装置固定位置

1—发动机和变速器举升装置

图 3-1-14　转向器助力电机插头位置

1，2—转向器连接插头

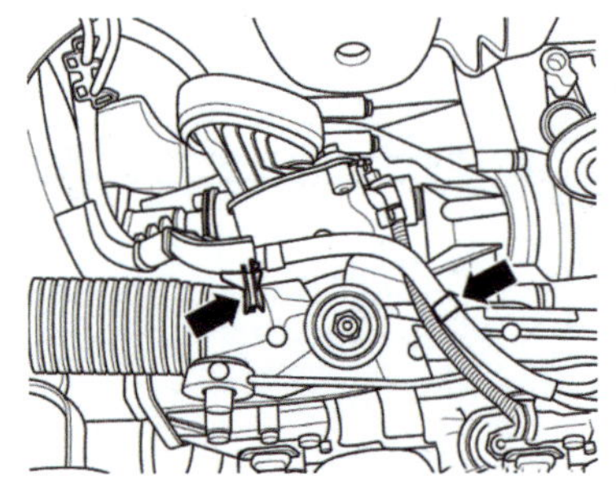

图 3-1-15　转向器控制单元固定卡子

图 3-1-16　取下的转向器

2. 安装转向器

更换全套的新转向器，并以倒序进行安装。

3. 助力转向控制单元匹配

使用故障诊断仪对助力转向控制单元进行匹配。

4. 角度传感器基本设置

（1）按照引导型功能步骤，对角度传感器进行基本设置，如图 3-1-17 和图 3-1-18 所示；

（2）按照提示要求，启动发动机，如图 3-1-19 所示；

视频

3-2 检查转向器

橡胶防尘套损坏的危害

- 如果橡胶防尘套损坏，则湿气和污物会进入转向器内；
- 齿条花键上必须存在明显的润滑膜，如果无润滑膜则必须更换转向器；
- 如果橡胶防尘套损坏造成转向器锈蚀、损坏、磨损、花键脏污，则必须更换转向器

橡胶防尘套拆装方法

（1）将转向盘旋转到正前打直位置，脱开车轮螺栓，升高汽车，拆下车轮	（2）标记转向横拉杆上螺母的位置，拆卸转向横拉杆头，拆卸蓄电池支架，清洁橡胶防尘套区域内的转向器外部
（3）打开卡箍，从转向器壳体和转向横拉杆上脱开橡胶防尘套	（4）将新的卡箍和橡胶防尘套安装在转向横拉杆上
（5）用润滑脂稍稍润滑连接到转向横拉杆的橡胶防尘套密封表面，将防尘套 2 推至转向横拉杆 1 上，用卡箍钳将弹簧卡箍固定在橡胶防尘套上 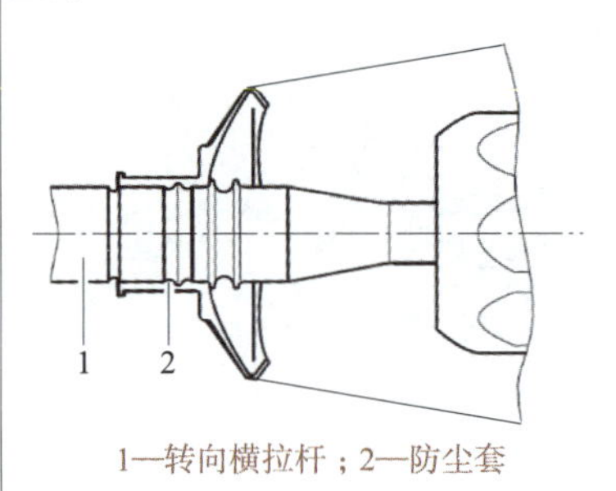 1—转向横拉杆；2—防尘套	（6）用润滑脂稍稍润滑连接到转向器壳体的橡胶防尘套密封表面，将橡胶防尘套推到转向器壳体上的限位位置，用卡箍钳从上部夹紧新卡箍 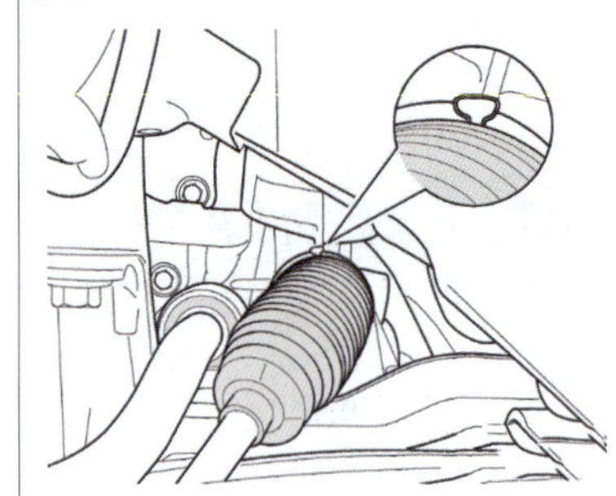
（7）将转向横拉杆头拧至拆卸时设定的标记并进行安装，安装车轮并拧紧	

不要只看到高手技艺非凡，关键是他时常不声不响地深思熟虑

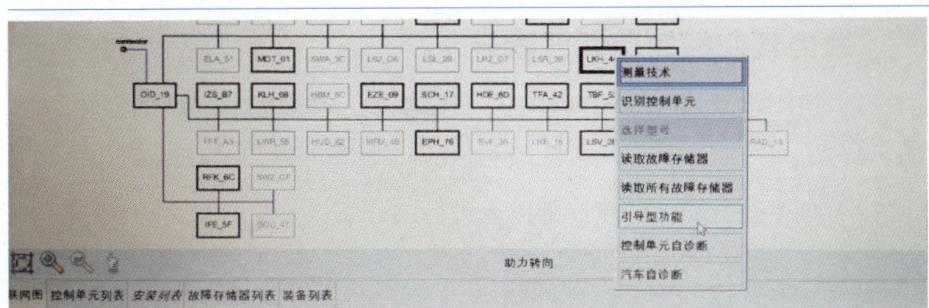

图 3-1-17　选择引导型功能

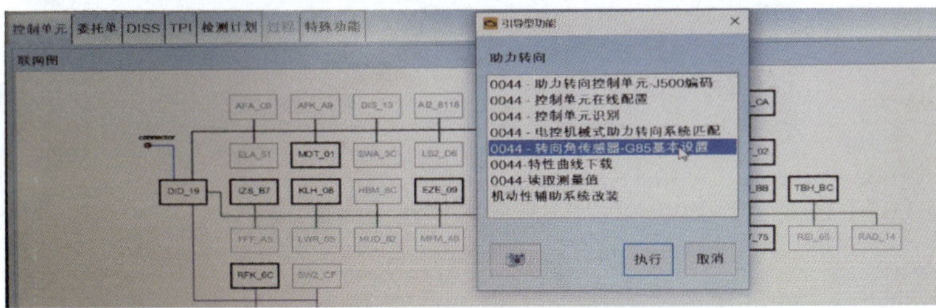

图 3-1-18　角度传感器基本设置

图 3-1-19　发动机启动

转向器安装原则

• 安装转向器前，先在转向器的密封件上涂抹润滑剂	• 对所有螺栓按照标准力矩拧紧
• 安装转向器时，螺纹套 1 必须装入副车架两侧的定位孔 2 中，将转向器定位到副车架上 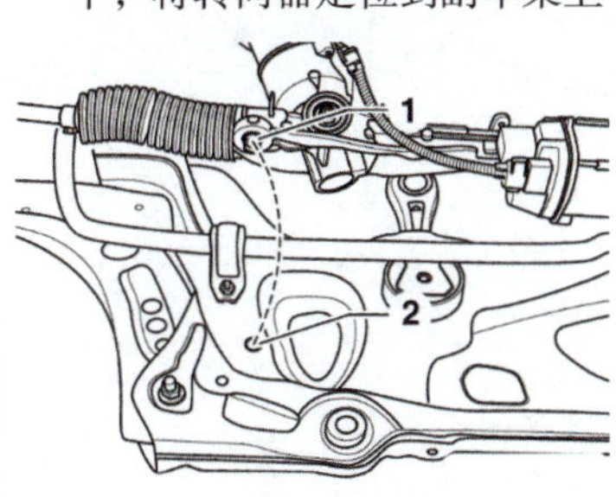 1—螺纹套；2—定位孔	• 在空载位置拧紧螺母（如箭头所示）
• 转向器安装到传动轴后，转向器的密封件应无弯折地紧贴在装配板上，并且正确封住脚部空间的开口，密封面应保持清洁	• 如果安装了一个新的转向器，必须用故障诊断仪匹配电控机械式助力转向器
• 如果试车时发现转向盘在用了固定销后仍倾斜，则需要进行四轮定位	

汽车电器部件匹配条件

- 在影响到电控单元与节流阀体协调工作的因素时，需进行匹配；
- 在更换电控单元后，电控单元内还没有存储节流阀体的特性，需进行匹配；
- 在电控单元断电后，电控单元存储器的记忆丢失，需进行匹配；
- 更换节流阀体后，需进行匹配；
- 更换或拆装进气道后，影响到电控单元与节流阀体协调工作，需进行匹配

学习笔记

视频 

3-3 组装转向器

学习笔记

（3）按照提示要求，将前车轮正前打直，如图 3-1-20 所示；

（4）按照提示要求，缓慢转动转向盘至索引标志，如图 3-1-21 所示；

（5）按照提示要求，将转向系缓慢转至两侧规定位置，直至状态显示为结果许用，如图 3-1-22 所示；

图 3-1-20　前车轮正前打直

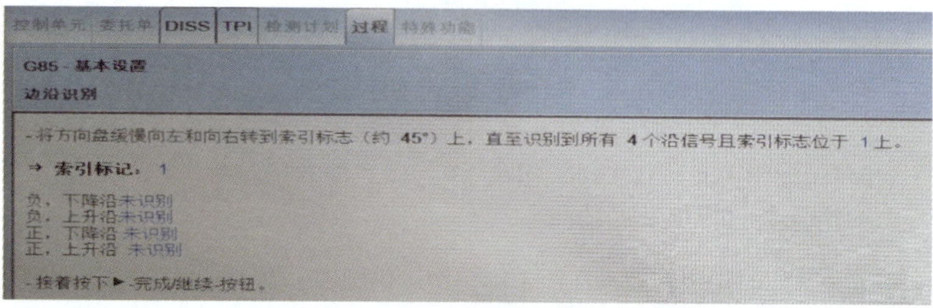

图 3-1-21　转向盘转动至索引标志

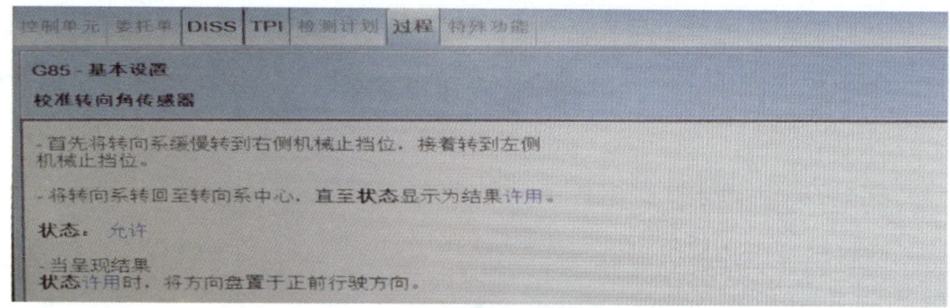

图 3-1-22　状态显示为结果许用

助力转向控制单元匹配方法

（1）使用诊断仪 VAS6150D，打开控制单元联网图，找到助力转向控制单元

（2）对更换的助力转向控制单元进行编码

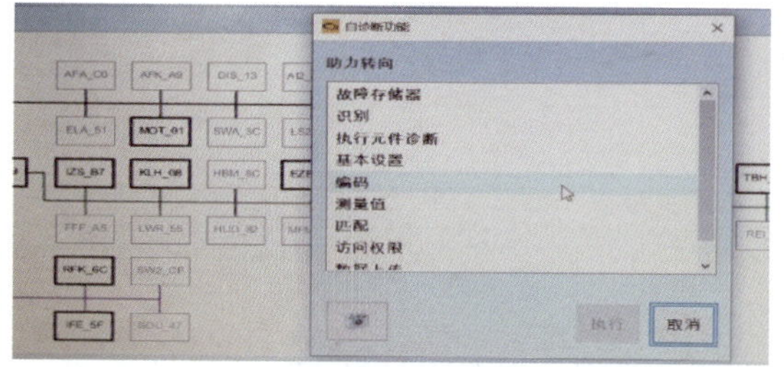

（3）将记录下来的原助力转向控制单元编码输入

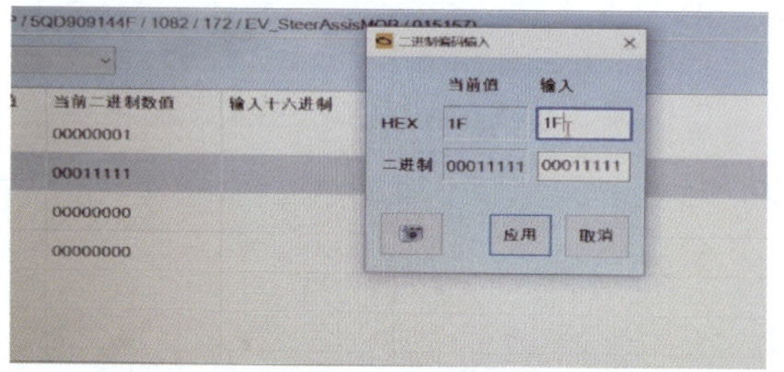

（4）输入完成后点击“应用”并确认要执行的编码

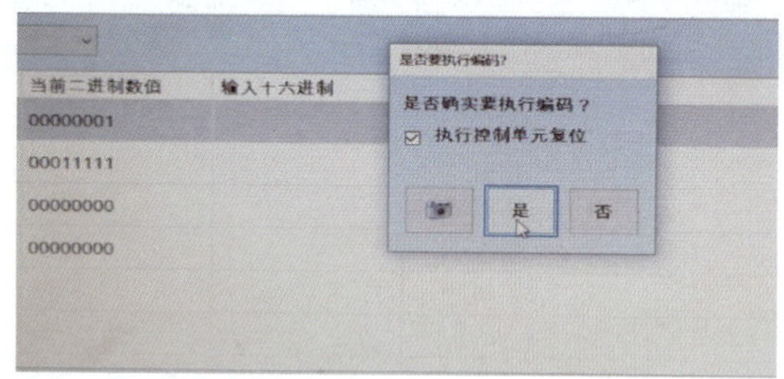

（5）助力转向控制单元匹配完成

不要只看到高手技艺非凡，关键是他时常不声不响地深思熟虑

（6）待显示“功能执行成功”后，初始化角度传感器，如图 3-1-23 所示；

（7）将转向盘转至规定位置，最后重新回到中心位置，如图 3-1-24 所示；

（8）检查组合仪表上的故障指示灯是否熄灭，如图 3-1-25 所示；

图 3-1-23　功能执行成功

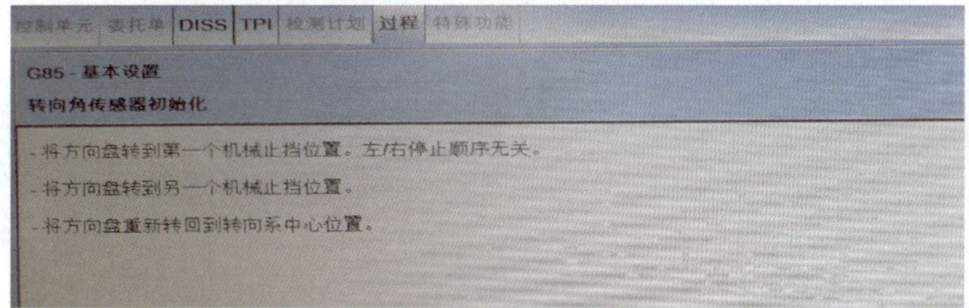

图 3-1-24　角度传感器初始化

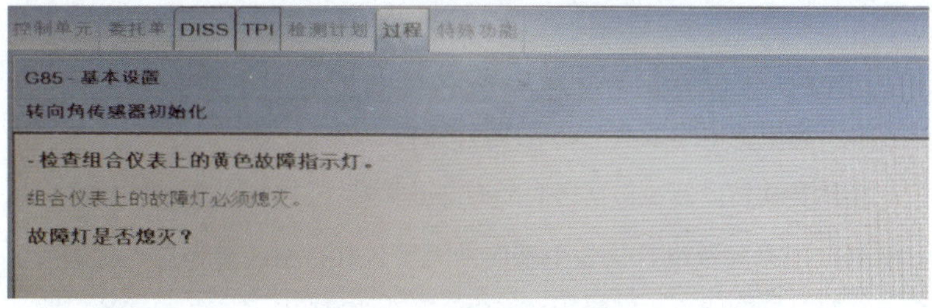

图 3-1-25　故障指示灯检查

故障诊断仪网络布局图

- 故障诊断仪网络布局图显示的各类控制单元图标

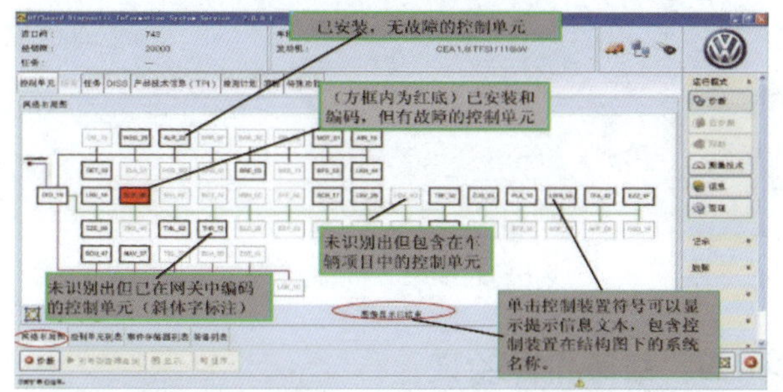

- 右击已识别的控制单元图标弹出选项

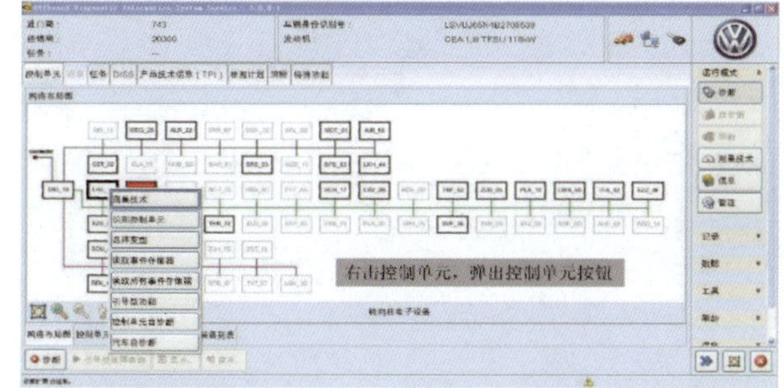

- 弹出的各选项作用

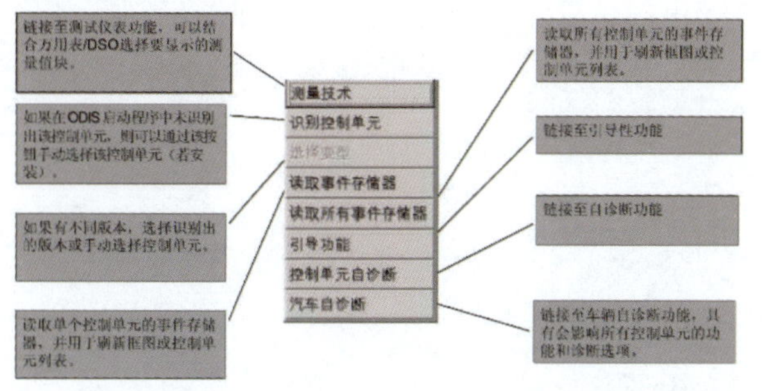

（9）关闭发动机，程序到此结束，如图 3-1-26 所示。

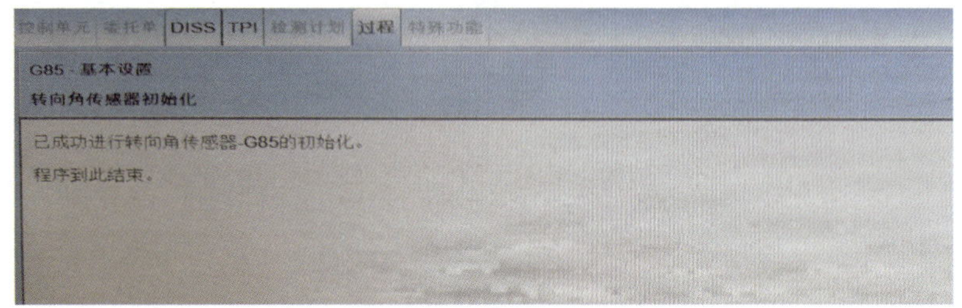

图 3-1-26　程序结束

步骤四：故障排除验证

维修人员对车辆进行路试，故障现象消失，故障排除。

故障诊断仪控制单元自诊断“匹配”方法

- 在选项中，点击“控制单元自诊断”，选择弹出对话框中的“匹配”，即可进入匹配功能

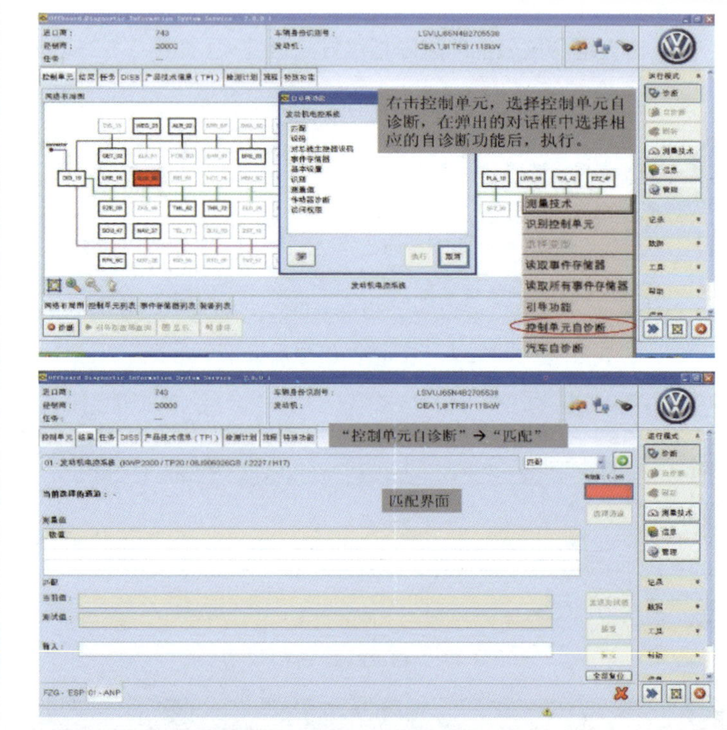

需要进行角度传感器基本设置的情况

- 断开蓄电池电缆或蓄电池电压过低时；
- 整体更换转向器（包括转向助力部分）时；
- 其他因素导致组合仪表中转向助力警告灯、ABS 警告灯、防侧滑警告灯和胎压警告灯点亮，且在故障存储器内储存某些故障代码时

学习笔记

任务测评

一、知识测评

确定本任务关键词,按重要程度进行关键词排序并举例解读。

根据自己对重要信息捕捉、排序、表达、创新和划分权重的能力进行自评，满分 100 分（表 3-1-1）。

表 3-1-1 维修转向器知识测评表

序号	关键词	举例解读	评分自定
1			
2			
3			
4			
5			
总 分			

二、能力测评

对表 3-1-2 所列作业内容，操作规范即得分，操作错误或未操作即零分。

表 3-1-2 维修转向器能力测评表

序号	能力点	配分	得分
1	拆卸转向器	25	
2	安装转向器	25	
3	转向器助力电机控制单元匹配	25	
4	角度传感器基本设置	25	
总 分		100	

三、素养测评

对表 3-1-3 所列素养点，做到即得分，未做到即零分。

表 3-1-3 维修转向器素养测评表

序号	素养点	配分	得分
1	设备和工具安全检查	20	
2	车辆安全防护	20	
3	工具清洁校准存放	20	
4	工量辅具、零部件、油水液体“三不落地”	20	
5	工位“5S”	20	
总 分		100	

四、拓展训练

（1）请列举出在维修转向器过程中易出现的问题，分析产生问题的原因并制订解决问题的措施（满分 25 分）。

（2）对车辆进行检查，发现声音是从转向器部位发出，重新紧固底盘螺栓，未发现松动，并且响声还存在，用手触摸转向器助力电动机部位，能感觉有明显的振动感，怀疑声音是从转向器助力电动机里发出。试制订维修流程并进行维修（满分 25 分）。

（3）李洪学在 4S 店工作的一年里养成了一个习惯，在每次维修作业之前都要先将各种故障可能考虑到并在纸上作出检修计划，然后按照计划一步一步进行操作，师傅非常欣赏他的这种做法，这是机修学徒必须经历的，只有经过这个环节，慢慢地技术才能像老师傅一样熟练。而且李洪学每次完成维修后，都要将与

学习笔记

故障部件相关的电控系统检测一遍，既保证了维修的全面又使自己在电控系统维修方面的技能得到延伸与提升。

按图 3-1-27 思维导图格式，对维修转向器的学习收获进行总结，并列举自己五个“勤于思考”的事例，同时将李洪学的工作方法总结成一个词填到空格里，并说明依据（满分 50 分）。

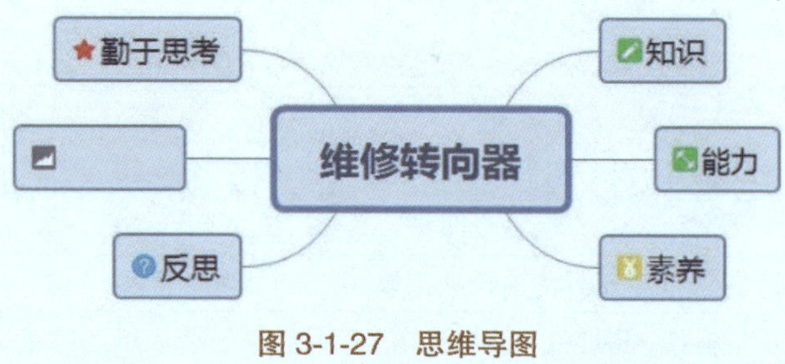

图 3-1-27　思维导图

学习笔记

任务二　维修助力转向控制单元

职业行动

步骤一：故障现象确认

客户反映自己的 2018 款大众迈腾 B8L 轿车在行驶过程中，仪表盘上的转向系统故障指示灯点亮，转向时转向盘沉，无助力。与客户一同试车，发现车辆故障现象与客户描述的一致。通过客户了解到该车曾经在外地进行过左前部的事故维修。

初步判断此车为转向助力系统故障，需要使用故障诊断仪读取车辆故障码，针对故障范围内的零部件及线路进行检测，从而找出故障点。如零部件出现故障，需对转向器进行整体更换，如线路出现故障，需对线路进行更换或维修。

步骤二：作业准备

1. 作业场地

选择带有消防设施的作业场地。

2. 设备设施

故障诊断仪。

3. 工量辅具

常用工具套件、扭力扳手、翼子板布、万用表。

4. 零件耗材

手套、抹布、转向器总成、防护三件套。

步骤三：故障诊断维修

1. 读取故障码

（1）使用故障诊断仪 VAS6150 进行检测，发现网关列表中很多控制单元存在故障，并且助力转向控制单元无法到达，如图 3-2-1 所示；

职业知识

助力转向控制单元 J500 安装位置示意图

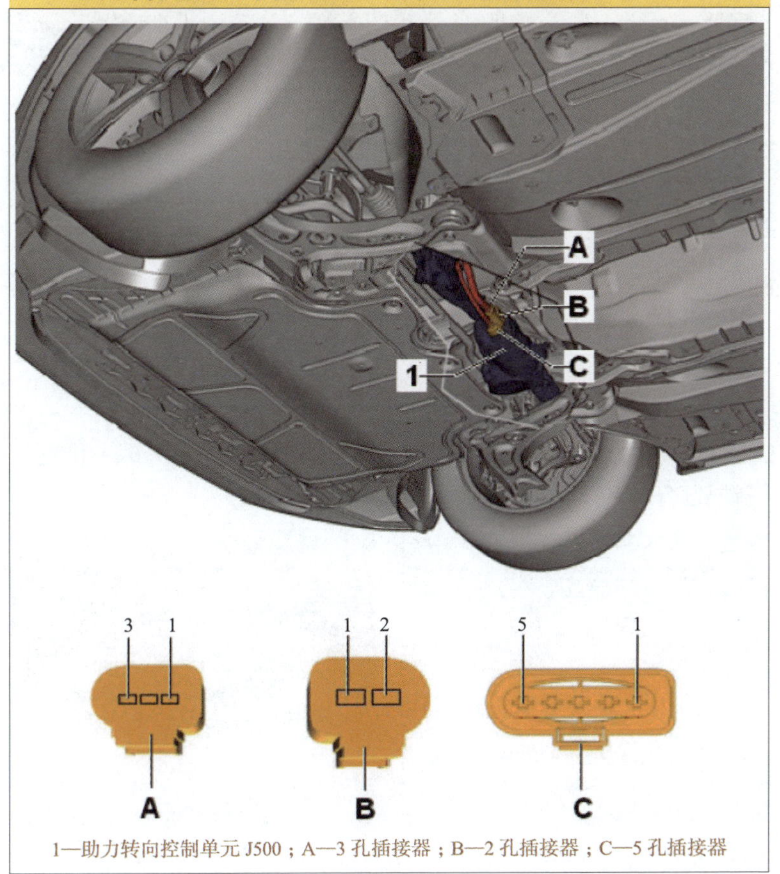

1—助力转向控制单元 J500；A—3 孔插接器；B—2 孔插接器；C—5 孔插接器

学习笔记

（2）查询故障存储器，19 数据总线诊断接口报故障码：“01309，转向辅助控制单元无信号 / 通信，静态”，如图 3-2-2 所示；

（3）09- 中央电气电子设备报同样的故障码：“01309，转向辅助控制单元无信号 / 通信，静态”，如图 3-2-3 所示。

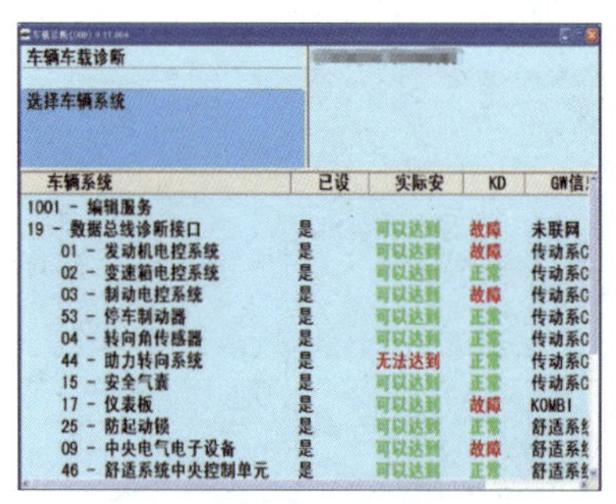

图 3-2-1　车辆诊断

车辆车载诊断
004.01 - 查询故障存储器
成功执行该功能
1 检测到故障
19 - 数据总线诊断接口
7N0907530P　1K0907951
J533 Gateway　H40 1623
编码 长
经销编号 00079
01309　004
转向辅助控制单元-J500
无信号/通信
静态
环境条件

图 3-2-2　数据总线诊断接口故障码

2. 确定故障范围

通过故障码分析确定故障范围：

（1）助力转向控制单元 J500（实物如图 3-2-4 所示）供电、搭铁故障；

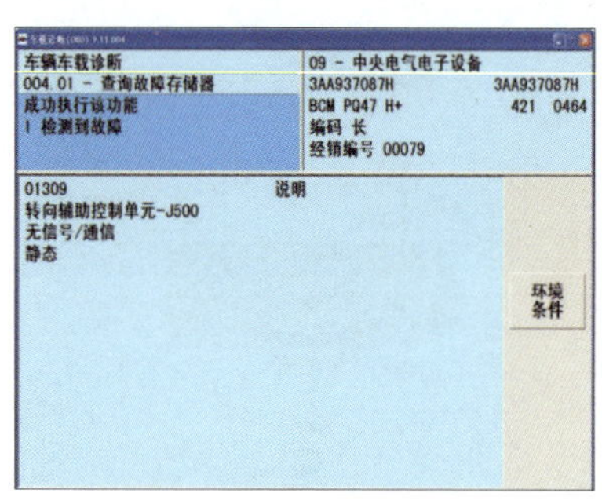

图 3-2-3　09- 中央电气电子设备故障码

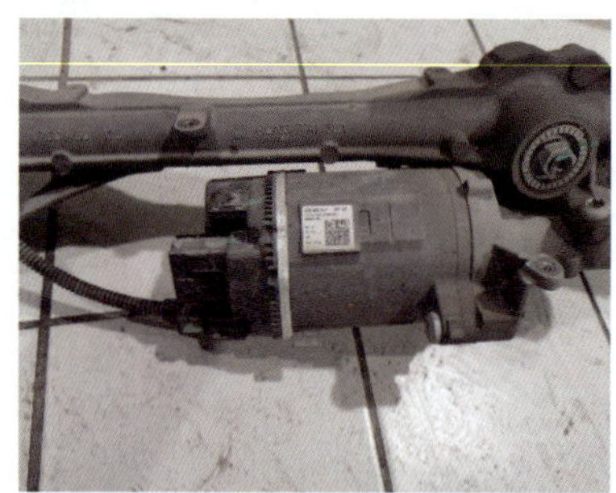

图 3-2-4　助力转向控制单元实物

助力转向控制单元 J500 主电路图

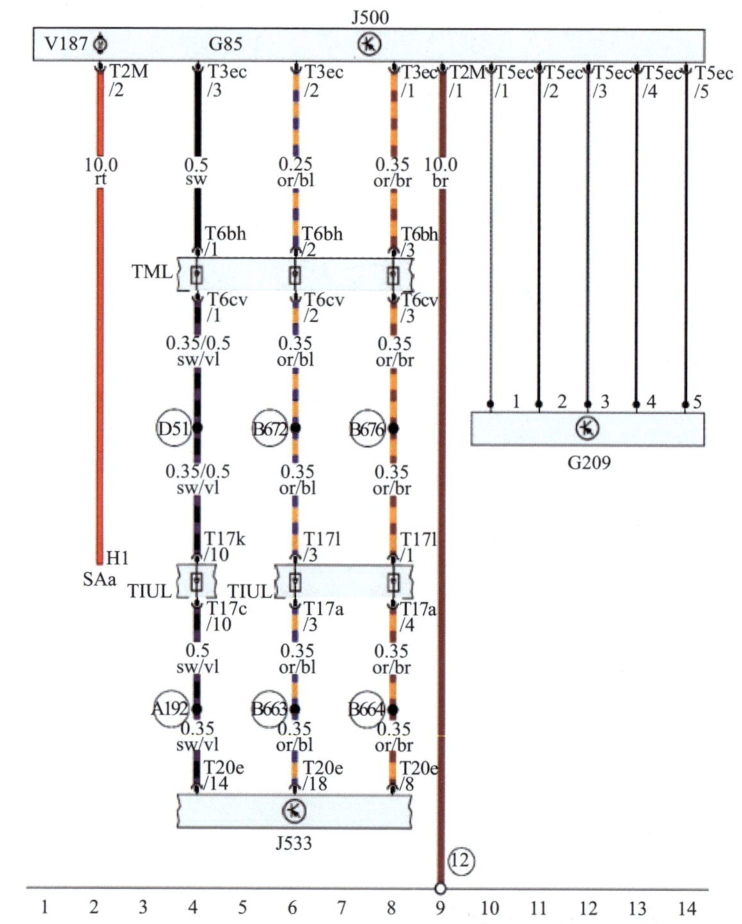

- 助力转向控制单元 J500 的红色导线为供电线，褐色导线为搭铁线，搭铁点在发动机舱内左侧；
- 橘蓝色、橘褐色、紫黑色导线分别为与 J533 进行通信的底盘 / 组合仪表 CAN H 线、底盘 / 组合仪表 CAN L 线和 15 电源线

（2）J500 到 J533 之间的通信故障；

（3）助力转向控制单元 J500 内部故障。

3. 检查线路

（1）用万用表检查助转向控制单元 J500 插接器（图 3-2-5）的针脚 T2nl/2，供电线路电压正常；

（2）检查 J500 插接器的针脚 T2nl/1，搭铁线路正常；

（3）从电路图上可知，J500 到 J533 之间的 CAN 线在发动机舱内左侧和车内下部左侧有两个插头，因此需要分段对导线进行测量。测量时发现，T6cv/2 到 T17i/3 之间存在断路，导致 J500 到 J533 之间无信息通信。

4. 维修故障

结合前期了解到的车辆维修信息，在发动机舱内左侧的插接器附近找到线束故障点，如图 3-2-6 所示，对故障线束进行维修。

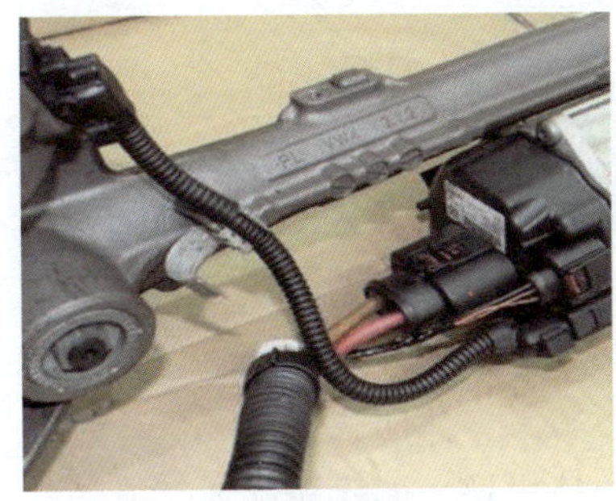

图 3-2-5　助力转向控制单元 J500 插接器

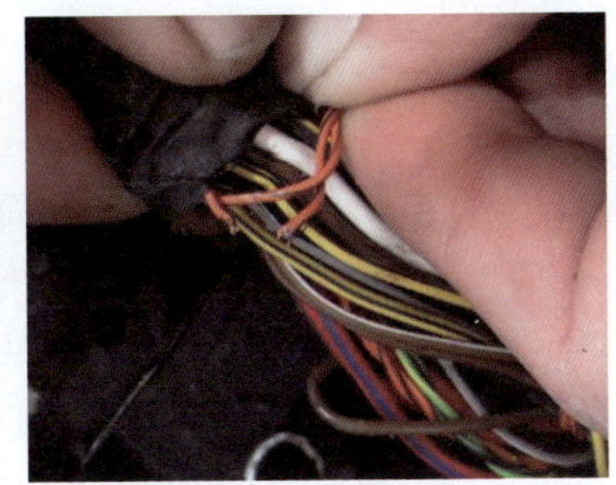

图 3-2-6　CAN 线破损

步骤四：故障排除验证

维修人员对车辆进行路试，故障现象消失，故障排除。

助力转向控制单元 J500 供电电路图

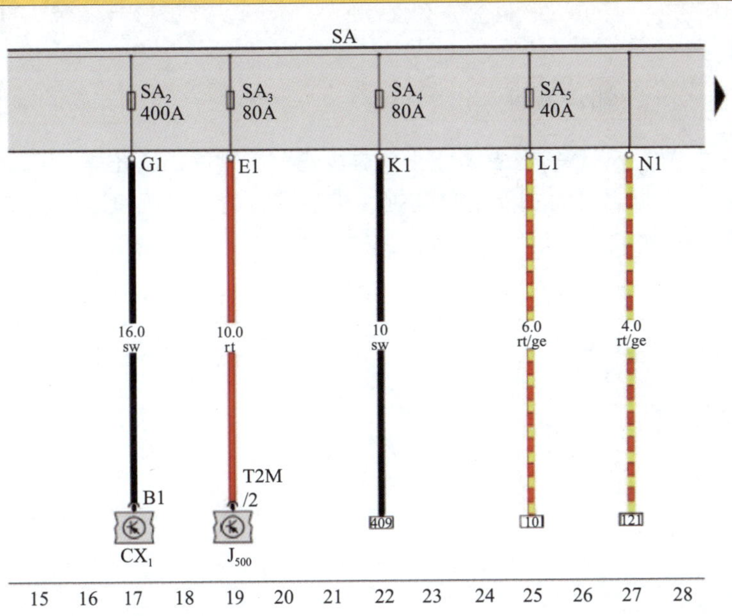

• 供电线路上有熔丝 SA3

学习笔记

任务测评

一、知识测评

确定本任务关键词，按重要程度进行关键词排序并举例解读。

根据自己对重要信息捕捉、排序、表达、创新和划分权重的能力进行自评，满分 100 分（表 3-2-1）。

表 3-2-1　维修助力转向控制单元知识测评表

序号	关键词	举例解读	评分自定
1			
2			
3			
4			
5			
总　分			

二、能力测评

对表 3-2-2 所列作业内容，操作规范即得分，操作错误或未操作即零分。

表 3-2-2　维修助力转向控制单元能力测评表

序号	能力点	配分	得分
1	读取故障码	25	
2	确定故障范围	25	
3	检查线路	25	
4	维修故障	25	
总　分		100	

三、素养测评

对表 3-2-3 所列素养点，做到即得分，未做到即零分。

表 3-2-3　维修助力转向控制单元素养测评表

序号	素养点	配分	得分
1	设备和工具安全检查	20	
2	车辆安全防护	20	
3	工具清洁校准存放	20	
4	工量辅具、零部件、油水液体“三不落地”	20	
5	工位“5S”	20	
总　分		100	

四、拓展训练

（1）请列举出在维修助力转向控制单元过程中易出现的问题，分析产生问题的原因并制订解决问题的措施（满分 25 分）。

（2）针对本故障，需要使用故障诊断仪读取车辆故障码，对故障范围内的零部件及线路进行检测，从而找出故障点。如零部件出现故障，需对转向器进行整体更换，如线路出现故障，需对线路进行更换或维修。试制订诊断维修流程并进行维修（满分 25 分）。

（3）李洪学今天遇到了一辆故障车，组合仪表盘上多个故障指示灯点亮，操作转向盘无助力，这个故障有点让他犯难了。经过一年多的工作，李洪学已经可以独立接车维修了，他决心不去请教师傅，自己研究资料完成修理。他先是使用故障诊断仪读取了车辆的故障代码，根据这些故障代码涉及的控制单元结合电路图，找到了驱动 CAN 总线的通信节点，初步分析是驱动 CAN 总线的通信系统出现了故障。经过进一步测量和读取故障码，怀疑是停车辅助控制单元故障，李洪学找到这个控制单元，检查发现其电路板上有氧化腐蚀痕迹，疑是雨水渗入所致，再“顺藤摸瓜”到天窗，发现是天窗排水管堵塞。李洪学终于将所有的故障找出，成功地排除了故障。

按图 3-2-7 思维导图格式，对维修助力转向控制单元的学习收获进行总结，并结合李洪学的成长事例从态度和方法两个方面总结出两个合适的词填到空格里，并说明依据（满分 50 分）。

图 3-2-7　思维导图

学习笔记

学习笔记

任务三　维修转向柱

职业行动

步骤一：故障现象确认

客户反映自己的2018款大众迈腾B8L轿车不管是在原地还是在行驶中打转向盘时都会发出异响。与客户一同试车，发现打转向盘时底盘会发出“咯噔咯噔”响声，转向盘游动间隙变大。

将此车开到举升机上进行检测判断，启动车辆原地打转向盘，对转向拉杆、转向球头、转向机、转向柱逐一听诊，确定异响是转向柱发出的,需要对其进行拆卸并检查,如果有故障则需要整体更换。

步骤二：作业准备

1. 作业场地

选择带有消防设施的作业场地。

2. 设备设施

举升机、故障诊断仪。

3. 工量辅具

常用工具套件、扭力扳手、翼子板布、螺钉旋具。

4. 零件耗材

手套、抹布、转向柱总成、防护三件套。

步骤三：故障诊断维修

1. 拆卸转向盘

（1）尽量向后向下打转向盘；

（2）拆下转向柱上部饰板；

（3）转动转向盘，使转向盘背面的开口正好朝上；

职业知识

转向盘和转向柱位置示意图

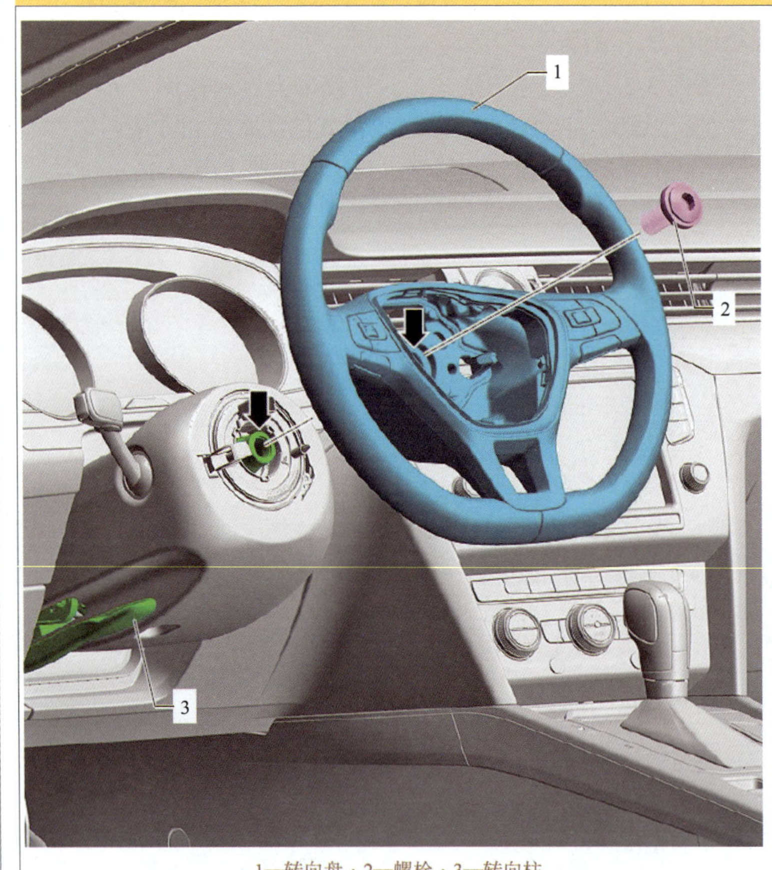

1—转向盘；2—螺栓；3—转向柱

（4）解锁驾驶人侧安全气囊的锁止箍，如图 3-3-1 所示；

（5）转动转向盘 180°并在转向盘侧对面重复该操作；

（6）重新将转向盘置于中间位置；

（7）在点火开关已打开的情况下断开蓄电池接地线；

（8）将安全气囊从转向盘上拉出一截，脱出插头防松件并向下压，脱出电插头，如图 3-3-2 所示；

（9）脱开多功能转向盘的其他电气插头连接，取下安全气囊单元；

（10）检查转向柱在标记高度是否有一个冲点，如没有则必须在转向柱上用一个冲点标记转向盘；

（11）拧出螺栓，从转向柱上脱开转向盘，如图 3-3-3 所示。

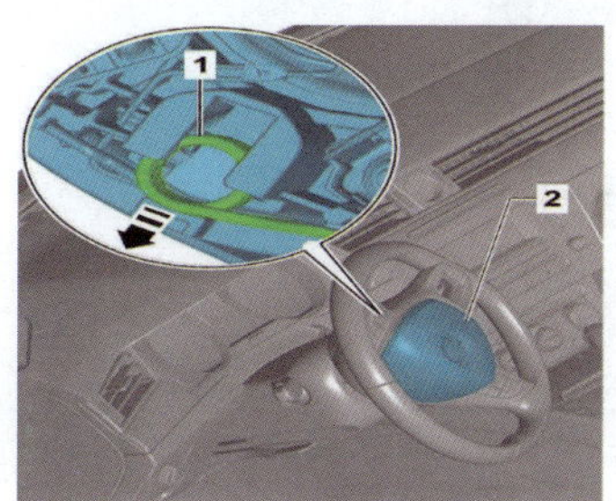

图 3-3-1　安全气囊锁止箍

1—锁止箍；2—驾驶人侧安全气囊

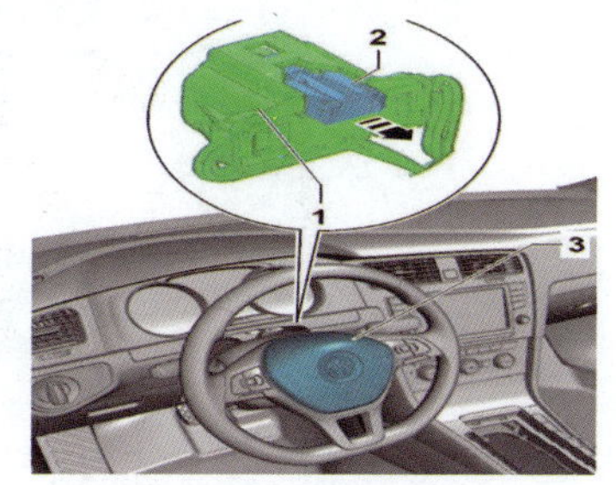

图 3-3-2　安全气囊电插头

1—插头；2—插头防松件；3—驾驶人侧安全气囊

2. 拆卸转向柱

（1）拆卸转向柱下部饰板及转向柱开关模块；

（2）拆卸驾驶人侧脚部空间盖板及膝部安全气囊；

（3）用螺钉旋具脱开凸耳，从接片中拉出电缆导向件，如图 3-3-5 所示；

（4）拧出螺栓 1 和 2，取下膝部安全气囊左侧支架，如图 3-3-4 所示；

转向盘装配图

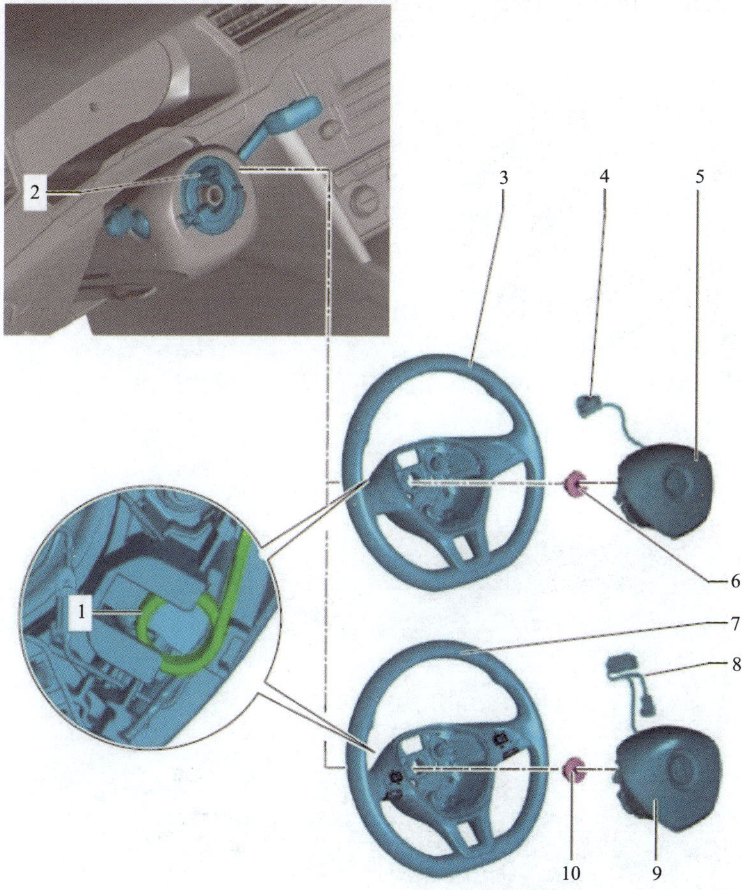

1—锁止卡箍；2—转向柱控制单元；3—不具有多功能的转向盘；4—不具有多功能的线束；5，9—安全气囊；6，10—螺栓；7—具有多功能的转向盘；8—具有多功能的线束

学习笔记

学习笔记

（5）在箭头位置脱开线束导向件的卡止件，脱开线束支架的卡止件，并从转向柱中取下，如图 3-3-6 所示，将转向柱上的线束置于一旁；

图 3-3-3　转向盘螺栓

1—转向盘；2—螺栓

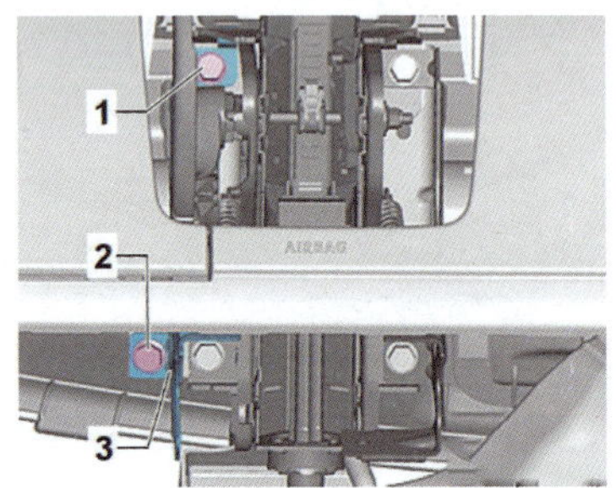

图 3-3-4　膝部安全气囊左侧支架安装位置

1，2—螺栓；3—膝部安全气囊左侧支架

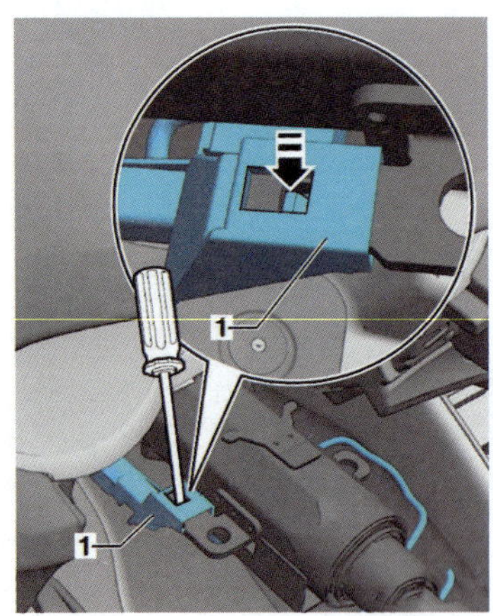

图 3-3-5　电缆导向件位置

1—电缆导向件

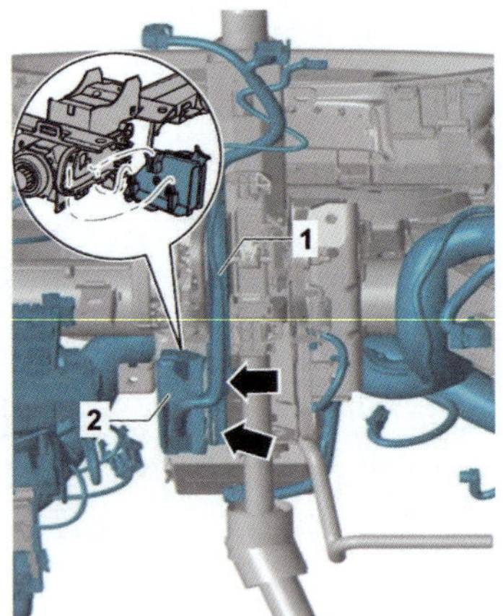

图 3-3-6　线束导向件和线束支架

1—线束导向件；2—线束支架

转向柱装配图

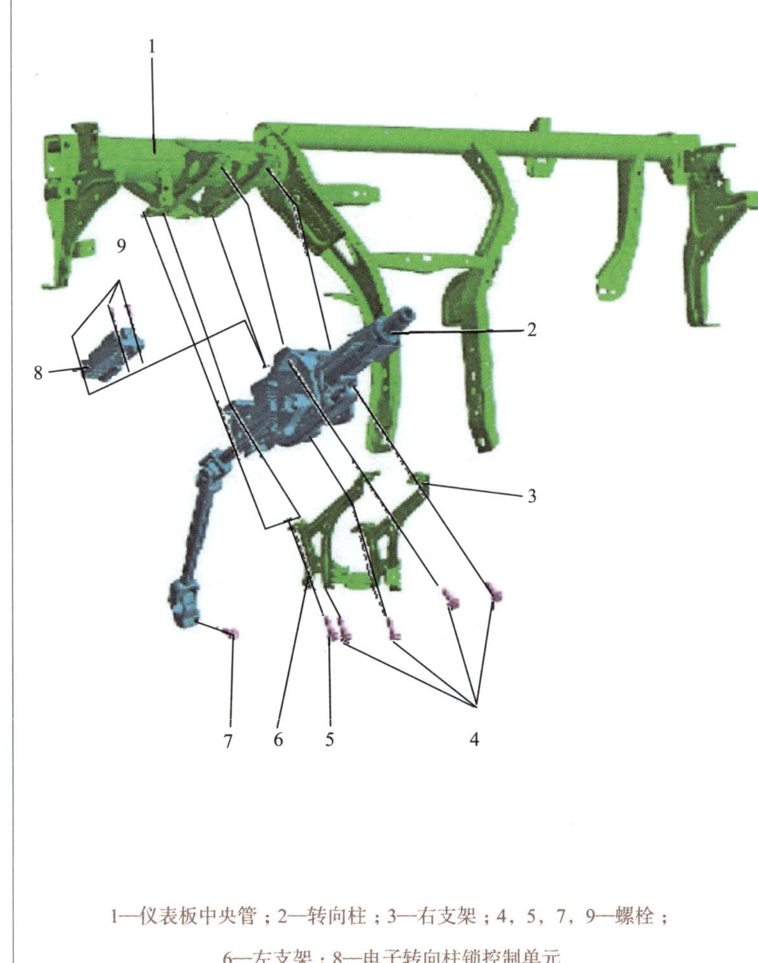

1—仪表板中央管；2—转向柱；3—右支架；4，5，7，9—螺栓；6—左支架；8—电子转向柱锁控制单元

（6）将插头连接从电子转向柱锁控制单元上脱开，从转向柱上脱开线束卡止件并将线束放置一旁，如图 3-3-7 所示；

（7）拧下十字万向节的螺栓，然后沿箭头方向脱开十字万向节，如图 3-3-8 所示；

（8）拧出螺栓 1 和 2，取下膝部安全气囊右侧支架，如图 3-3-9 所示；

（9）拧出螺栓并固定住转向柱，如图 3-3-10 所示；

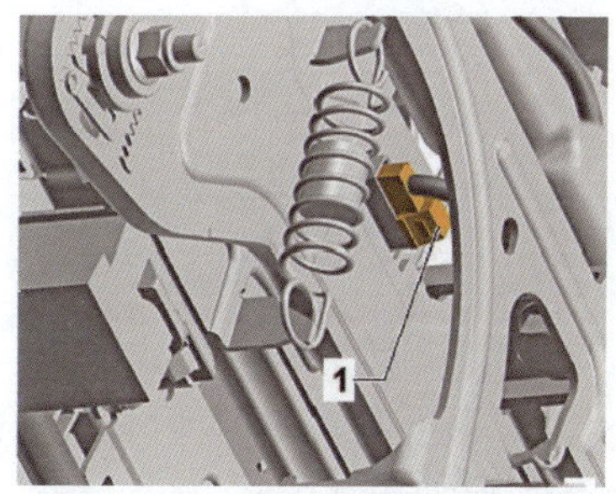

图 3-3-7　电子转向柱锁控制单元插头

1—连接插头

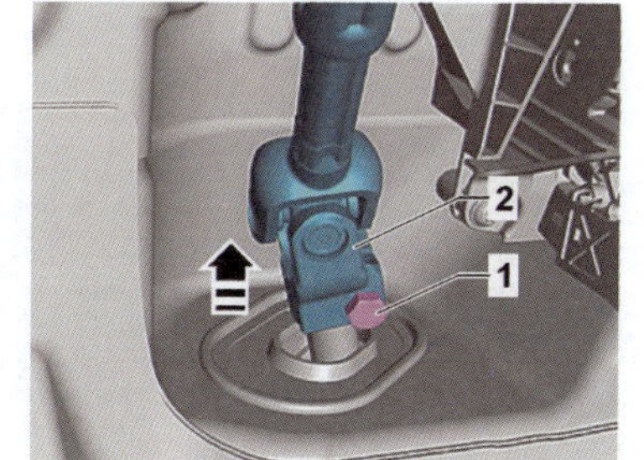

图 3-3-8　十字万向节连接处

1—螺栓；2—十字万向节

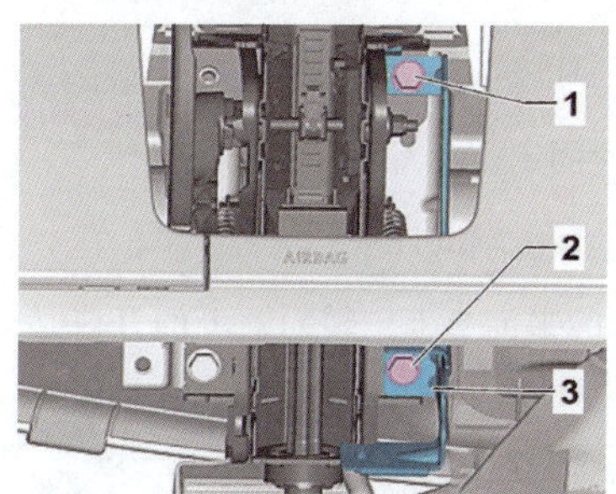

图 3-3-9　膝部安全气囊右侧支架

1，2—螺栓；3—膝部安全气囊右侧支架

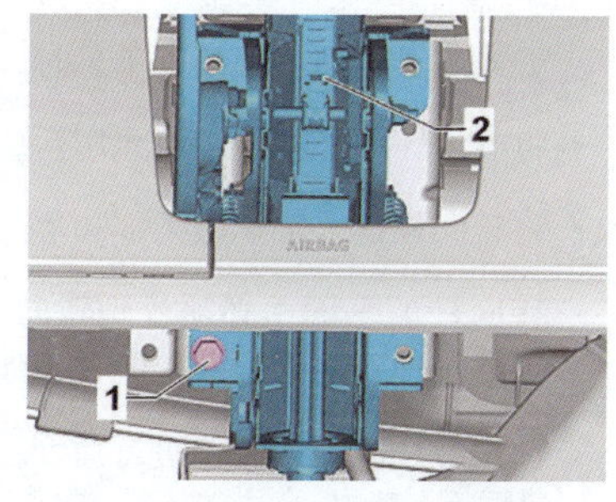

图 3-3-10　转向柱固定位置

1—螺栓；2—转向柱

转向柱运输和处理方法

- 用双手运输转向柱，握住转向柱的上部套管和上部十字万向节处

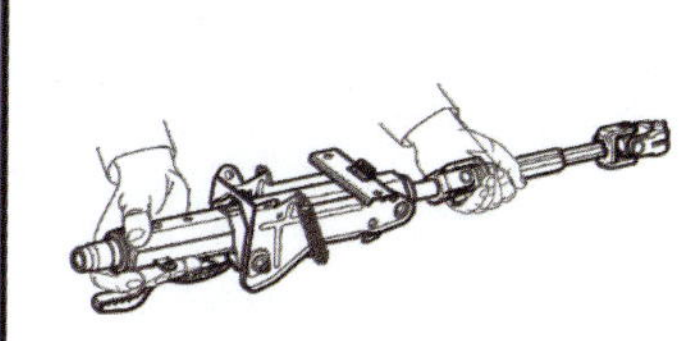

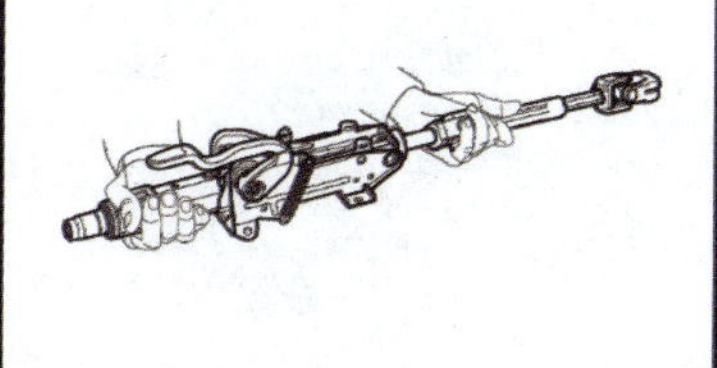

- 握住夹紧杆来移动转向柱、单手将转向柱运输到传动轴上、万向节弯曲超过 90°，都会导致转向柱十字万向节套管和下部支座损坏

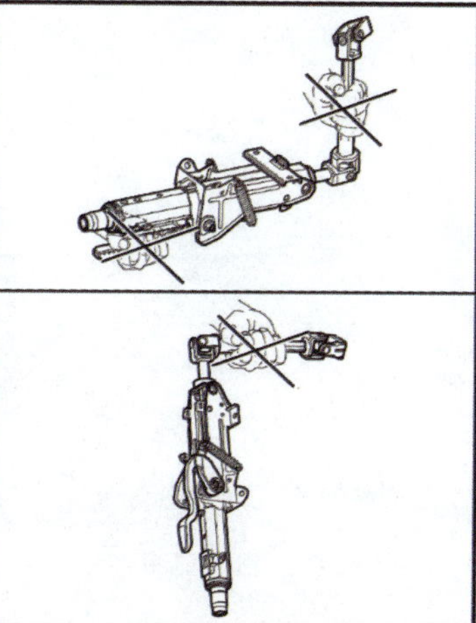

转向柱检查方法

目视检查	功能检查
• 检查转向柱部件是否损坏	• 检查转向柱是否有卡滞现象或转动困难； • 检查转向柱是否可以在纵向和高度上轻松调节

学习笔记

学习笔记

（10）向上从凸耳和轴承座中脱开转向柱并取下，如图 3-3-11 所示；

（11）拧下电子转向柱锁控制单元的螺栓，如图 3-3-12 箭头所示；

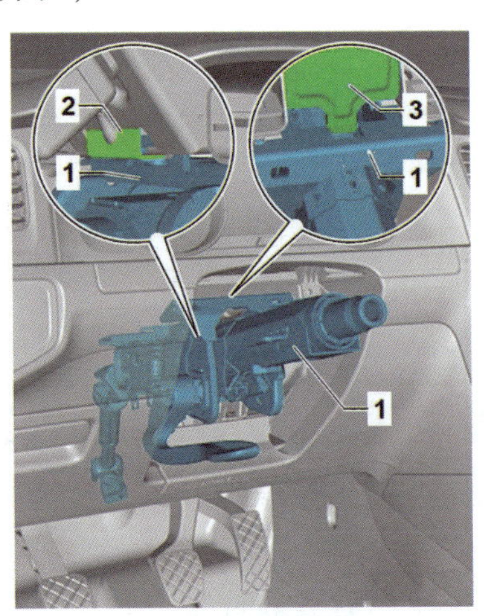

图 3-3-11　转向柱

1—转向柱；2—凸耳；3—轴承座

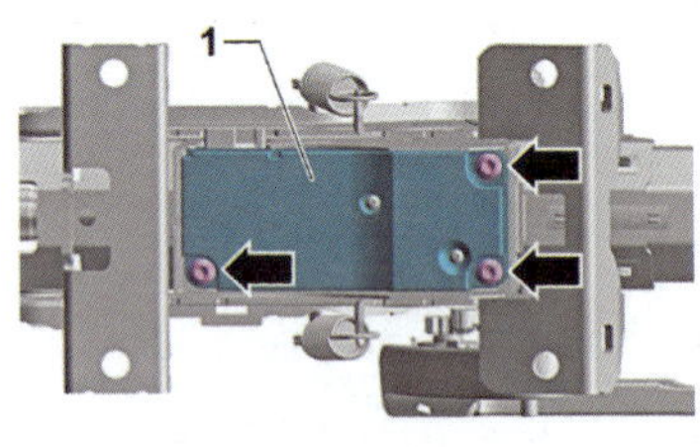

图 3-3-12　电子转向柱锁控制单元固定螺栓位置

1—电子转向柱锁控制单元

（12）将凸耳沿箭头方向按压并取出电子转向柱锁控制单元，如图 3-3-13 所示。

3. 检查转向柱

对转向柱进行检查，发现其十字万向节处（图 3-3-14）松旷严重，需要更换。

4. 安装转向柱

更换全套的新转向柱，装回原电子转向柱锁控制单元，并以倒序进行转向柱的安装。

转向柱开关模块拆卸方法

（1）沿箭头 A 方向拔出插头防松件并向下压，脱开电气连接插头 1，沿箭头 B 方向拔出插头防松件并向下压，脱开电气连接插头 2

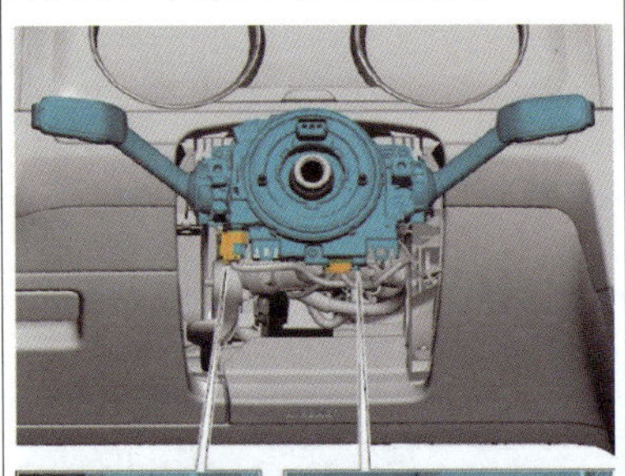

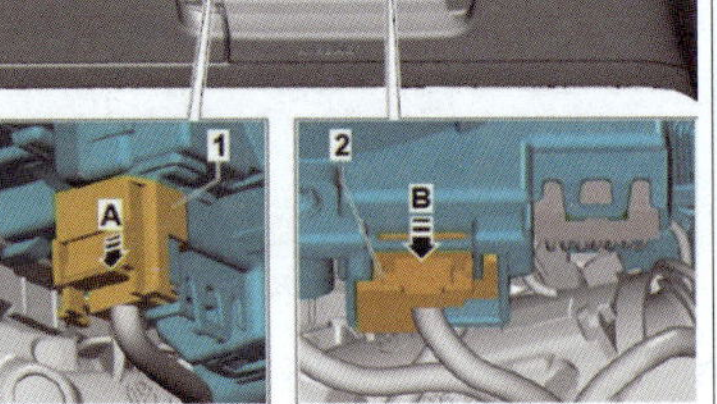

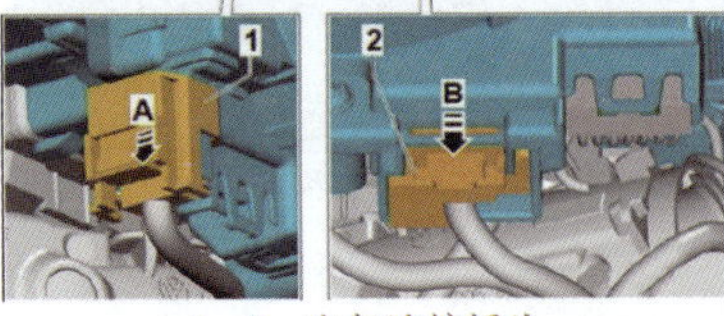

1，2—电气连接插头

（2）沿箭头 A 方向按压两侧的解锁装置 1，略微拔出转向柱开关模块 2，沿箭头 B 方向按压解锁装置 3，拔出转向柱开关模块 2

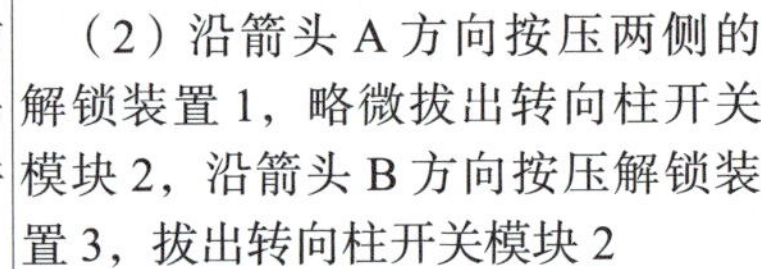

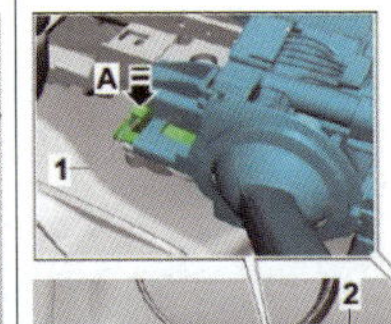

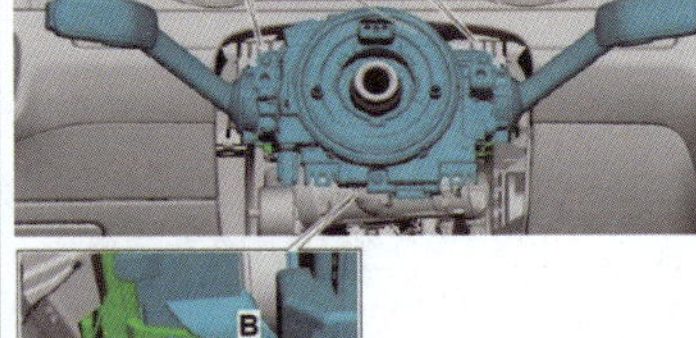

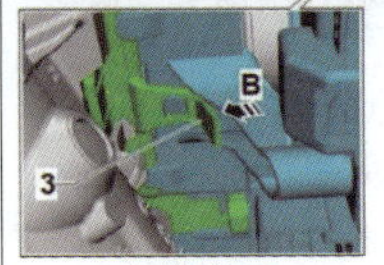

1—解锁装置；2—转向柱开关模块；3—解锁装置

转向柱安装原则

- 装入电子转向柱锁控制单元时，凸耳应卡入；
- 将电子转向柱锁控制单元用新螺栓固定；
- 将转向柱挂入轴承座下部和上部的装配辅助件中；
- 转向柱的平面 1 必须放到转向器的平面 2 上，转向器上的开口必须准确地对准固定螺栓的孔（如下图箭头所示）；
- 使用专用故障诊断仪进行角度传感器 G85 的基本设置

为什么我是师傅？因为我的思考比你多

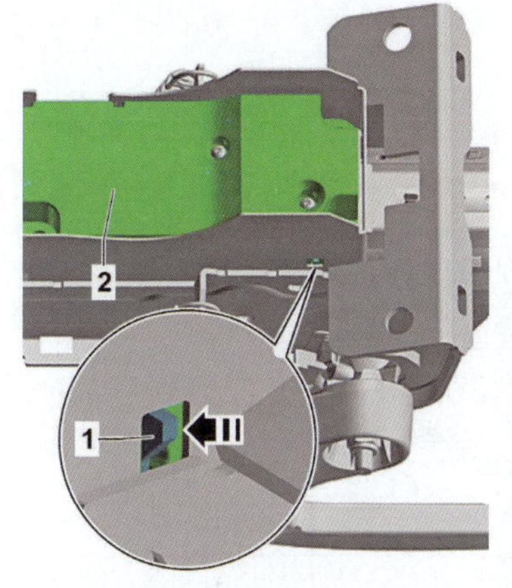

图 3-3-13　电子转向柱锁控制单元

1—凸耳；2—电子转向柱锁控制单元

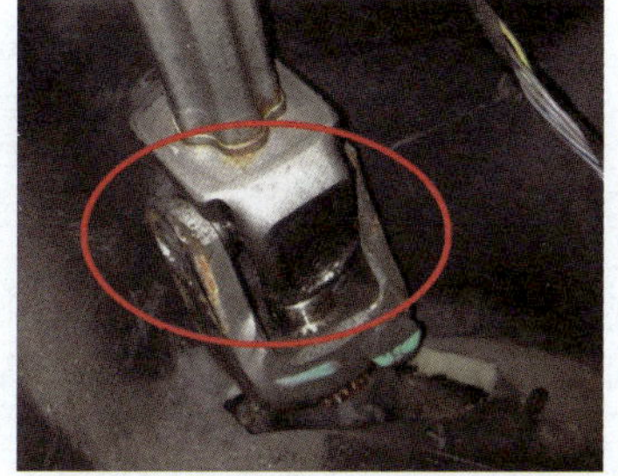

图 3-3-14　转向柱十字万向节

步骤四：故障排除验证

维修人员对车辆进行路试，故障现象消失，故障排除。

转向柱安装原则（续）

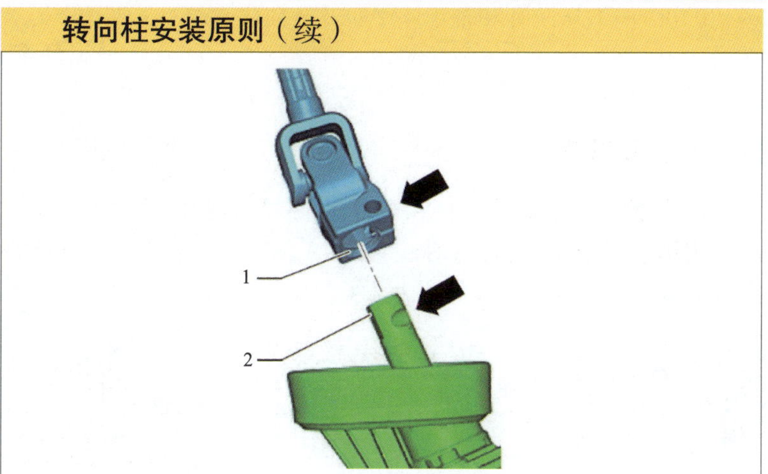

学习笔记

学习笔记

任务三测评

一、知识测评

确定本任务关键词，按重要程度进行关键词排序并举例解读。

根据自己对重要信息捕捉、排序、表达、创新和划分权重的能力进行自评，满分 100 分（表 3-3-1）。

表 3-3-1 维修转向柱知识测评表

序号	关键词	举例解读	评分自定
1			
2			
3			
4			
5			
总　分			

二、能力测评

对表 3-3-2 所列作业内容，操作规范即得分，操作错误或未操作即零分。

表 3-3-2 维修转向柱能力测评表

序号	能力点	配分	得分
1	拆卸转向盘	25	
2	拆卸转向柱	25	
3	检查转向柱	25	
4	安装转向柱	25	
总　分		100	

三、素养测评

对表 3-3-3 所列素养点，做到即得分，未做到即零分。

表 3-3-3 维修转向柱素养测评表

序号	素养点	配分	得分
1	设备和工具安全检查	20	
2	车辆安全防护	20	
3	工具清洁校准存放	20	
4	工量辅具、零部件、油水液体“三不落地”	20	
5	工位“5S”	20	
总　分		100	

四、拓展训练

（1）请列举出在维修转向柱过程中易出现的问题，分析产生问题的原因并制订解决问题的措施（满分 25 分）。

（2）在举升机上对该车进行检查，启动车辆原地打转向盘，对转向拉杆、转向球头、转向机、转向柱逐一听诊，确定异响是转向柱发出的，需要对其进行拆卸并检查，如果有故障则需要整体更换。试制订维修流程并进行维修（满分 25 分）。

（3）店里来了一名实习生，师傅把他交给李洪学，让李洪学带着他工作。正好李洪学手里有一台故障车，此车原地打转向盘时转向柱异响，李洪学让这名实习生来试着维修。首先，让他结合所学过的汽车转向系统的知识，思考并大致判断出故障可能，然后再进行实车检查，初步分析可能是转向系统的某些部件发生

为什么我是师傅？因为我的思考比你多

松旷产生了异响。李洪学指导他将具有连接关系转向系统的各个部件写下来，有连接的地方才有可能会发生松旷，通过向外延伸，一步步将可能出现的故障部位罗列出来，再有针对性地进行检查，从而找出故障点。

按图 3-3-15 所示思维导图格式，对维修转向柱的学习收获进行总结，并将李洪学带徒的方法总结出两个词填到空格里，并说明依据（满分 50 分）。

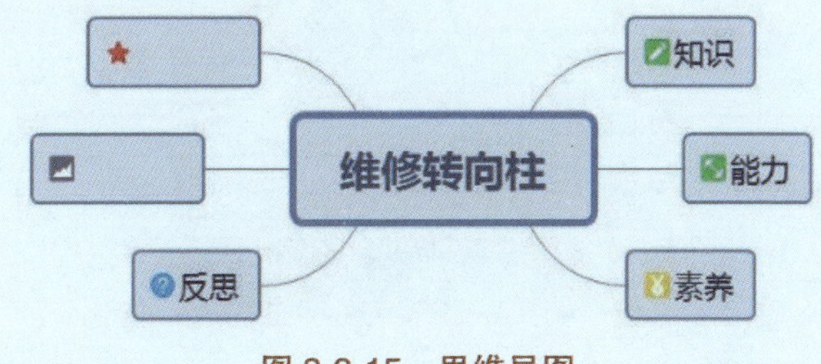

图 3-3-15　思维导图

学习笔记

任务四　维修电子转向柱锁控制单元

职业行动

步骤一：故障现象确认

客户反映自己的 2018 款大众迈腾 B8L 轿车仪表黑屏，电子转向柱锁无法解锁。经确认，发现车辆无法启动，转向盘转不动，遥控钥匙可以开门锁车，按下启动开关钥匙指示灯闪烁，仪表盘上转向系统故障指示灯点亮，但转向柱锁无解锁声音，仪表盘可以显示车辆门锁状态。

初步判断此车为电器部分故障，需要使用故障诊断仪读取车辆故障码，针对故障含义及发生时间进行分析来确定故障范围，并对故障范围内的零部件进行检测，从而找出故障点。

步骤二：作业准备

1. 作业场地

选择带有消防设施的作业场地。

2. 设备设施

故障诊断仪。

3. 工量辅具

常用工具套件、扭力扳手、翼子板布、万用表。

4. 零件耗材

手套、抹布、转向柱总成、防护三件套。

步骤三：故障诊断维修

1. 读取故障码

（1）使用故障诊断仪 VAS6150B 检测底盘号，无法自动识别，通过手动输入底盘号后进行诊断；

职业知识

电子转向柱锁控制单元 J764 安装位置示意图

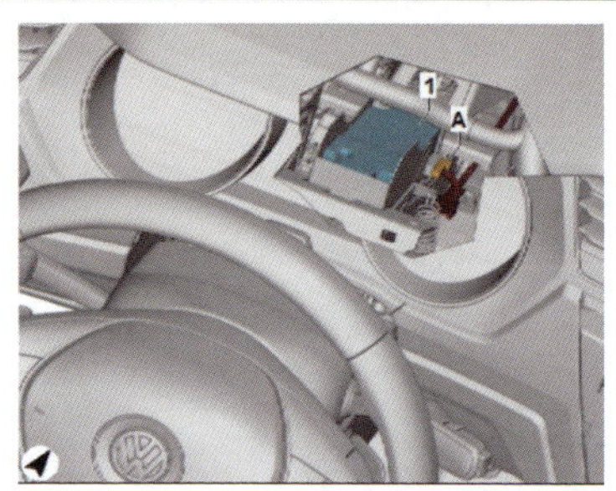

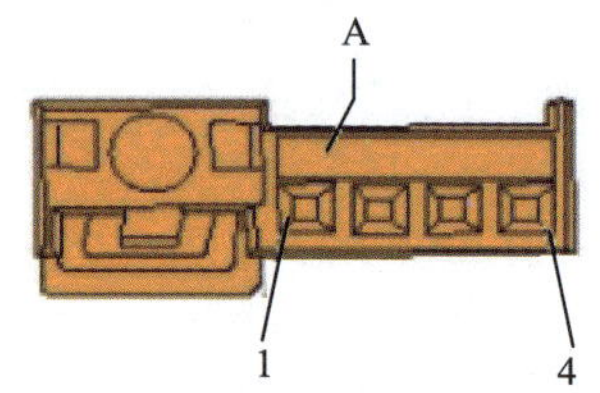

1—电子转向柱锁控制单元 J764；A—四孔插接器

第五代防盗锁止系统（带 ESCL）工作过程

（1）按下启动按钮 E378，ESCL 处理信号；

（2）ESCL 唤醒 CAN 线，并询问主设备端子 15 是否可启动；

（3）主设备向控制单元 J518 发出请求，请求允许启动和访问：车辆中是否有经过授权的钥匙；

（4）车内的无钥匙进入系统天线用 125 kHz 频率针对已与车辆匹配的钥匙发送唤醒信号；

（5）经授权的钥匙识别其模式，并用 433 MHz 的频率将其应答器数据发送至车载电源控制单元 J519；

（6）J519 将数据传送至防盗锁止系统主设备 J362；

（2）B7 进入及启动系统接口报故障码："B1248F3：电动转向柱锁端子许可不可信，主动 / 静态；U112100：数据总线丢失信息，被动 / 偶发"，如图 3-4-1 所示；

（3）09 电子中央电气设备报故障码："U112100：数据总线丢失信息，主动 / 静态"，如图 3-4-2 所示；

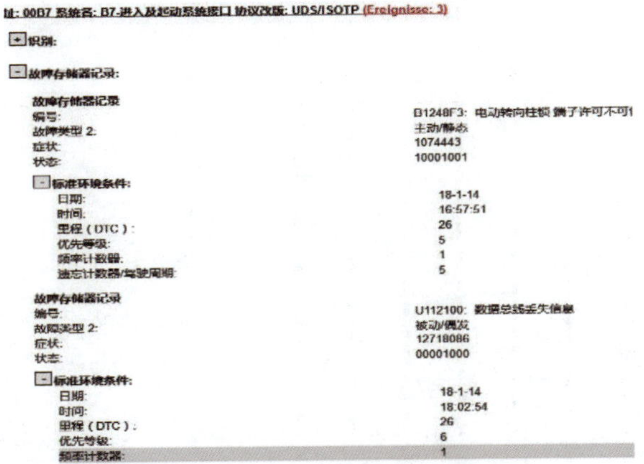

址: 00B7 系统名: B7-进入及起动系统接口 协议改版: UDS/ISOTP (Ereignisse: 3)

⊞识别:

⊟故障存储器记录:

故障存储器记录
编号: B1248F3: 电动转向柱锁 端子许可不可1
故障类型 2: 主动/静态
症状: 1074443
状态: 10001001

⊟标准环境条件:
日期: 18-1-14
时间: 16:57:51
里程（DTC）: 26
优先等级: 5
频率计数器: 1
遗忘计数器/驾驶周期: 5

故障存储器记录
编号: U112100: 数据总线丢失信息
故障类型 2: 被动/偶发
症状: 12718086
状态: 00001000

⊟标准环境条件:
日期: 18-1-14
时间: 18:02:54
里程（DTC）: 26
优先等级: 6
频率计数器: 1

图 3-4-1　进入及启动系统接口故障码

地址: 0009 系统名: 09-电子中央电气设备 协议改版: UDS/ISOTP (Ereignisse: 3)

⊞识别:

⊟故障存储器记录:

故障存储器记录
编号: U112100: 数据总线丢失信息
故障类型 2: 主动/静态
症状: 533013
状态: 00001001

⊟标准环境条件:
日期: 18-1-14
时间: 16:52:47
里程（DTC）: 26
优先等级: 6
频率计数器: 1
遗忘计数器/驾驶周期: 5

⊟高级环境条件:
端子15状态 Off
端子50状态 Off
On

图 3-4-2　电子中央电气设备故障码

第五代防盗锁止系统（带 ESCL）工作过程（续）

（7）J362 根据匹配的钥匙数据检查应答器数据；

（8）如果识别到正确的应答器数据，CAN 信息"钥匙 OK/ 解锁 ESCL"发送至 ESCL；

（9）ESCL 将 CAN 信息"电源端子 15 启动"发送至 J519；

（10）J519 启动端子 15 硬件并使 CAN 显示屏上显示信息"端子 15 启动"；

（11）其余 CAN 总线被唤醒；

（12）在经过启动批准以及防盗锁止系统数据验证之后，发动机控制单元 J623 向主设备发出询问；

（13）如果数据匹配成功，主设备 J362 向发动机控制单元发出启动批准；

（14）机电装置 J743 控制单元将其批准请求和防盗锁止系统数据验证请求发送至主设备；

（15）如果数据匹配成功，主设备向 J743 发出启动批准；

（16）其他防盗锁止系统从属设备陆续发送其请求，并接收到来自主设备的批准；

（17）运行步骤示例如下图所示

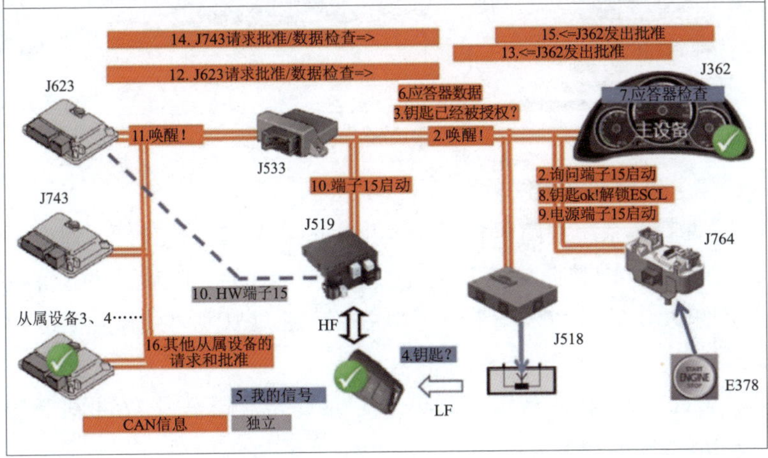

学习笔记

学习笔记

（4）19 数据总线诊断接口报故障码："U015500：仪表板控制单元无通信，被动 / 偶发"；"U100A00：进入及其启动许可无通信，被动 / 偶发"，如图 3-4-3 所示。

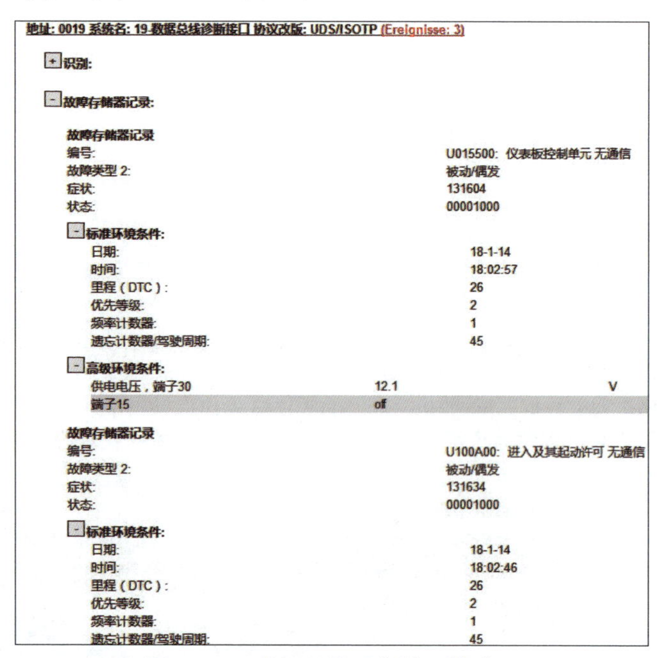

地址: 0019 系统名: 19-数据总线诊断接口 协议改版: UDS/ISOTP (Ereignisse: 3)

⊞识别:

⊟故障存储器记录:

故障存储器记录

编号:		U015500: 仪表板控制单元 无通信
故障类型 2:		被动/偶发
症状:		131604
状态:		00001000
⊟标准环境条件:		
日期:		18-1-14
时间:		18:02:57
里程（DTC）:		26
优先等级:		2
频率计数器:		1
遗忘计数器/驾驶周期:		45
⊟高级环境条件:		
供电电压，端子30	12.1	V
端子15	of	

故障存储器记录

编号:	U100A00: 进入及其起动许可 无通信
故障类型 2:	被动/偶发
症状:	131634
状态:	00001000
⊟标准环境条件:	
日期:	18-1-14
时间:	18:02:46
里程（DTC）:	26
优先等级:	2
频率计数器:	1
遗忘计数器/驾驶周期:	45

图 3-4-3　数据总线诊断接口故障码

2. 确定故障范围

查看各系统故障码含义及发生时间，对其进行分析，通过对比发现 J519 内数据总线丢失信息是最早出现的，随后是进入许可控制单元中的转向柱端子许可不可信，通过故障码分析确定故障范围：

（1）电子转向柱锁控制单元 J764 供电、搭铁及 J764 到 J519 之间的通信故障；

（2）电子转向柱锁控制单元 J764 内部故障；

电子转向柱锁控制单元 J764 主电路图

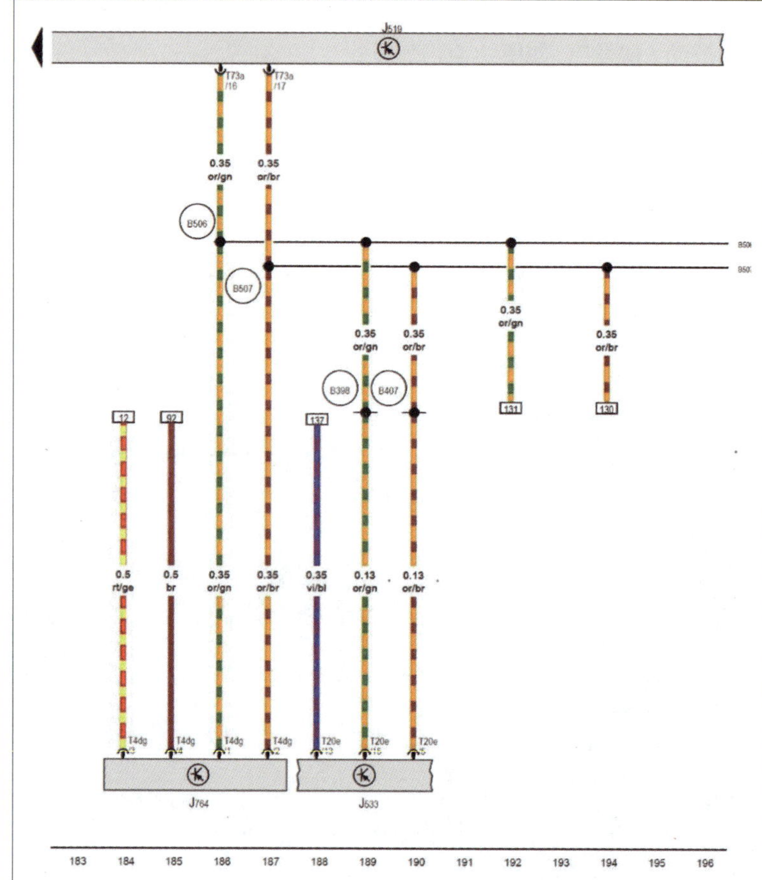

- 电子转向柱锁控制单元 J764 的红黄色导线为供电线，褐色导线为搭铁线；
- 橘绿色、橘褐色导线分别为舒适 CAN H 线和舒适 CAN L 线

把时间用在思考上是最能节省时间的事情

（3）车载电网控制单元 J519 内部故障。

3. 检查线路

（1）用万用表检查 J764 的供电保险 SC15 正常，如图 3-4-4 所示；检查 J764 的供电线路电压正常；

（2）检查 J764 搭铁线路正常；

（3）检查 J764 与 J519 之间的通信线路正常；

（4）J764 插接器插头各个针脚加力拖拽，未发现脱落。

4. 维修故障

经线路检查后分析可能是 J764 内部故障，拆卸转向柱后更换新的电子转向柱锁控制单元（图 3-4-5），并进行防盗匹配。

图 3-4-4　SC 保险架

图 3-4-5　电子转向柱锁控制单元实物

步骤四：故障排除验证

维修人员对车辆进行路试，故障现象消失，故障排除。

电子转向柱锁控制单元 J764 主电路图

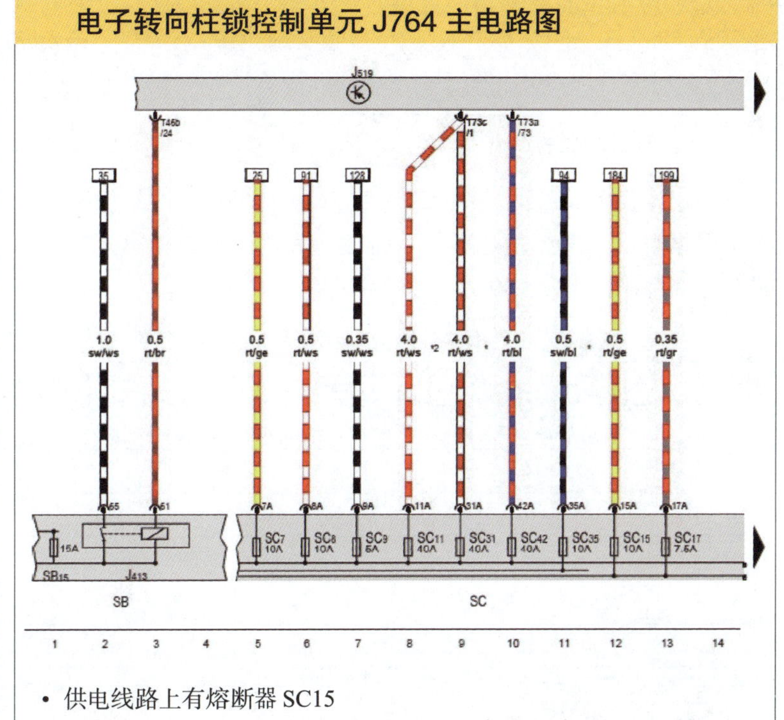

• 供电线路上有熔断器 SC15

学习笔记

学习笔记

任务测评

一、知识测评

确定本任务关键词，按重要程度进行关键词排序并举例解读。

根据自己对重要信息捕捉、排序、表达、创新和划分权重的能力进行自评，满分 100 分（表 3-4-1）。

表 3-4-1 维修电子转向柱锁控制单元知识测评表

序号	关键词	举例解读	评分自定
1			
2			
3			
4			
5			
总　　分			

二、能力测评

对表 3-4-2 所列作业内容，操作规范即得分，操作错误或未操作即零分。

表 3-4-2 维修电子转向柱锁控制单元能力测评表

序号	能力点	配分	得分
1	读取故障码	25	
2	确定故障范围	25	
3	检查线路	25	
4	维修故障	25	
总　　分		100	

三、素养测评

对表 3-4-3 所列素养点，做到即得分，未做到即零分。

表 3-4-3 维修电子转向柱锁控制单元素养测评表

序号	素养点	配分	得分
1	设备和工具安全检查	20	
2	车辆安全防护	20	
3	工具清洁校准存放	20	
4	工量辅具、零部件、油水液体“三不落地”	20	
5	工位“5S”	20	
总　　分		100	

四、拓展训练

（1）请列举出在维修电子转向柱锁控制单元过程中易出现的问题，分析产生问题的原因并制订解决问题的措施（满分 25 分）。

（2）根据故障现象，初步判断此车为电器部分故障，需要使用故障诊断仪读取车辆故障码，针对故障含义及发生时间进行分析来确定故障范围，并对故障范围内的零部件进行检测，从而找出故障点。试制订诊断维修流程并进行维修（满分 25 分）。

（3）新来的实习生在李洪学的指导下，已经能够独立进行简单的维修作业了，但是他还是有几点不足，让李洪学非常头疼。本着对实习生负责的态度，李洪学利用空闲时间找他进行了谈心，指出他的不足，并让他改正。第一点是在维修作业前一定要先思考再行动，将所有的故障可能都考虑好，再有针对性地进行检查；

把时间用在思考上是最能节省时间的事情

第二点是有些时候，需要变换一下思路来进行故障诊断，比如用逆向倒推的方法，来一步步找出故障点，这种思路主要应用在电器类故障诊断中。经过李洪学的指正，实习生改正了这些不足，技术得到进一步提升。

按图 3-4-6 思维导图格式，对维修电子转向柱锁控制单元的学习收获进行总结，并尝试解释一下“行成于思”的含义，说明“逆向推断”还可以应用在哪些汽车系统维修工作中（满分 50 分）。

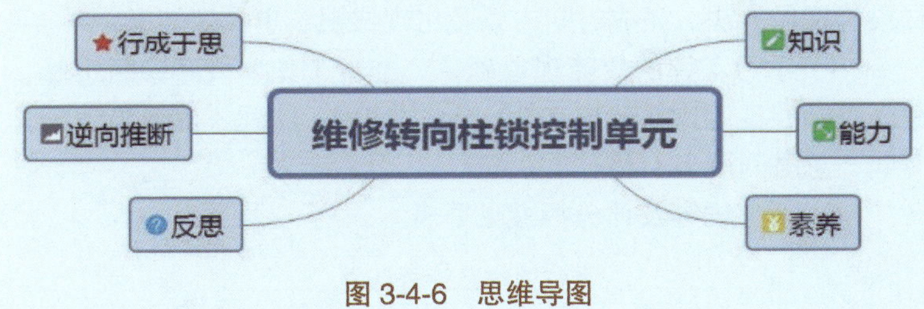

图 3-4-6　思维导图

学习笔记

学习考评

一、考评项目

请根据本项目所学对 2018 款大众迈腾 B8L 轿车转向系统常见故障进行诊断与维修，并完成考评报告。

二、实施准备

1. 学生准备

学生按照本项目任务计划，已经完成以下所有任务并达到 75 分以上时，可进行相应学习考评的实施、达成工作：

（1）理解完成学习考评需要的相关理论、知识和方法，并能应用知识进行相关故障诊断分析；

（2）按时、按质量要求完成相应任务作业，得分大于 75 分；

（3）按规定独立完成对转向系统以及控制电路的诊断和检修工作，具备相应的技能水平，得分大于 75 分；

（4）具有自觉遵守技术标准和要求规定、规范操作、安全、环保、“5S” 作业、团结协作的好习惯，得分大于 80 分；

（5）能制定汽车转向系统常见故障诊断与维修工作计划。

2. 教师准备

（1）在安排学生实施学习考评前，应确保学生已经学会了汽车工量具、专用检测仪器的基本使用方法，并做过相关实操训练；

（2）通过学生课堂问题研讨、作业、实操及其他方式，确认学生已经具备实施学习考评所需要的知识、技能和能力基础，特别是安全操作规范、零部件识别、故障检测等方面的知识要点；

（3）对协助教师进行测评的学生进行测评、监督方法的培训，确保测评结果的准确性、公平性。

（4）准备好测评记录。

三、验证方法与标准

（1）每位测评人员负责对 4 名学生进行全过程的监控和测评；

（2）详细记录学生在实施学习考评过程中的相关信息、数据、结果、操作方法、完成时间，以及出现错误、事故等情况；

（3）学习考评的故障现象确认、准备工作、故障诊断维修、故障排除验证等操作要求在 90 min 内完成。时间不够可申请延长时间，总时间最多不超过 120 min。

（4）考核内容及评分标准见下表。

考核内容及评分标准

序号	评分项	得分条件	评分标准	配分	扣分
1	安全 /5S/ 态度	□ 1. 能进行工位 5S 操作 □ 2. 能进行设备和工具安全检查 □ 3. 能进行车辆安全防护操作 □ 4. 能进行工具清洁校准存放操作 □ 5. 能进行三不落地操作	未完成 1 项扣 3 分，扣分不得超 15 分	15	
2	专业技能能力	□ 1. 能正确确认故障现象 □ 2. 能根据正确诊断方法进行故障诊断 □ 3. 能按照正确的故障维修思路和步骤进行故障检修 □ 4. 能正确检测相关数据，并做好记录 □ 5. 能够熟练操作工量具及检测仪器	未完成 1 项扣 10 分，扣分不得超 50 分	50	

学习笔记

（续）

序号	评分项	得分条件	评分标准	配分	扣分
3	工具及设备的使用能力	□1．能正确选用维修工具 □2．能正确使用故障诊断仪 □3．能正确使用测量工具 □4．能正确使用专用工具 □5．能熟练使用办公软件	未完成1项扣5分，扣分不得超10分	10	
4	资料、信息查询能力	□1．能正确使用维修手册查询资料 □2．能正确使用用户手册查询资料 □3．能在规定时间内查询所需资料 □4．能正确记录查询资料章节页码 □5．能正确记录所需维修信息	未完成1项扣2分，扣分不得超10分	10	
5	数据、判读和分析能力	□能判断转向系统相关部件是否需要维修或更换	未完成1项扣10分，扣分不得超10分	10	
6	表单填写与报告的撰写能力	□1．字迹清晰 □2．语句通顺 □3．无错别字 □4．无涂改 □5．无抄袭	未完成1项扣1分，扣分不得超5分	5	
合计				100	

四、考评报告

说明：考评分为理论考评和实操考评，理论考评根据项目要求以及考评模板格式制订项目实施方案，方案经老师审核合格后，方可进行实操考评。考评报告模板详见附录A。

学习笔记

拓展阅读

汽车维修思维模式之循迹思维

循迹思维引自“有迹可循”，迹是痕迹、线索，任何故障的发生都会留有蛛丝马迹，比如水渍、油渍、烧焦、变色、异味、变形、裂纹、生锈等都是故障发生后留下的印迹，从这些印迹出发，就可以很容易地找到故障点。

李洪学的进步

（1）车辆副驾驶处漏水现象。

客户向4S店抱怨，说他的车一到下大雨时，副驾驶侧的地板上就有水，反映几次了，也没给彻底处理好。

4S店人员只好说再给他检查检查，于是进行喷淋试验。他们在车顶喷了十几分钟，打开车门也未见有水，几个师傅犯难了。这时候，李洪学想到循迹思维，认为只要进水，肯定会有痕迹，于是李洪学仔细检查副驾驶侧的周围，在门上发现了水渍，判断可能是车门进水。用水枪对着车门喷淋，大约过了两分钟，打开车门就发现果然进水了，并发现车门上有半截水印，沿着水痕迹上行到水痕结束的地方有一根导线从车门外进入。原来是车主加装了行车记录仪，从外部引入了一条线，引起防水胶条不能彻底密封留有缝隙，造成进水。擦干水痕，解除引线关门再次对车门进行喷淋试验，5 min后未发现再次进水，困扰很久的问题迎刃而解。

（2）倒车雷达假报警。

车主反映车辆加装倒车雷达后，经常出现冬天早晨一挂倒挡就假报警。

李洪学在和客户交流中，了解到它的倒车雷达不是经常假报警，只是在个别早晨才会出现这种情况，上午就又好了。他引导客户回忆假报警的时候，天气状况如何，客户说都有结霜。仔细想想，由于在雷达传感器表面有霜冻，相当于雷达接收到信号是霜冻层的信号，雷达系统做了错误的判断，从而报出假警，而太阳一出，冰层融化，遮盖物去除，又恢复了正常。

思考

第一次时李洪学根据车门上的水渍做出了判断，再次碰到客户的时候，客户说有霜的天气出现报假警时，他将倒车雷达传感器擦拭一下就恢复正常了。有点像侦探，李洪学感觉到了自己的进步，小小得意了一下。

你有这样用循迹思维做出判断的时候吗？举一个例子。

学习笔记

学习笔记

项目四　维修汽车传动系统

一、项目描述

完成对汽车传动系统的故障诊断与维修。

二、项目要求

符合 2018 款大众迈腾 B8L 轿车技术要求与标准，正确使用工量具，完成如下作业：

（1）维修传动轴；

（2）维修变速器机电控制单元；

（3）维修离合器。

三、学习目标

（1）准确陈述传动轴故障诊断方法；

（2）准确陈述变速器机电控制单元故障诊断方法；

（3）准确陈述离合器故障诊断方法；

（4）规范地对传动轴故障进行维修；

（5）规范地对变速器机电控制单元故障进行维修；

（6）规范地对离合器故障进行维修；

（7）养成自觉遵守技术标准和要求规定、规范操作、安全、环保、“5S”作业的好习惯；

（8）养成持之以恒、勤学苦练、虚心求教的学习态度；

（9）建立汽车维修系统思维模式。

四、学习载体

2018 款大众迈腾 B8L 轿车传动系统常见故障现象：

（1）在行驶中车辆右前部发出“咔哒咔哒”的响声，加速时车身摆动；

（2）打开点火开关后仪表盘有时会偶然提示“变速器损坏”；

（3）起步时，有较大冲击，离合器抖动严重，变换低速挡位时也会抖动。

图 4-1　2018 款大众迈腾 B8L 轿车传动系统

学习笔记

学习笔记

任务一　维修传动轴

职业行动

步骤一：故障现象确认

客户反映自己的2018款大众迈腾B8L轿车在行驶时，车辆右前部发出“咔哒咔哒”的响声，当车辆加速到60 km/h以上时右前部车身开始摆动，减速时车身摆动消失，与客户一同试车，发现车辆故障现象与客户描述一致。

将此车开到举升机上进行检测判断，底盘前部所有螺栓无松动，轮胎花纹正常无异物，传动轴连接螺栓不松动，转向横拉杆及球头无松旷，控制臂、副车架、车轮轴承支座及主销无明显变形或松旷。对右前车轮进行动平衡检查，发现有略微动不平衡，调整后故障现象没有改善。将车辆挂入空挡，用手转动右前车轮，确认异响是从右传动轴内等速万向节处发出。

步骤二：作业准备

1. 作业场地

选择带有消防设施的作业场地。

2. 设备设施

举升机、动平衡机。

3. 工量辅具

常用工具套件、车轮扳手、扭力扳手、翼子板布、传动轴螺栓专用拆装套筒扳手接头、专用压具、卡簧钳、转角扳手。

4. 零件耗材

手套、抹布、内等速万向节、防护三件套。

职业知识

传动轴总成装配图

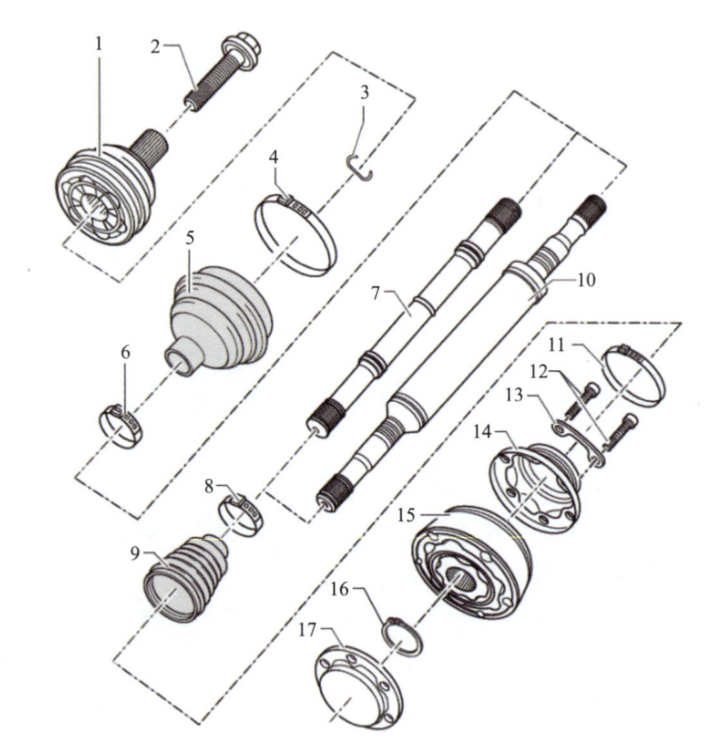

1—外等速万向节；2—传动轴连接螺栓；3，16—卡环；4，6，8，11—卡箍；5—外万向节保护套；7—左侧传动轴；9—内万向节保护套；10—右侧传动轴；12—圆头内梅花螺栓；13—垫板；14，17—盖板；15—内等速万向节

学习笔记

步骤三：故障诊断维修

1. 拆卸右传动轴总成

（1）使用传动轴螺栓专用拆装套筒扳手接头及转角扳手拧松传动轴螺栓（图 4-1-1 箭头），最多旋转 90°，脱开车轮连接螺栓；

（2）升高汽车至车轮悬空，踩下制动踏板，拧出传动轴螺栓，拆下车轮；

（3）拧下连接杆上的螺母并从稳定杆中拉出，如图 4-1-2 所示；

（4）拧下螺母，从下摆臂中拉出传感器支架，如图 4-1-3 所示；

（5）拧出螺栓，取下隔热板（图 4-1-4），拧下变速器法兰上的 6 颗螺栓，如图 4-1-5 箭头所示，脱开传动轴；

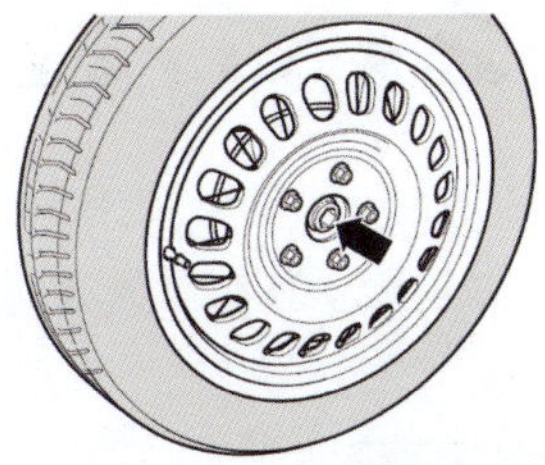

图 4-1-1　传动轴连接螺栓

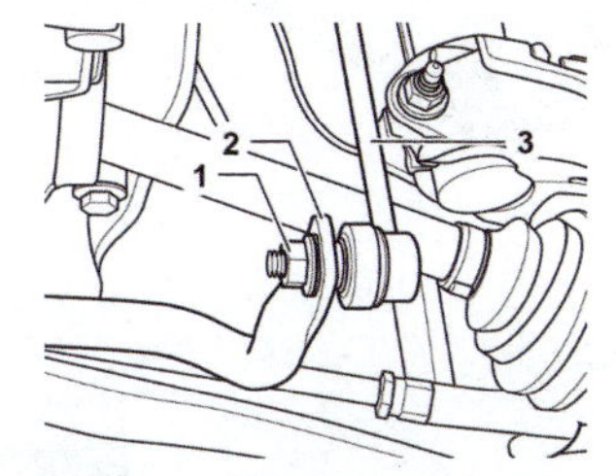

图 4-1-2　稳定杆与连接杆

1—六角螺母；2—稳定杆；3—连接杆

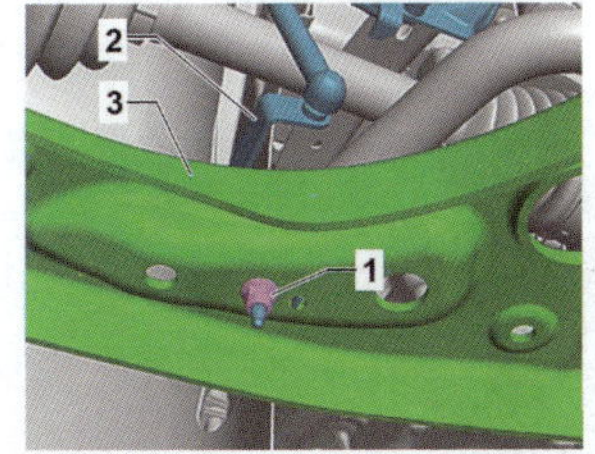

图 4-1-3　车身高度传感器支架

1—螺母；2—传感器支架；3—下摆臂

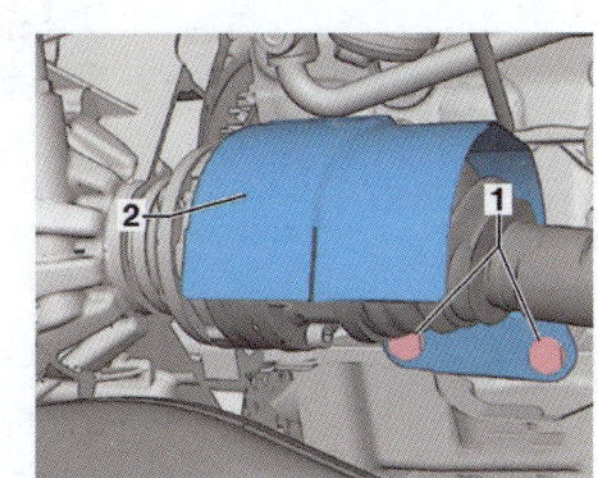

图 4-1-4　传动轴隔热板

1—螺栓；2—隔热板

传动轴总成拆装原则

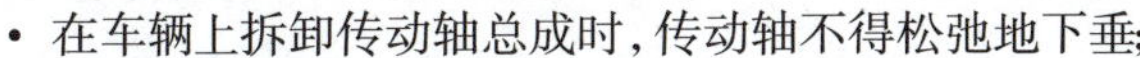

拆卸原则	• 在车辆上拆卸传动轴总成时，传动轴不得松弛地下垂； • 脱开车轮上的传动轴连接螺栓时，车轮轴承不允许承重； • 在车辆四轮仍然着地的情况下，传动轴的螺栓最多只允许脱开 90°； • 汽车没有安装传动轴总成前不允许移动，否则会损坏车轮轴承； • 如果一定要移动汽车，必须安装一根外万向节代替传动轴总成，并按规定力矩拧紧外等速万向节
安装原则	• 在车辆上装配传动轴总成时，传动轴不得松弛地下垂，也不能弯到极限而进入到万向节中； • 在将外等速万向节装入轮毂前给外等速万向节上的花键薄薄地涂抹一层装配膏； • 在空载位置拧紧主销螺母； • 车身高度传感器的安装要求请参考相关资料

传动轴隔热板

• 传动轴隔热板紧固螺栓 1 的拧紧力矩为 25 N • m

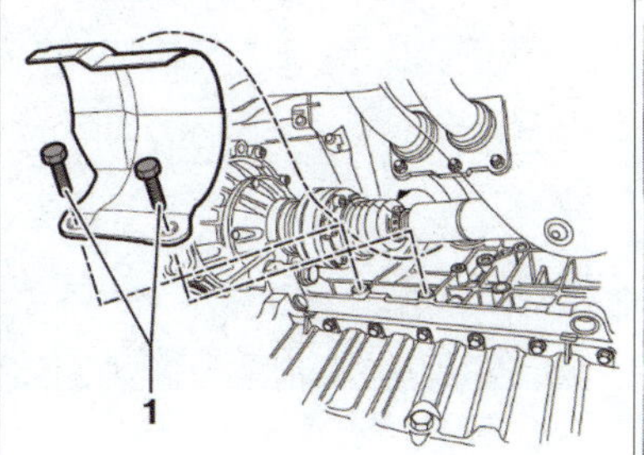

• 传动轴隔热板及固定螺栓实物，如下图红圈所示

视频

4-1 拆装半轴总成

学习笔记

（6）拧出主销上的螺母，如图 4-1-6 箭头所示，从主销中脱出摆臂；

（7）将车轮轴承罩向左转到底，从轮毂中拉出传动轴；

（8）如果无法拉出传动轴，可以用传动轴专用压具从车轮轴承单元中压出传动轴，如图 4-1-7 所示。

2. 分解右传动轴总成

（1）取下传动轴总成后发现内等速万向节内已无润滑脂（如图 4-1-8 右侧部件所示，正常情况应为左侧部件），需要对其进行分解并检查；

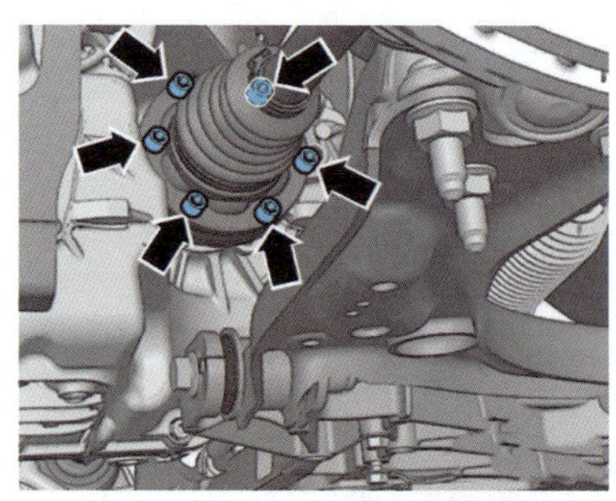

图 4-1-5　变速器法兰上连接螺栓

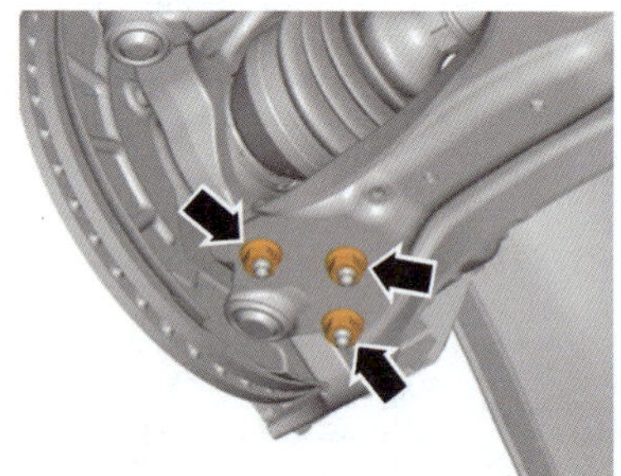

图 4-1-6　主销螺母

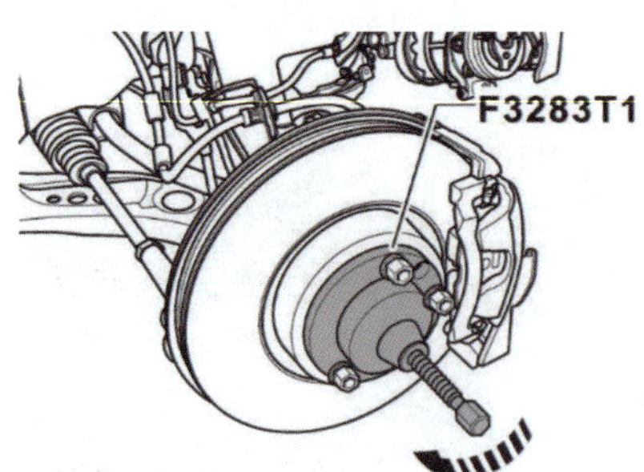

图 4-1-7　传动轴专用压具

图 4-1-8　内等速万向节

使用拉拔器拆卸外等速万向节方法	
（1）垫上保护板，将传动轴夹紧在台虎钳上	（2）将外等速万向节保护套两端的卡箍拆下，并将保护套向内等速万向节方向推至限位位置
（3）调节拉拔器，使拉出板光滑的一侧朝向螺杆 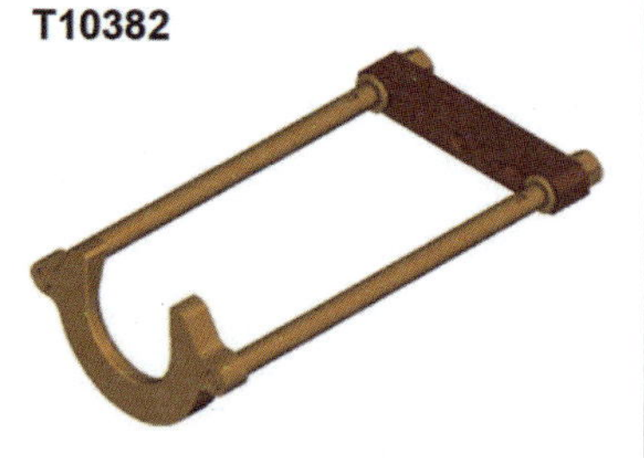	（4）拉拔器整体与多用途工具组装在一起 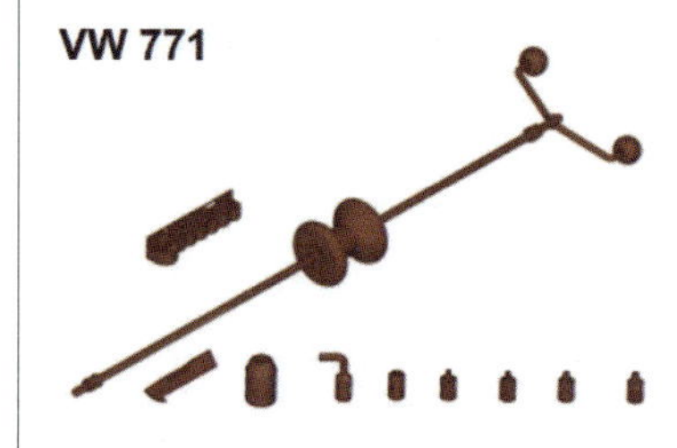
（5）从传动轴中拔出带有拉拔器以及多用途工具的等速万向节，1 为拉出板，2 为螺杆 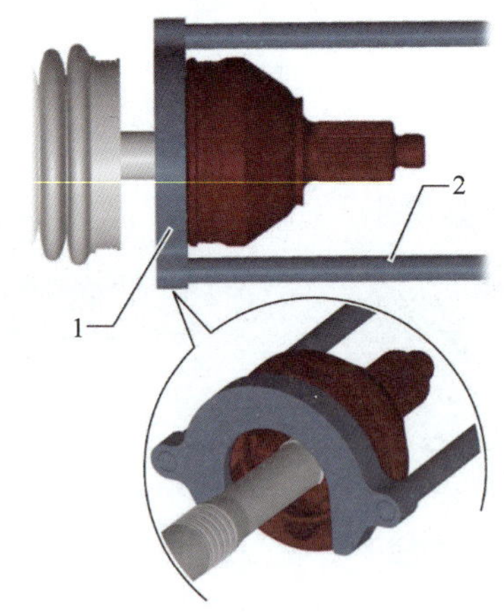	

（2）将外等速万向节保护套两端的卡箍拆下，并将保护套向内等速万向节方向推至限位位置；

（3）将芯轴放在外等速万向节的球形毂上，如图 4-1-9 所示将外等速万向节从传动轴上敲出；

（4）用芯轴将盖板从内等速万向节上敲下，如图 4-1-11 所示；

（5）用芯轴（图 4-1-10）将保护套盖板从万向节上敲下；

（6）拆下保护套的小卡箍，并把万向节保护套推向内等速万向节；

（7）拆卸万向节卡环，压出内等速万向节，如图 4-1-12 所示。

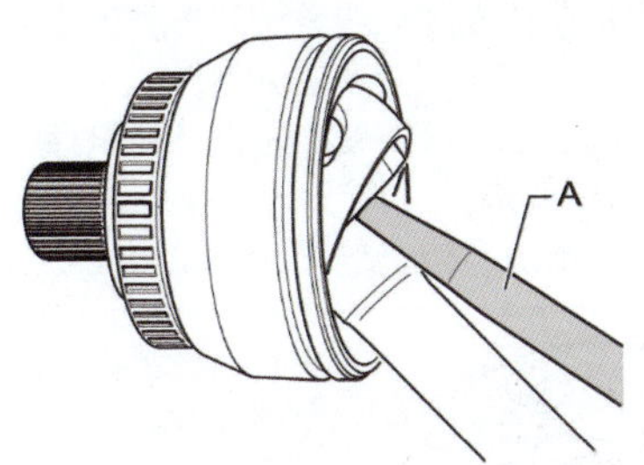

图 4-1-9　外等速万向节球形毂

A—芯轴

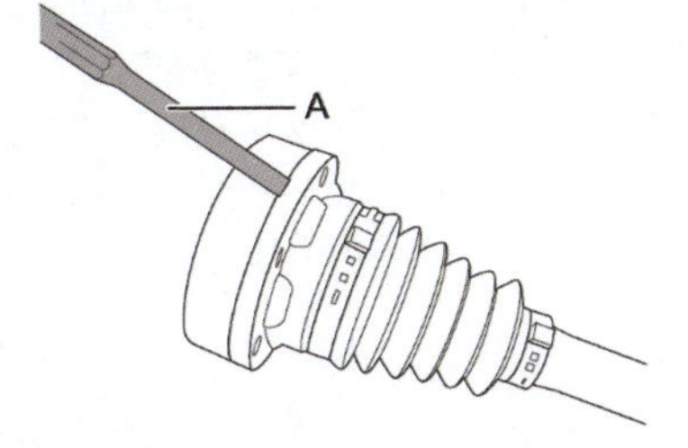

图 4-1-10　内等速万向节带保护套盖板

A—芯轴

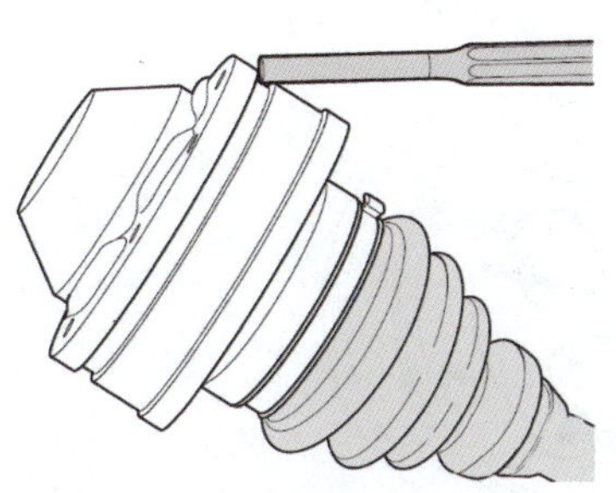

图 4-1-11　内等速万向节盖板

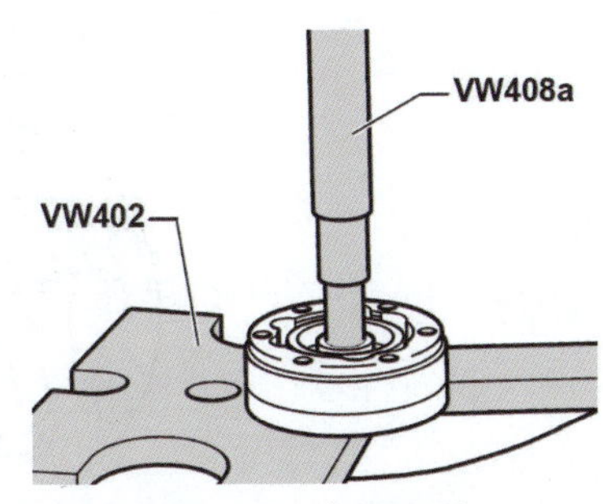

图 4-1-12　专用压具

万向节检查原则

- 每个万向节的六个钢球属于一个公差等级；
- 检查滚动面的磨损情况；
- 外等速万向节检查轴颈、球形毂、轴承保持架和钢球上有无小凹痕（麻点形状）和腐蚀迹象；
- 内等速万向节检查轴铰接件、球形毂、轴承保持架和钢球上有无小凹痕（麻点形状）和腐蚀迹象；
- 通过变荷冲击检查万向节转动间隙是否过大，否则需更换万向节；
- 钢球的光滑度和转动轨道不作为更换万向节的考虑因素；
- 如果在万向节整个纵向补偿范围内可以用手来回推动球形毂，则说明等速万向节组装正确

传动轴同轴度检查方法

（1）将传动轴水平放置在 V 形铁上，匀速旋转；

（2）用百分表在轴的中间部位（如下图所示）和两端分别进行测量；

（3）如传动轴任何一个位置的圆周跳动量大于标准极限偏差 0.4 mm，需更换传动轴

学习笔记

学习笔记

3. 检查右传动轴各部件

（1）用记号笔标识出外等速万向节球形毂连接到球轴承保持架和壳体的位置，转动球形毂和球轴承保持架，逐个取出钢球，如图 4-1-13 所示；

（2）旋转保持架，直到两个矩形窗口如图 4-1-14 箭头所示紧贴在万向节体上，取出保持架及球形毂；

（3）将球形毂的一节转到保持架的矩形窗口中，将球形毂从保持架中倒出，如图 4-1-15 所示；

（4）转动内等速万向节的球形毂和球轴承保持架，沿图 4-1-16 所示箭头方向压出铰接件，从保持架中压出钢球；

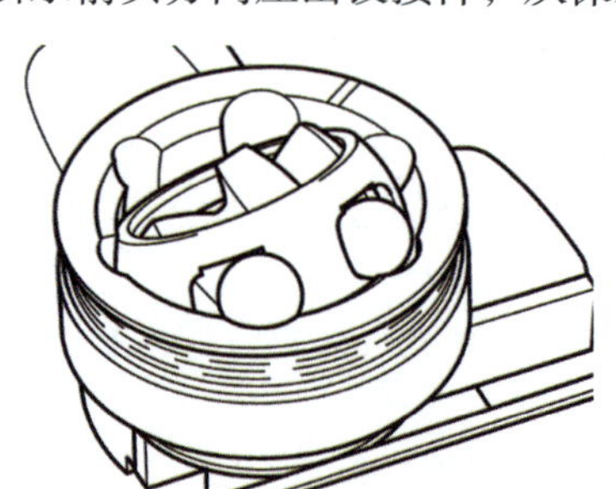

图 4-1-13　外等速万向节

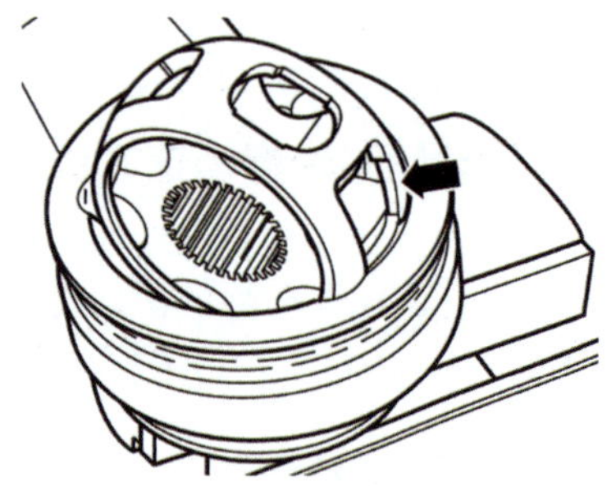

图 4-1-14　保持架相对壳体位置

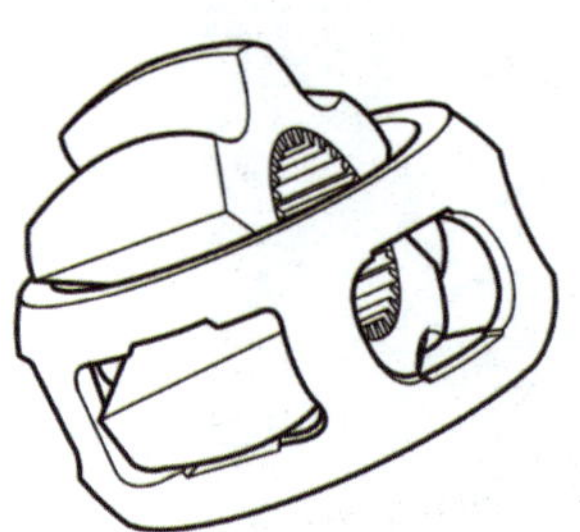

图 4-1-15　球形毂与保持架

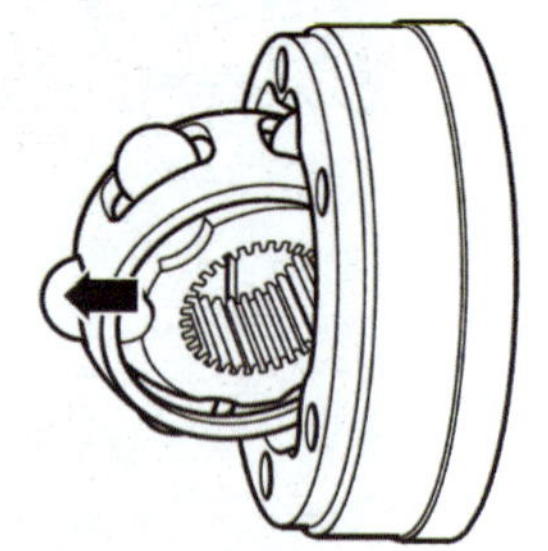

图 4-1-16　内等速万向节

<table>
<tr><th colspan="2">等速万向节安装方法</th></tr>
<tr><td>外等速万向节</td><td>（1）将油脂总量的一半（约 40 g）压入万向节体；
（2）将保持架及球形毂装入万向节体；
（3）依次压入两个相对的球体，必须恢复球形毂连接球轴承保持架和万向节体的位置；
（4）将新的卡环装入球形毂；
（5）将剩余油脂涂在外等速万向节保护套中</td></tr>
<tr><td>内等速万向节</td><td>（1）通过两个倒角将钢球球形毂装入钢球保持架；
（2）将钢球压入保持架；
（3）把带有保持架和钢球的球形毂竖直地装入外滚道；
（4）铰接件上的大间距侧 a 在装入后必须紧贴球形毂的小间距侧 b，如下左图所示；
（5）晃动球形毂，把球形毂尽量从保持架中转出，使钢球与滚道间保持一定距离，如下右图所示；
（6）用力压保持架，将带有钢球的轮毂翻入
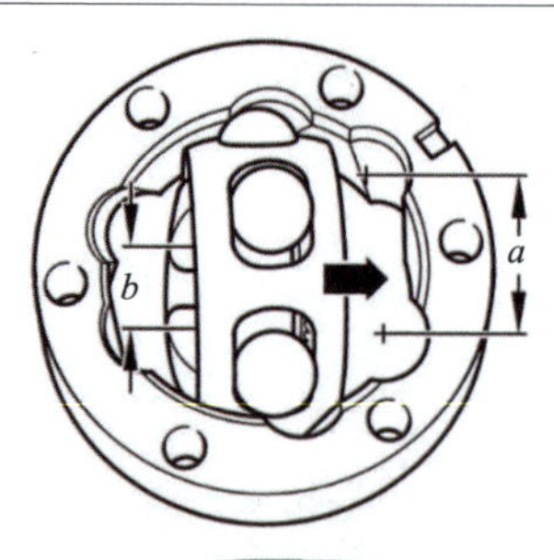
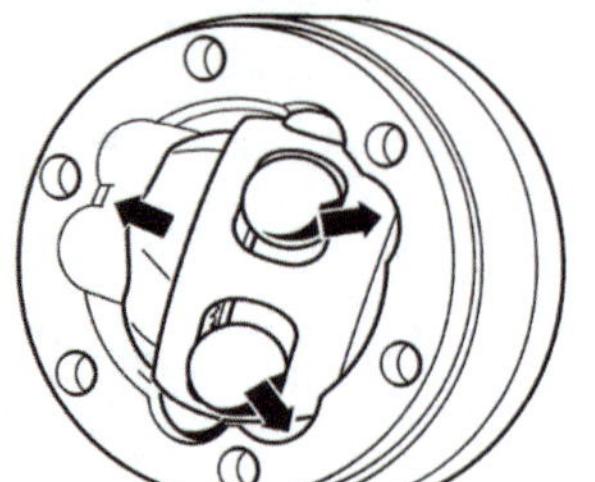</td></tr>
</table>

学习如赶路，不能慢一步

（5）将球形毂通过滚道，如图 4-1-17 箭头所示，从保持架中倒出；

（6）检查发现内等速万向节球形毂上的滚道有不规则的凹痕磨损，如图 4-1-18 箭头所示，需要更换内等速万向节。

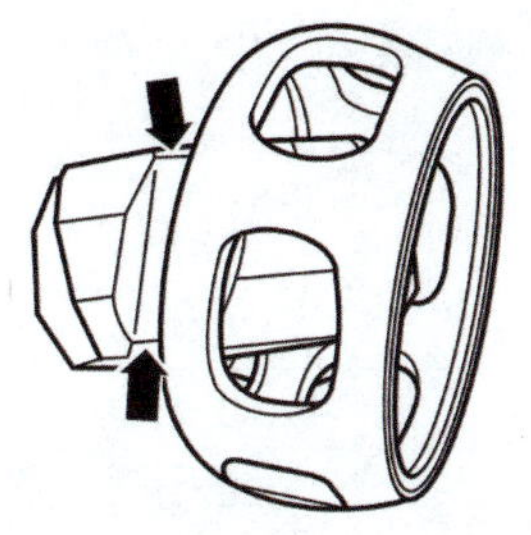

图 4-1-17　球形毂与保持架

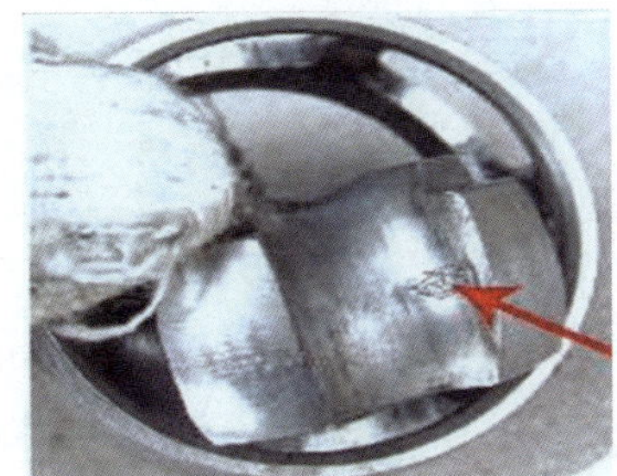

图 4-1-18　内等速万向节损伤

4. 组装并安装右传动轴总成

用新的内等速万向节组装右传动轴总成，以倒序安装右传动轴总成。

步骤四：故障排除验证

维修人员对车辆进行路试，故障现象消失，故障排除。

传动轴总成组装方法

（1）安装新的卡环，必要时将新的外万向节保护套安装到传动轴上	（2）将用塑料锤将外等速万向节敲到轴上，直至卡入卡环
（3）将内等速万向节压至极限位置，卡紧卡环 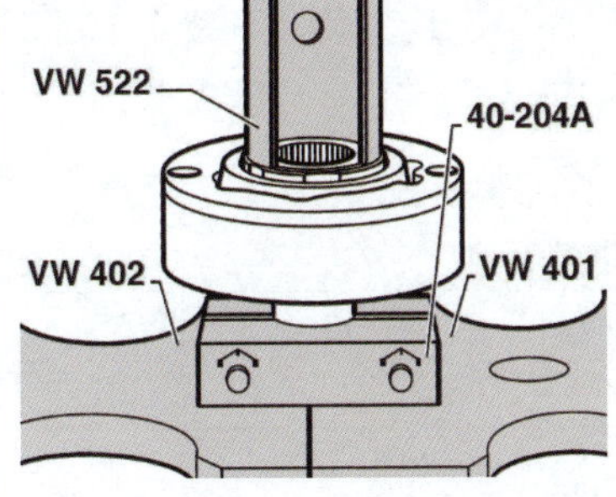 	（4）在盖板干净表面上内孔区域（箭头所示）连续涂敷 2 ~ 3 mm 的密封剂 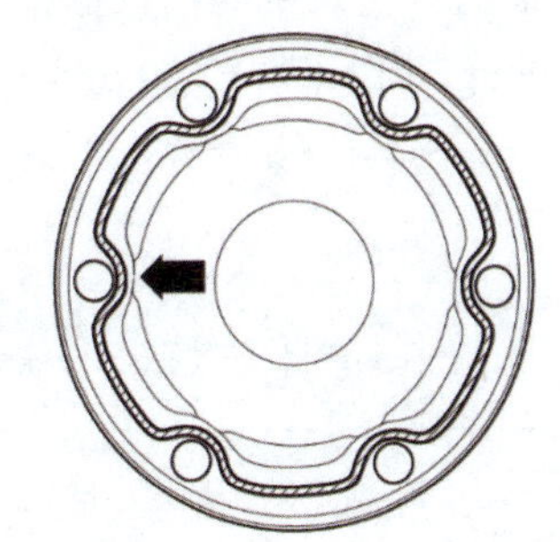
（5）将带螺栓（箭头所示）的新盖板对准螺栓孔，用塑料锤敲上盖板，擦去溢出的密封剂 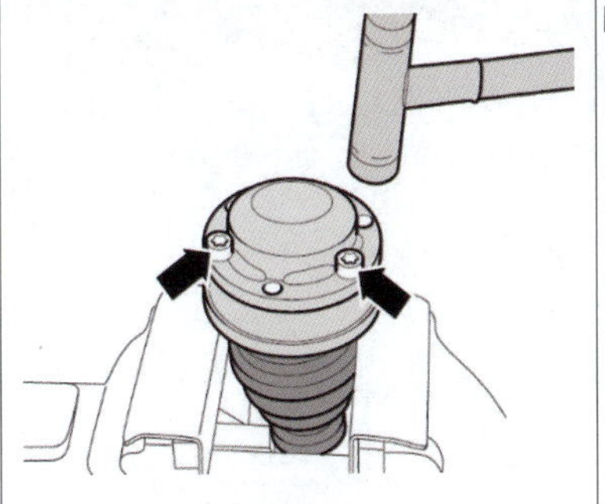	（6）弹簧夹钳 A 的钳口应贴紧卡箍的棱角，通过用扭矩扳手转动螺杆来夹紧卡箍（箭头所示），同时钳子不能歪斜 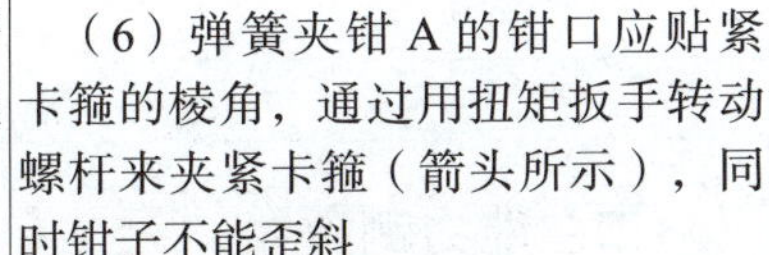 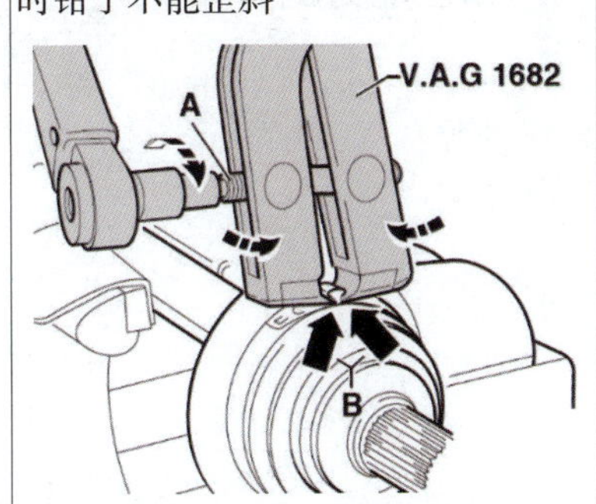
（7）用同样的方法，夹紧传动轴内等速万向节上的大、小卡箍	

学习笔记

学习笔记

任务测评

一、知识测评

确定本任务关键词，按重要程度进行关键词排序并举例解读。

根据自己对重要信息捕捉、排序、表达、创新和划分权重的能力进行自评，满分 100 分（表 4-1-1）。

表 4-1-1　维修传动轴知识测评表

序号	关键词	举例解读	评分自定
1			
2			
3			
4			
5			
总　分			

二、能力测评

对表 4-1-2 所列作业内容，操作规范即得分，操作错误或未操作即零分。

表 4-1-2　维修传动轴能力测评表

序号	能力点	配分	得分
1	拆卸右传动轴总成	20	
2	分解右传动轴总成	20	
3	检查右传动轴各部件	20	
4	组装右传动轴总成	20	
5	安装右传动轴总成	20	
总　分		100	

三、素养测评

对表 4-1-3 所列素养点，做到即得分，未做到即零分。

表 4-1-3　维修传动轴素养测评表

序号	素养点	配分	得分
1	设备和工具安全检查	20	
2	车辆安全防护	20	
3	工具清洁校准存放	20	
4	工量辅具、零部件、油水液体“三不落地”	20	
5	工位“5S”	20	
总　分		100	

四、拓展训练

（1）请列举出在维修传动轴过程中易出现的问题，分析产生问题的原因并制订解决问题的措施（满分 25 分）。

（2）经检查底盘前部所有螺栓无松动，轮胎花纹正常，传动轴连接螺栓无松动，转向横拉杆及球头无松旷，控制臂、副车架、车轮轴承支座及主销无明显变形或松旷，用手转动右前车轮，确认异响是从右传动轴的内等速万向节处发出。试制订诊断维修流程并进行维修（满分 25 分）。

（3）一转眼，李洪学已经在这家 4S 店工作两年了，在这两年的时间里，李洪学从未间断过学习，只要没有维修任务，他就钻研维修手册和电路图，不懂的地方就去请教师傅，直到弄懂弄通为止。如果下班的时候，遇到其他组还在工作，他也会主动过去帮忙，目的也是为了多学技能，现在他已经正式成为这家店的一名维修技师了。在学习的时候，他有几个小窍门，例如判断故障首先从整体入手，判断出是哪个系统出现了问题，然后通过检测再逐步地缩小范围，直至找出故障点。

按图 4-1-19 所示思维导图格式，对维修传动轴的学习收获进行总结，并列举五个自己“持之以恒”的事例，查找资料说明“把握整体”这种汽车维修思维模式的详细内涵（满分 50 分）。

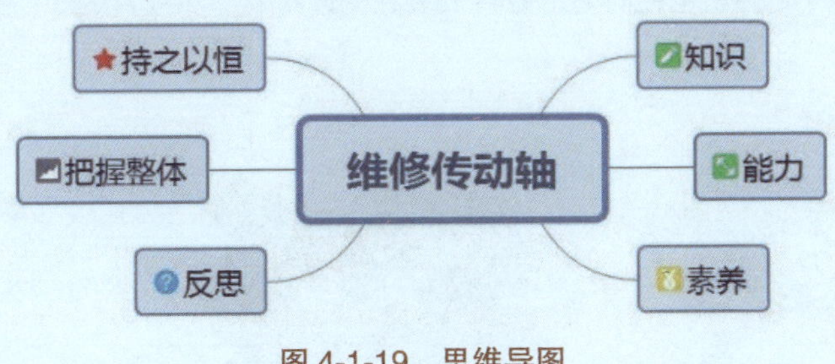

图 4-1-19　思维导图

学习笔记

任务二　维修变速器机电控制单元

职业行动

步骤一：故障现象确认

客户反映自己的2018款大众迈腾B8L轿车放置一晚上时间，打开点火开关后仪表盘有时会偶然提示“变速器损坏”。与客户一同试车，发现车辆故障现象与客户描述的一致。据了解，此车只在市区使用，无电子加装设备及零部件维修更换记录，底盘及车身无任何磕碰痕迹。

使用故障诊断仪VAS6150B进行检测。17仪表板报故障码：“U112100：数据总线丢失信息，被动 / 偶发”；02变速器电控系统报故障码：“U010000：发动机控制单元无通信，被动 / 偶发”。使用万用表对相关线路及插接器进行检查，未发现异常。怀疑J533或J743内部故障，本着由简到繁的维修原则，先更换J743。

步骤二：作业准备

1. 作业场地

选择带有消防设施的作业场地。

2. 设备设施

举升机、故障诊断仪、旧油收集和抽吸装置、机油加注装置适配器。

3. 工量辅具

常用工具套件、扭力扳手、翼子板布、加注接头。

4. 零件耗材

手套、抹布、变速器齿轮油、机电控制单元、防护三件套。

职业知识

变速器电子部件示意图

- 电子部件机电控制单元J743安装在变速器中

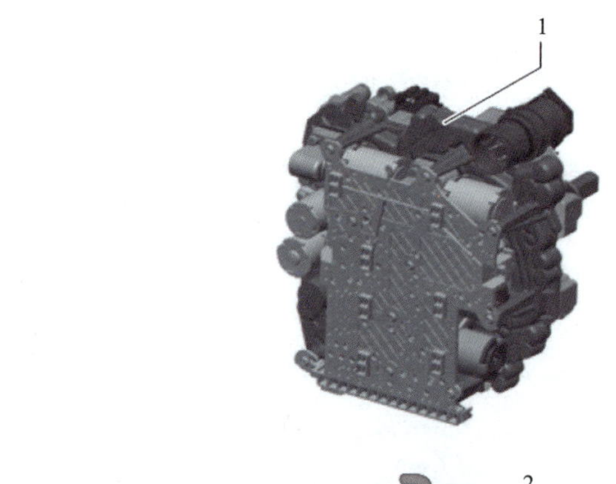

1—机电控制单元J743；2—变速器

步骤三：故障诊断维修

1. 拆卸机电控制单元 J743

（1）将换挡杆置于“P”挡，关闭点火开关后，断开蓄电池接地线，拆卸发动机舱底部隔声板，拆卸左前轮罩内板，确保变速器齿轮油温度不高于 45 ℃；

（2）如图 4-2-1 所示，松开两个螺纹卡箍，拆下增压空气冷却器和增压空气管路之间的连接软管；

（3）如图 4-2-2 所示，旋出螺母，取下线束支架；

（4）如图 4-2-3 所示，沿箭头方向旋转机电控制单元插头，并拔下；

（5）旋出放油螺塞 B，如图 4-2-4 箭头所示；

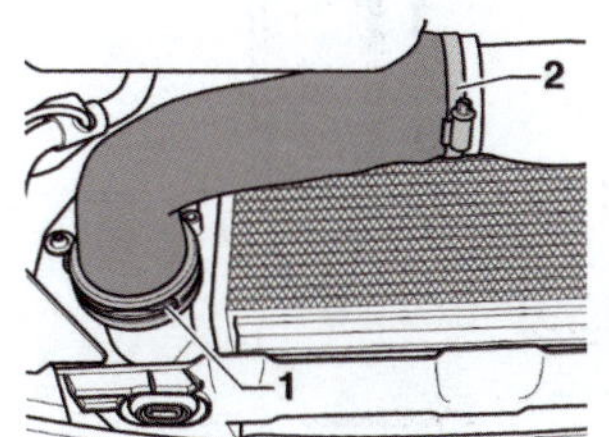

图 4-2-1　空气管路

1，2—螺纹卡箍

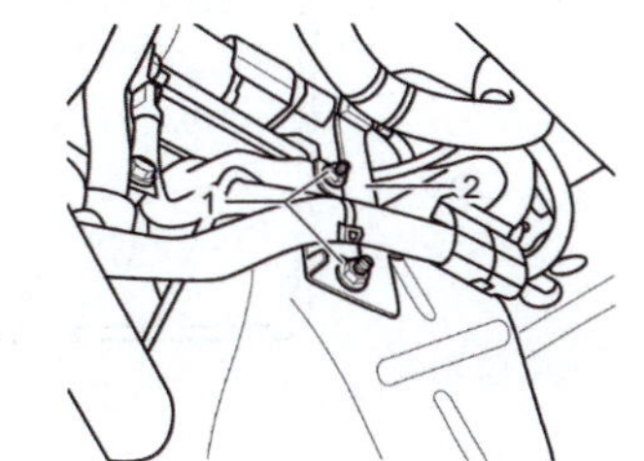

图 4-2-2　线束支架安装位置

1—螺母；2—线束支架

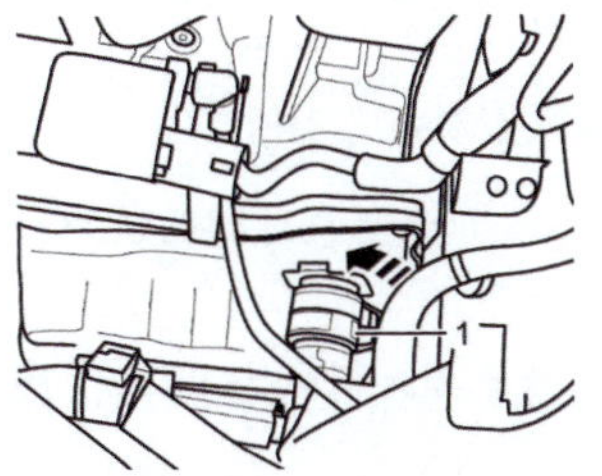

图 4-2-3　机电控制单元插头安装位置

1—机电控制单元插头

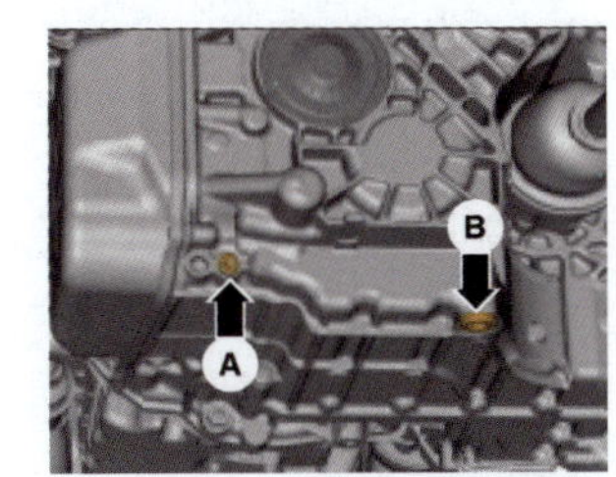

图 4-2-4　放油螺塞位置

A，B—放油螺塞

变速器装配图

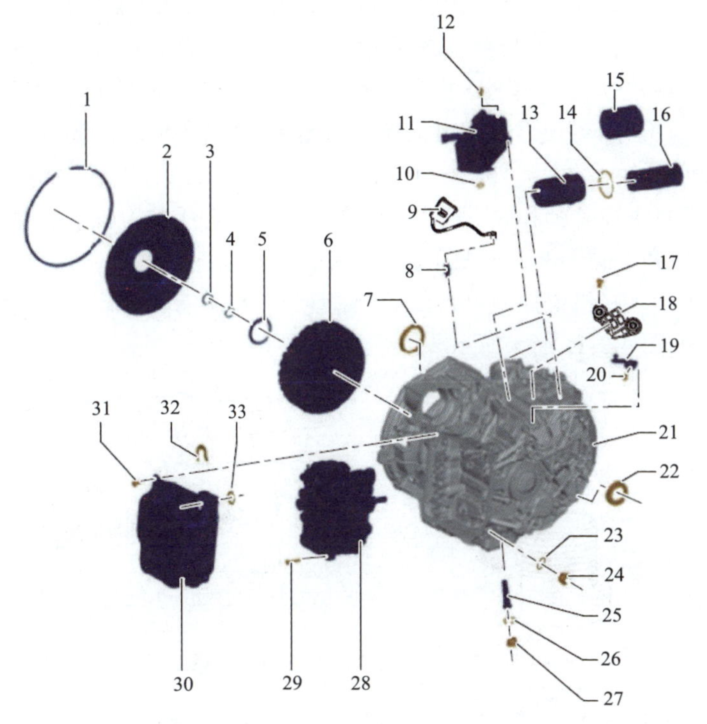

1，3—卡环；2—双离合器端盖；4—垫片；5—锥形环；6—双离合器；7—右侧法兰轴密封圈；8—通气管接头；9—变速器通气管；10，33—密封圈；11—变速器油冷器；12，17，20，29，31—螺栓；13—齿轮油滤清器外壳；14—O 形圈；15—隔热罩；16—齿轮油滤清器；18—拉索支架；19—变速器换挡杆；21—变速器；22—左侧法兰轴密封圈；23，26—密封件；24，27—放油螺塞；25—油位管；28—机电控制单元 J743；30—机电控制单元密封盖；32—固定卡子

学习笔记

学习笔记

（6）更换放油螺塞的垫片，如图 4-2-5 箭头所示；

（7）拆卸油位管，如图 4-2-6 箭头所示，并让齿轮油流出；

（8）从机电控制单元中旋出放油螺塞 A，如图 4-2-4 箭头所示；

（9）待齿轮油排放完成后，拆下图 4-2-7 所示的固定卡子，以对角的方式旋出螺栓，拆下带有密封件的机电控制单元密封盖；

（10）以对角方式旋出螺栓，如图 4-2-9 箭头所示，取下机电控制单元；

（11）在拿起和放下机电控制单元时，注意手持于机电控制单元壳体和电磁阀上，如图 4-2-8 所示；

（12）将机电控制单元置于合适地方，要求有传感器的一侧朝上，如图 4-2-11 箭头所示。

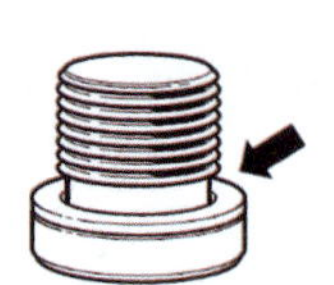

图 4-2-5　放油螺塞垫片

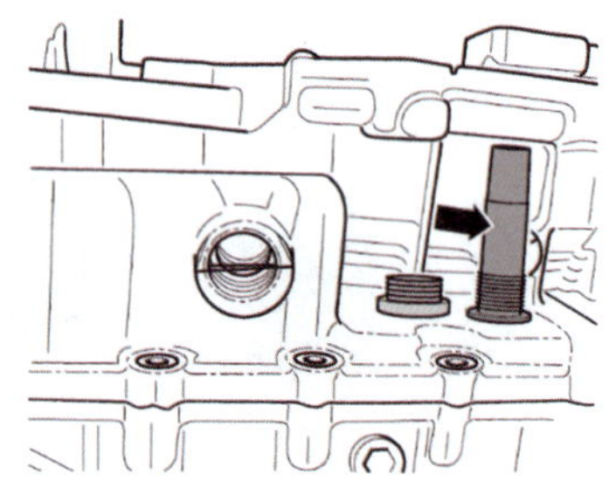

图 4-2-6　油位管

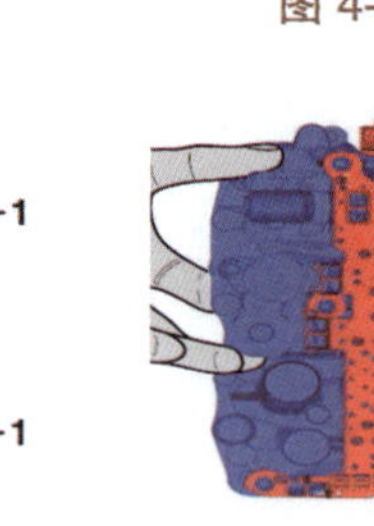

图 4-2-7　机电控制单元密封盖

1—螺栓；2—机电控制单元密封盖；3—固定卡子

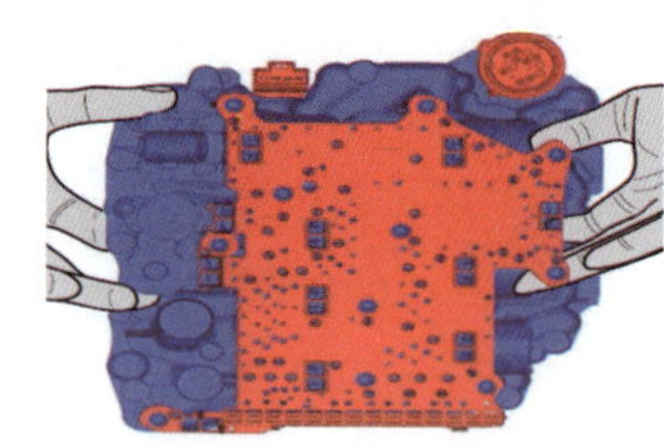

图 4-2-8　机电控制单元手持方式

视频

4-2 拆装机电控制单元

变速器齿轮油排放和添加原则

- 变速器齿轮油的型号请查询车辆的维修手册；
- 读取齿轮油的温度，如果高于 45 ℃，则先让变速器冷却；
- 排放变速器齿轮油时请做好相关防护措施以防止对人体产生伤害；
- 在发动机不工作的情况下，旋出油位管并排出齿轮油，然后重新安装油位管并加注齿轮油；
- 启动发动机，要求齿轮油温度在 35～45 ℃之间，排放多余齿轮油，直至齿轮油油位与油位管齐平，如下图所示；

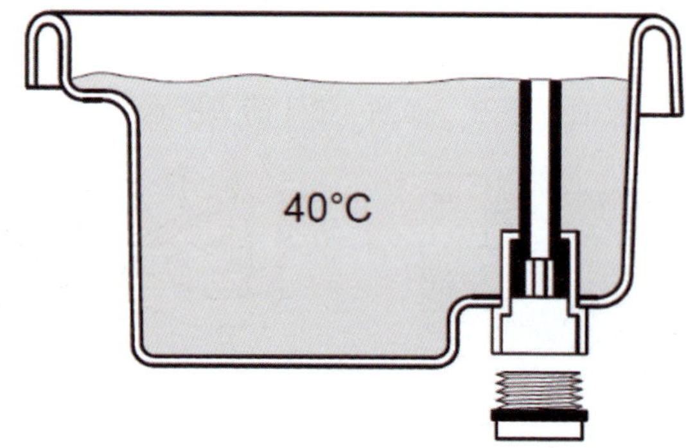

- 在排放或添加变速器齿轮油时，车辆应处于水平状态，举升机的 4 个支撑架应位于相同高度；
- 在没有得到指令前，不允许启动发动机；
- 变速器齿轮油排放完成后，放油螺塞需按规定力矩值拧紧；
- 变速器的放油螺塞和机电控制单元的放油螺塞，它们的密封件都需要更换；
- 排放和添加变速器齿轮油时，车辆需要连接故障诊断仪以读取油温；
- 在加油过程中，机油加注适配接头和油瓶必须总是高于变速器

2. 安装机电控制单元 J743

（1）小心地将新的机电控制单元装入变速器，按照要求按顺序分步拧紧机电控制单元螺栓，如图 4-2-10 所示；

（2）使用变速器齿轮油润滑机电控制单元上的密封圈，如图 4-2-12 箭头所示；

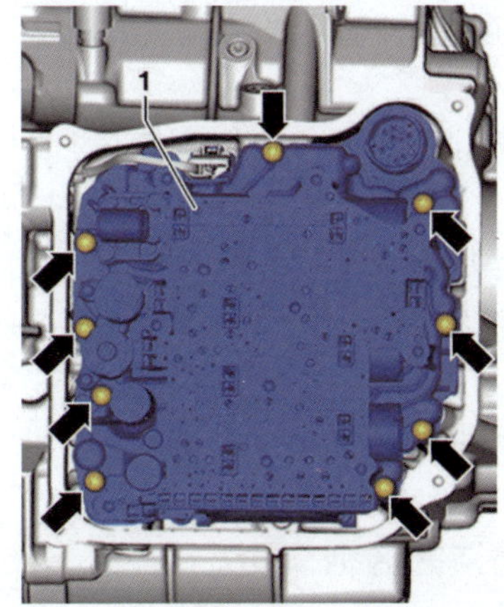

图 4-2-9　机电控制单元固定螺栓

1—机电控制单元

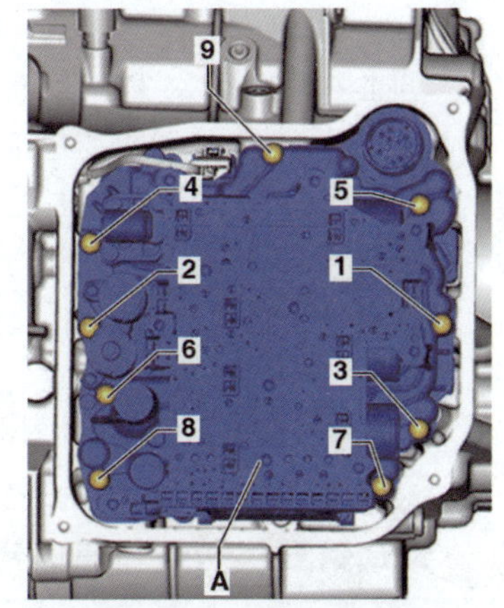

图 4-2-10　螺栓拧紧顺序

A—机电控制单元；1，2，3，4，5，6，7，8，9—螺栓

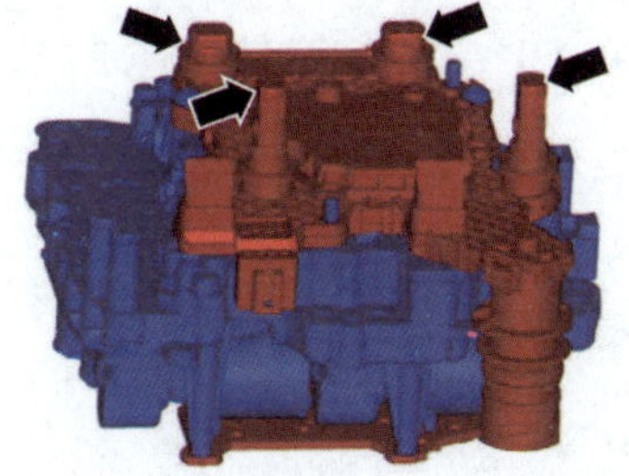

图 4-2-11　机电控制单元传感器

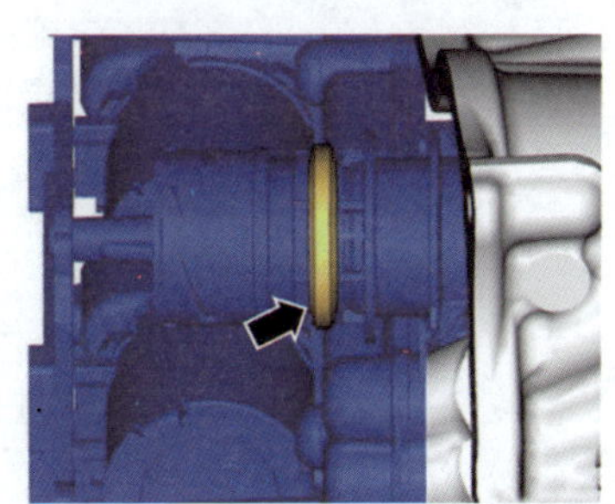

图 4-2-12　机电控制单元密封圈

<table>
<tr><th colspan="2">变速器齿轮油添加方法</th></tr>
<tr><td>（1）通常无须拆卸齿轮油滤清器</td><td>（2）拧上油位管至止点，并拧紧至规定力矩</td></tr>
<tr><td colspan="2">（3）将机油加注适配接头拧到油瓶上之前，测量通气管的长度尺寸 a=210 mm，必要时缩短通气管</td></tr>
<tr><td>（4）测量尺寸 a 从机油加注适配接头的轴开始
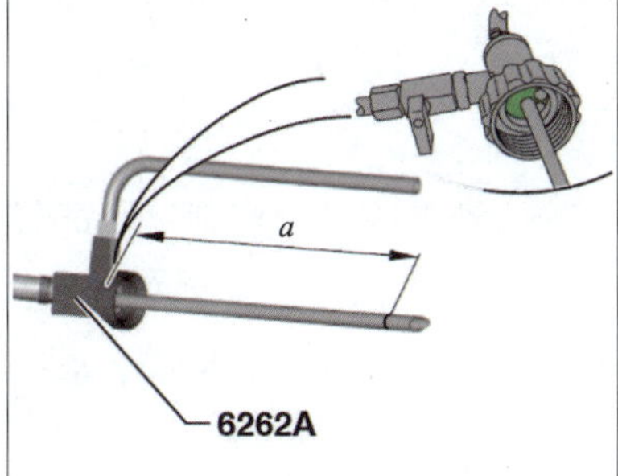
</td><td>（5）将机油加注适配接头的调节器用手拧到检查孔中
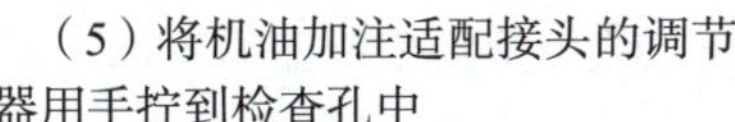
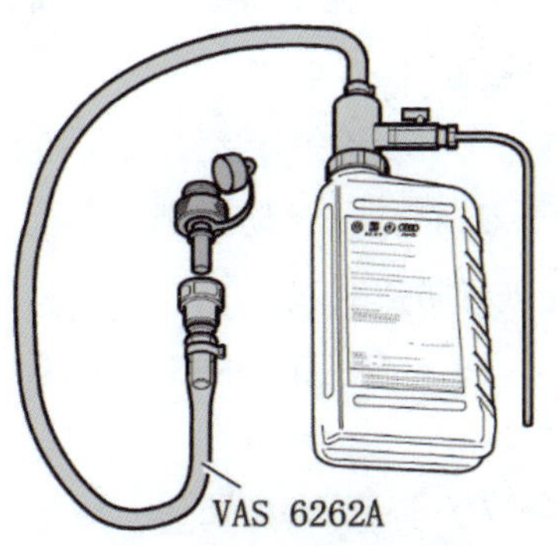
</td></tr>
<tr><td>（6）打开储油罐之前先摇晃</td><td>（7）添加约 6 L 齿轮油</td></tr>
<tr><td>（8）当更换油瓶时，关闭转接器上的龙头</td><td>（9）当变速器中加入了 6 L 齿轮油后，关闭转接器上的龙头</td></tr>
<tr><td>（10）启动发动机，机油加注适配接头保持连接状态</td><td>（11）踩住制动踏板，将换挡杆在每个挡位停留 3 s，然后将换挡杆置于“P”挡</td></tr>
<tr><td>（12）不关闭发动机，检查变速器齿轮油液位，如缺少则继续添加至规定状态即可</td><td>（13）关闭发动机</td></tr>
</table>

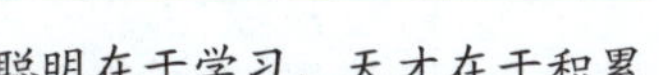

学习笔记

（3）安装带密封件的新机电控制单元密封盖，并使用新螺栓以对角方式拧紧至规定力矩，安装新固定卡子，如图 4-2-7 所示；

（4）将线束固定支架安装至机电控制单元密封盖上；

（5）将线束装入机电控制单元的接头并转动使其锁止；

（6）安装增压空气冷却器和增压空气管之间的连接软管；

（7）添加变速器齿轮油；

（8）安装发动机舱底部隔声板和左前轮罩内板，连接蓄电池接地线。

3. 机电控制单元 J743 防盗匹配

J743 隶属于防盗锁止系统，更换变速器或机电控制单元都需要进行防盗匹配。

（1）连接带 ODIS 的故障诊断仪 VAS6150B，检查网络是否正常；

（2）通过特殊功能，选择“25 防盗锁止系统功能”中的“匹配防起动锁”，点击“进行检测”按钮，如图 4-2-13 所示；

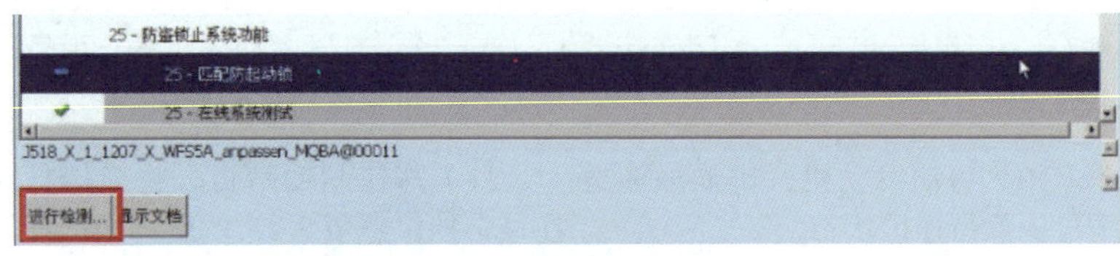

图 4-2-13 “进行检测”按钮

（3）选择“修理防起动锁”选项对应的“1”按钮，如图 4-2-14 所示；

变速器机电控制单元拆装原则

- 变速器安装在车上的情况下即可对机电控制单元完成拆卸和安装；
- 拆装机电控制单元时，务必确保没有脏物进入变速器内部；
- 如果异物进入已被拆卸机电控制单元或齿轮油泵中会导致变速器功能性故障；
- 拆卸机电控制单元密封盖后，务必更换新的螺栓、固定卡子和密封盖上的密封件；
- 由于人体静电，在接触变速器的电子部件前，必须先触摸一个接地的物体，例如水管或举升机，不要直接触碰插头触点；
- 机电控制单元的九个固定螺栓长度相同，但不得重复使用；
- 安装机电控制单元之前，彻底清洁变速器壳体密封表面，但不要用清洁剂清洁；
- 新的机电控制单元上自带新的密封圈；
- 安装变速器机电控制单元时切勿启动发动机

大众第五代防盗与第四代防盗的区别

区别项	第四代	第五代
更换防盗组件后，进行防盗系统匹配时	匹配选项有很多	匹配程序只有一根入口，替代了之前的多个选项
更换防盗组件时	WFS4 必须同时保留 2 个防盗组件在车上	WFS5 只须保留 1 个防盗组件在车上
如果是装备双离合变速器的		比第四代多一个防盗组件即变速器控制单元
发动机控制单元	写明 VW、SK、AUDI 各品牌、各元件之间无法进行匹配	只写 AUDI，各品牌间可以互换
元件保护	无	WFS5 增加了“元件保护”功能
加密方式		加密方式有所创新

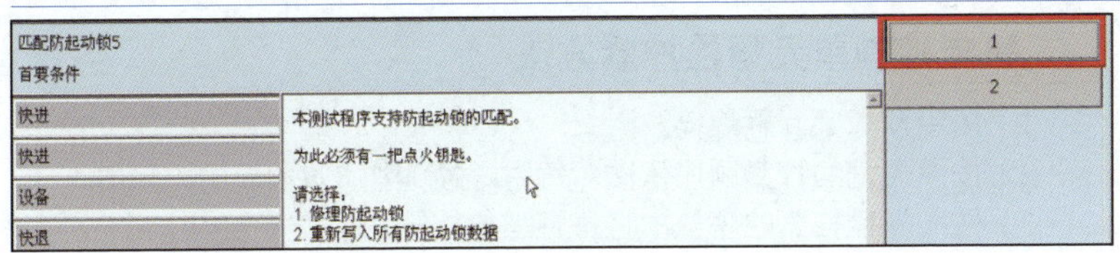

图 4-2-14　“修理防起动锁”选项

（4）按照提示要求，将点火钥匙放在点火开关附近，并点击“完成 / 继续”按钮，如图 4-2-15 所示；

（5）当出现“请选择应传输到下游系统的底盘编号”提示时，点击“1”按钮，如图 4-2-16 所示；

（6）匹配成功后的信息：发动机控制单元、电子转向柱锁控制单元、防盗锁止系统控制单元的 VIN 信息是正常的，提示不必下载，变速器控制单元，提示可正常启动，如图 4-2-17 所示。

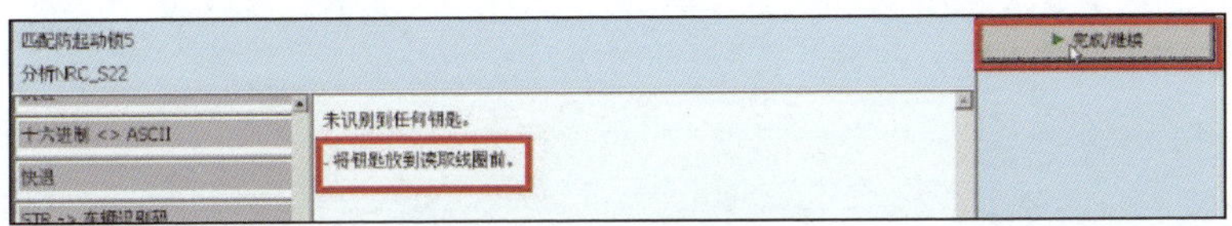

图 4-2-15　读取钥匙

图 4-2-16　选择底盘编号

学习笔记

齿轮油滤清器更换方法

（1）将换挡杆置于“P”挡，关闭发动机，拆卸发动机舱底部隔声板	（2）拆卸右侧传动轴上的隔热板，将集油盘放在变速器下面
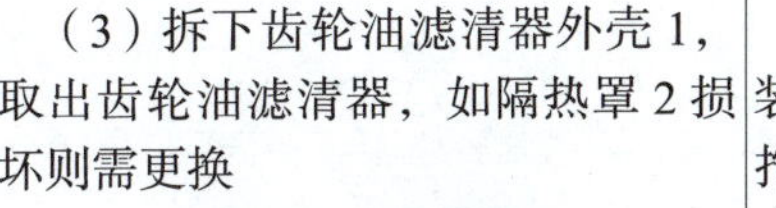（3）拆下齿轮油滤清器外壳 1，取出齿轮油滤清器，如隔热罩 2 损坏则需更换  	（4）以凸肩朝向车辆行驶的方向装入新的齿轮油滤清器（箭头所示），拧紧滤清器外壳至规定力矩，其余安装以拆卸的倒序进行 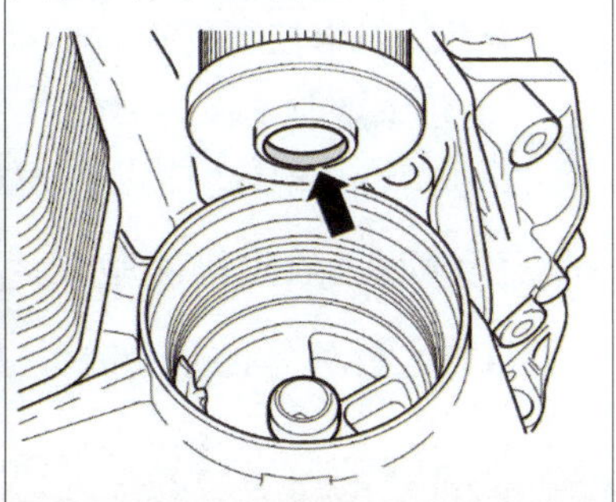

变速器油冷器更换方法

（1）将换挡杆置于“P”挡，拆卸空气滤清器壳体、蓄电池支架、增压空气管；

（2）将无纤维布放置在变速器油冷器和变速器上以接收冷却液；

（3）使用 ϕ25 mm 软管夹夹紧冷却液软管，松开弹簧卡箍，将冷却液软管拆下；

（4）拧下变速器油冷器的固定螺栓，拆下油冷器；

（5）更换变速器油冷器的 O 形圈，旋入新的固定螺栓；

（6）安装冷却液软管、增压空气管、蓄电池支架、空气滤清器壳体；

（7）检查变速器齿轮油液位，如有必要进行添加；

（8）检查冷却液液位，如有必要进行添加

学习笔记

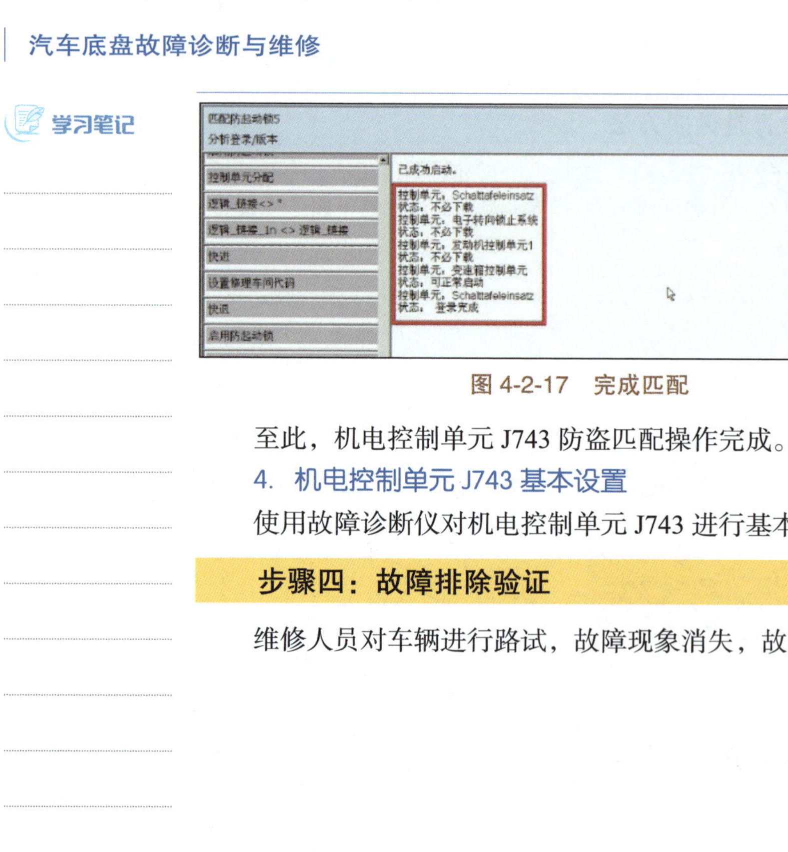

图 4-2-17　完成匹配

至此，机电控制单元 J743 防盗匹配操作完成。

4. 机电控制单元 J743 基本设置

使用故障诊断仪对机电控制单元 J743 进行基本设置。

步骤四：故障排除验证

维修人员对车辆进行路试，故障现象消失，故障排除。

机电控制单元螺栓拧紧方法

（1）用手预拧紧 9 颗螺栓；

（2）按照规定的拧紧顺序依次对每颗螺栓施加 8 N·m 的力矩值；

（3）按照螺栓拧紧顺序依次将每颗螺栓旋转 45°；

（4）每次更换以角度控制方式拧紧的螺栓

任务测评

一、知识测评

确定本任务关键词，按重要程度进行关键词排序并举例解读。

根据自己对重要信息捕捉、排序、表达、创新和划分权重的能力进行自评，满分 100 分（表 4-2-1）。

表 4-2-1　维修变速器机电控制单元知识测评表

序号	关键词	举例解读	评分自定
1			
2			
3			
4			
5			
总　分			

二、能力测评

对表 4-2-2 所列作业内容，操作规范即得分，操作错误或未操作即零分。

表 4-2-2　维修变速器机电控制单元能力测评表

序号	能力点	配分	得分
1	拆卸机电控制单元	25	
2	安装机电控制单元	25	
3	机电控制单元防盗匹配	25	
4	机电控制单元基本设置	25	
总　分		100	

三、素养测评

对表 4-2-3 所列素养点，做到即得分，未做到即零分。

表 4-2-3　维修变速器机电控制单元素养测评表

序号	素养点	配分	得分
1	设备和工具安全检查	20	
2	车辆安全防护	20	
3	工具清洁校准存放	20	
4	工量辅具、零部件、油水液体“三不落地”	20	
5	工位“5S”	20	
总　分		100	

四、拓展训练

（1）请列举出在维修变速器机电控制单元过程中易出现的问题，分析产生问题的原因并制订解决问题的措施（满分 25 分）。

（2）使用故障诊断仪读取故障码，发现三个故障码，使用万用表对相关线路及插接器进行检查，未发现异常，怀疑 J533 或 J743 内部故障，本着由简到繁的维修原则，先更换 J743。试制订诊断维修流程并进行维修（满分 25 分）。

（3）经过两年的时间，李洪学终于成为这家店的一名维修技师，可以独立带徒弟了。领导和师傅们都夸他聪明，进步快，一般人都需要 3 至 5 年的时间才能成为一名真正的技师，他只用了 2 年。其实，李洪学知道，自己的进步不只是用“聪明”一词就能概括的，而是通过他每天刻苦的学习和实际操作，才积累了大

学习笔记

量的维修经验，能够在短时间内独当一面。而且他有一个习惯，不管是简单的维护保养还是复杂的大型维修，他都能聚焦到每一个细节并做好、做到位，这也使得经他维修过的车辆没有返厂进行二次维修的，客户投诉为零。

按图 4-2-18 所示思维导图格式，对维修变速器机电控制单元的学习收获进行总结，并列举五个自己“勤学苦练”的事例，列举五个自己“聚焦细节”的事例（满分 50 分）。

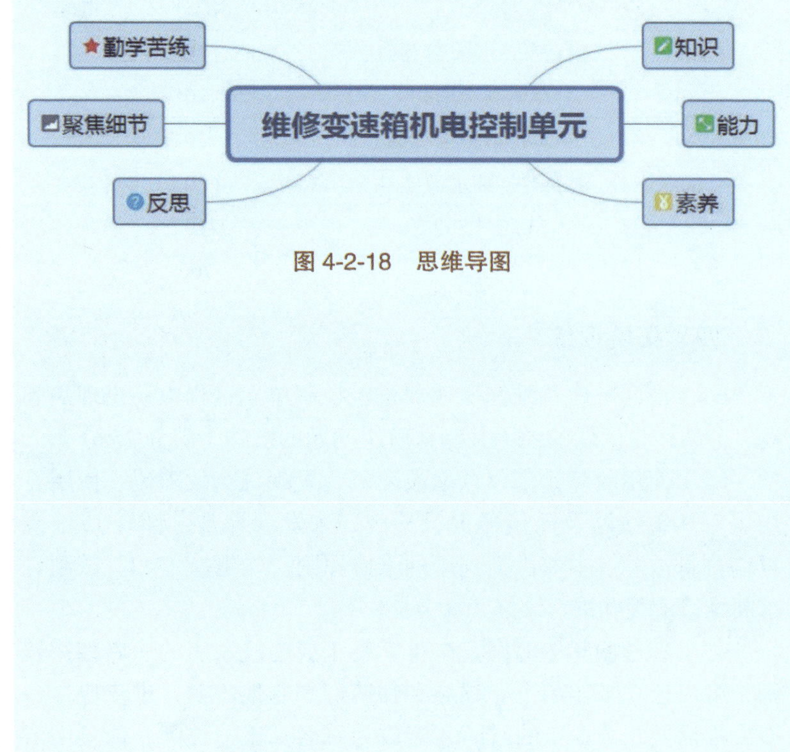

图 4-2-18 思维导图

学习笔记

任务三 维修离合器

职业行动

步骤一：故障现象确认

客户反映自己的 2018 款大众迈腾 B8L 轿车在车辆起步时，有较大冲击，离合器抖动严重，低速挡位间变换时也会产生抖动，但在高速挡位时抖动逐渐消失，驾驶舒适性很差。与客户一同试车，发现车辆故障现象与客户描述一致。

使用故障诊断仪 VAS6150B 对车辆进行自诊断，进入 02 变速器电控系统检测数据流，分别得到 95-1 和 97-1、115-1 和 117-1 两组数据，生成双离合器的特性曲线，计算得出 K1、K2 的间隙值，发现 K2 的间隙值为 1.4，超出标注值范围，初步判断为双离合器故障，需要更换双离合器。

步骤二：作业准备

1. 作业场地

选择带有消防设施的作业场地。

2. 设备设施

举升机、故障诊断仪、支撑装置套件、变速器支架、齿轮油注排设备、发动机和变速器千斤顶。

3. 工量辅具

常用工具套件、扭力扳手、翼子板布、拉拔器、钩子、千分表及各类专用工具。

4. 零件耗材

手套、抹布、变速器齿轮油、双离合器、防护三件套。

职业知识

离合器组成图

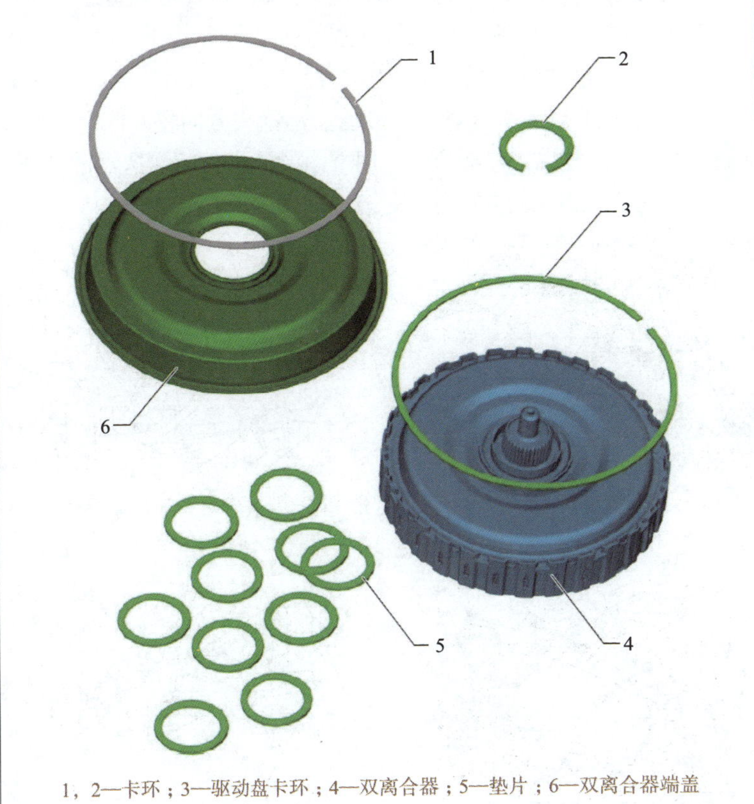

1，2—卡环；3—驱动盘卡环；4—双离合器；5—垫片；6—双离合器端盖

学习笔记

步骤三：故障诊断维修

1. 拆卸变速器

（1）排放变速器齿轮油；

（2）拆卸发动机盖板、整个空气滤清器壳体、蓄电池支架；

（3）旋出螺栓 B，将换挡杆拉索从换挡拨杆上 A 处脱开，如图 4-3-1 箭头所示，并将其捆绑至一侧，不要松开螺栓 2；

（4）沿箭头方向旋转机电控制单元插头，并拔下，如图 4-3-2 所示，并拆卸起动电动机、增压空气管；

（5）使用软管夹夹住冷却液软管，沿箭头方向松开固定卡并拔下冷却液软管，如图 4-3-3 所示，用干净的堵头封闭变速器油冷器；

（6）旋出螺母，取下线束支架，如图 4-3-4 所示；

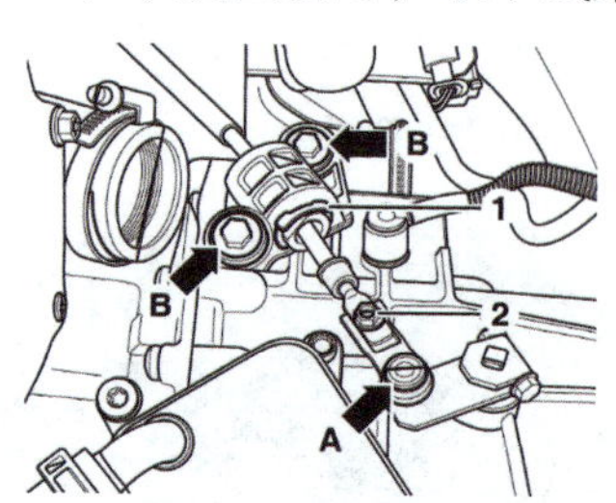

图 4-3-1　换挡杆拉索安装位置

1—防松垫片；2—螺栓；A—换挡拨杆；B—螺栓

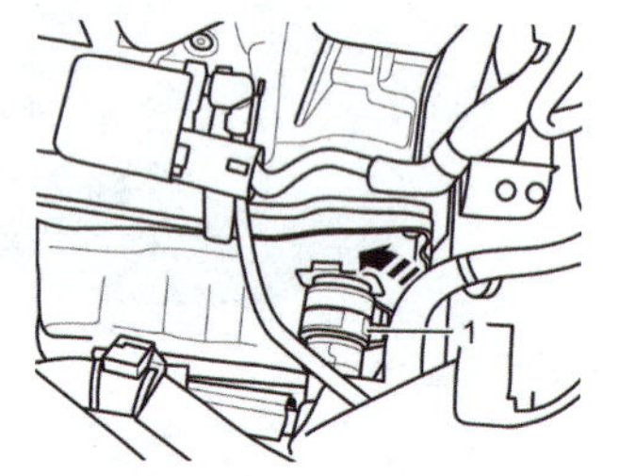

图 4-3-2　机电控制单元插头安装位置

1—机电控制单元插头

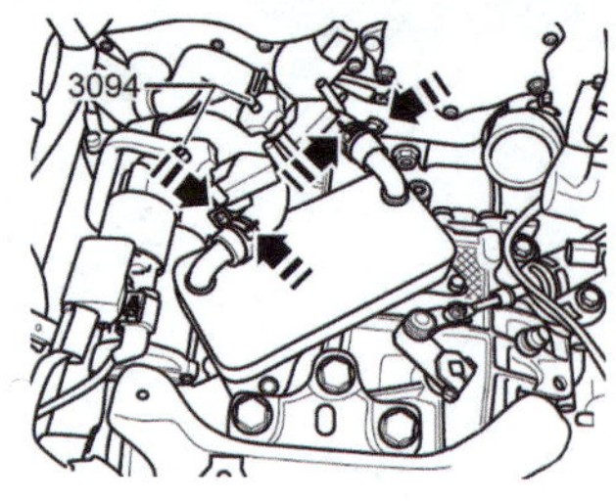

图 4-3-3　冷却液软管固定卡

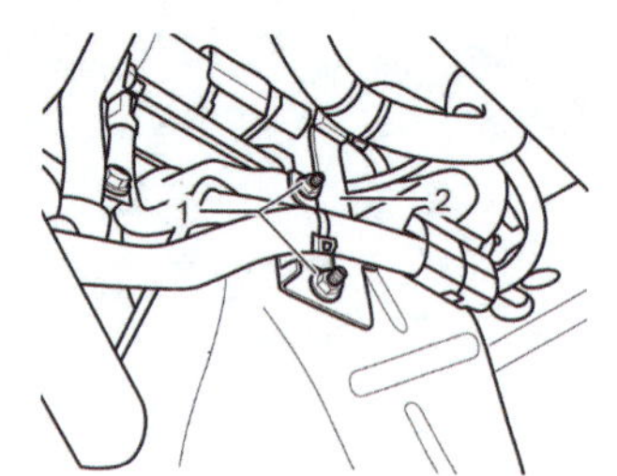

图 4-3-4　线束支架

1—螺母；2—线束支架

变速器拆装原则

- 在拆装变速器的过程中不要弯折换挡杆拉索，不要损坏换挡杆拉索上的橡胶护套；
- 在发动机暖机时，冷却系统处于压力之下，在拔出冷却液软管之前应首先降低系统压力，用抹布盖住冷却液膨胀罐盖，并缓慢打开膨胀罐盖；
- 在降低变速器前，确保相关管路、插头及线束已完全脱开，在降低过程中应小心地操作，避免变速器与车身发生磕碰；
- 安装变速器时，需更换自锁螺栓和螺母，以角度控制方式拧紧的螺栓、密封圈、软管接头的卡箍等；
- 检查曲轴中的滚针轴承是否损坏，用耐高温润滑脂稍微润滑滚针轴承和变速器输入轴的轴头部；
- 旋入发动机与变速器的连接螺栓时，必须按照规定的顺序和力矩值进行拧紧

支撑装置安装方法

（1）将适配接头 10-222A/31-1 置于左侧减振器支座上，适配接头 10-222A/31-2 置于右侧减振器支座上，棱边指向发动机舱

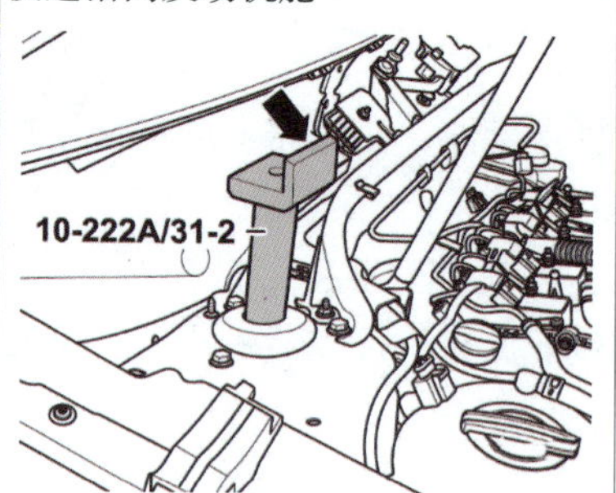

（2）将两个连接件 T40091/3 推到支撑装置 10-222A 上

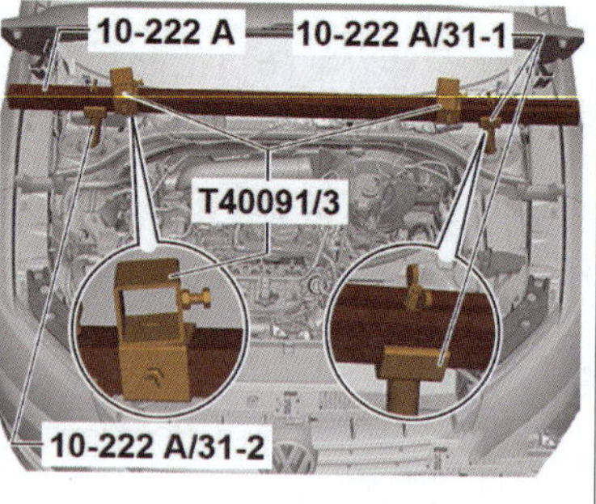

（3）将支撑装置 10-222A 拧紧到适配接头 10-222A/31 上

（7）沿箭头方向松开卡扣，拆下发动机盖板左前支座，如图 4-3-5 所示；

（8）拆下发动机盖板右前支座及支架，如图 4-3-6 所示，拆卸排水槽盖板、减振器盖板；

（9）按要求安装支撑装置；

（10）使用套筒旋出变速器和发动机之间上部两个连接螺栓，如图 4-3-7 箭头所示；

（11）使用专用工具头旋出起动机孔中的螺栓，如图 4-3-8 箭头所示；

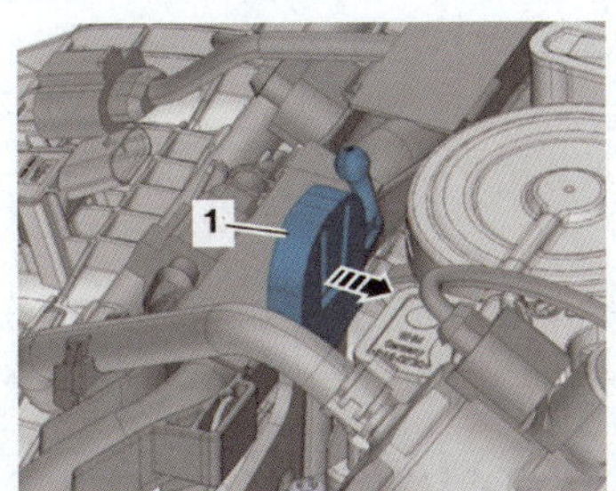

图 4-3-5　发动机盖板左前支座位置

1—发动机盖板左前支座

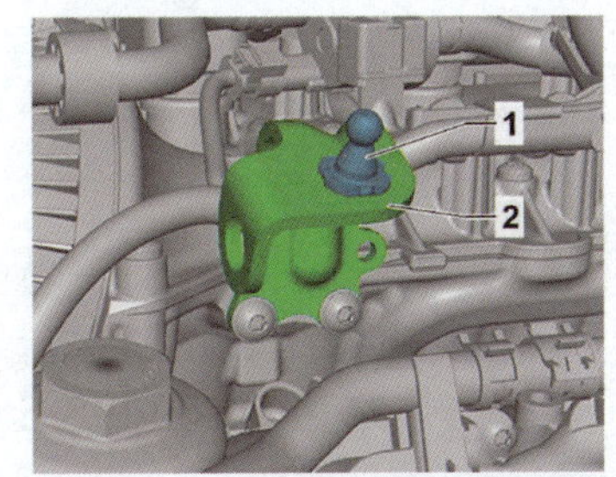

图 4-3-6　发动机盖板右前支座及支架

1—发动机盖板右前支座；2—支架

图 4-3-7　变速器和发动机上部连接螺栓

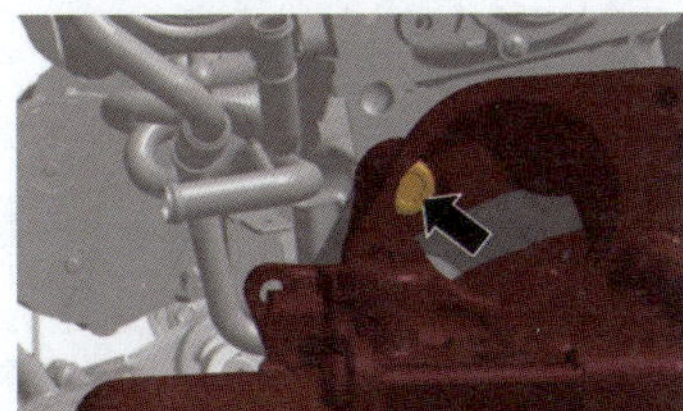

图 4-3-8　起动机连接螺栓

支撑装置安装方法（续）

（4）将丝杠 T40093/3 拧到适配接头 T40096/3-6 上，将适配接头 T40096/3-6 安装到右侧纵梁上，如有必要，小心地松开适配接头 T40096/3-6 安装区域内的空调组合管固定卡，但不可以断开空调管路	（5）将适配接头 T40093/3-6A 或 FT40093/3-6AT 安装到清洗液储液罐加注管 B 正后方的左侧纵梁上，分别用定位销 A 将适配接头 T40093/3-6 和 T40093/36-A 或 FT40093/3-6AT 锁止在纵梁棱边后
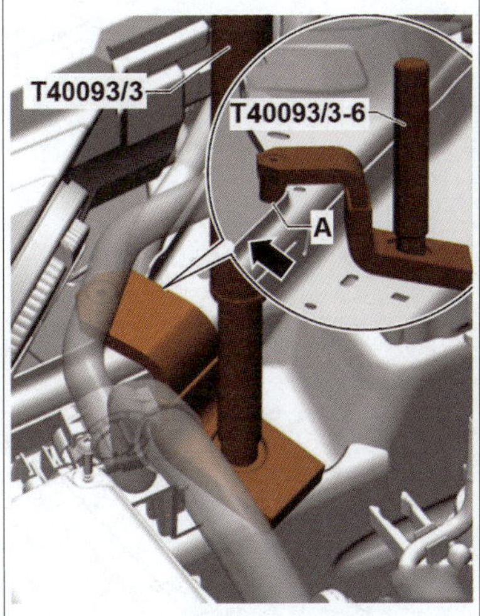	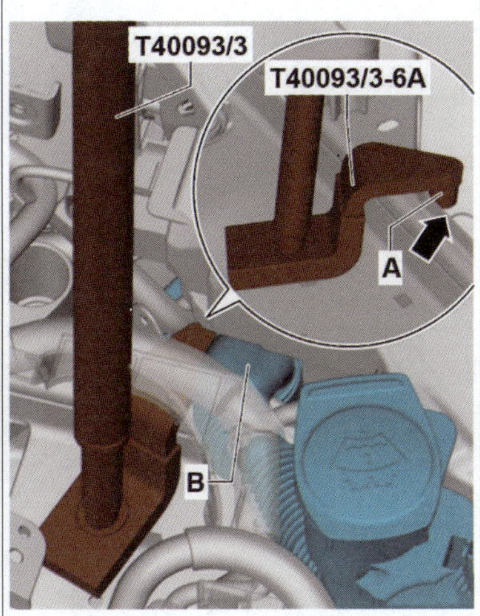
（6）将转动式万向节 T40093/4 推到四方管 T40091/1 上，用四方管 T40091/1 连接丝杠 T40093/3 和吊架 10-222A，并张紧	

学习笔记

（12）拆卸发动机舱底部隔声板，拆下左侧车轮，拆卸左侧轮罩内板、左侧传动轴；

（13）旋出螺栓，如图 4-3-9 箭头所示，拆下右侧传动轴上的隔热板，并拆卸右侧传动轴；

（14）将插头从机油油位传感器上拔出，如图 4-3-10 所示，拆卸副车架，用定位销固定前梁的位置；

（15）旋松发动机支座与发动机支撑件的连接螺栓约 4 圈，如图 4-3-11 箭头所示；

（16）旋出图 4-3-12 箭头所示螺栓，旋出发动机与变速器的连接螺栓，如图 4-3-13 箭头 A 所示；

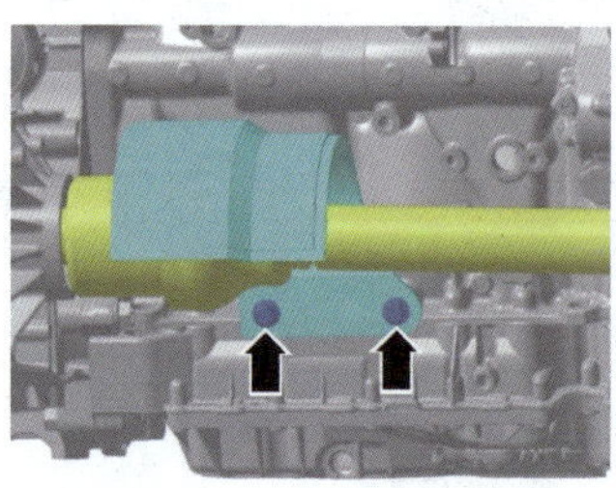

图 4-3-9　右侧传动轴隔热板

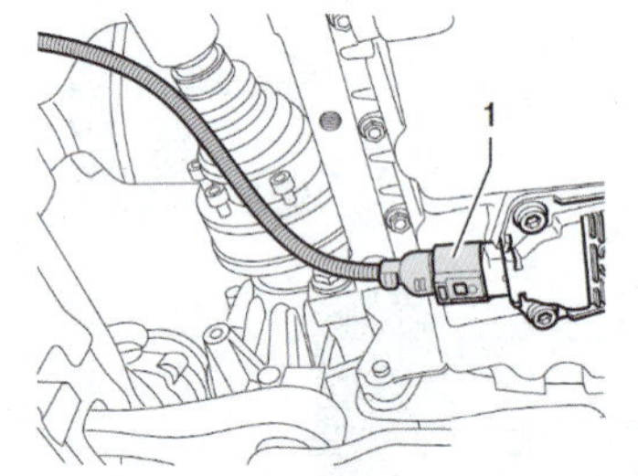

图 4-3-10　机油油位传感器插头位置

1—机油油位传感器插头

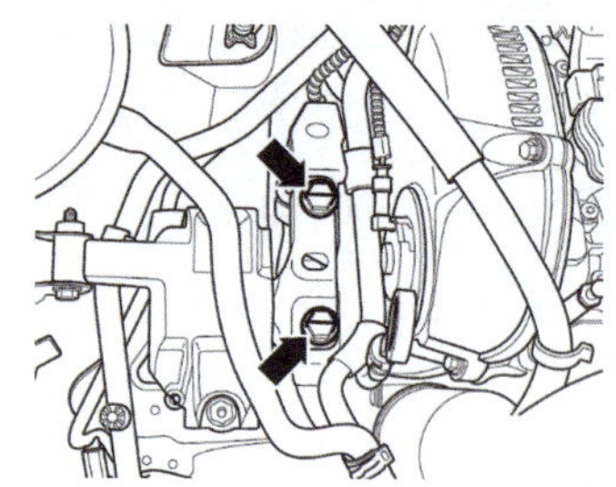

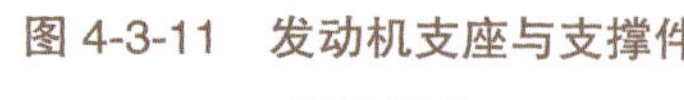

图 4-3-11　发动机支座与支撑件连接螺栓

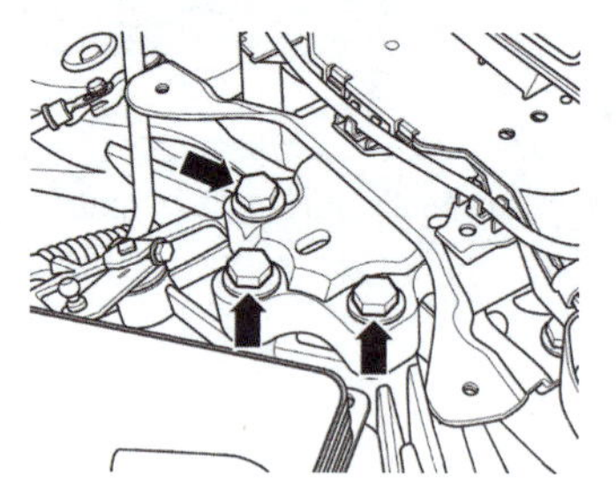

图 4-3-12　连接螺栓

支撑装置安装方法（续）

（7）组装带孔导轨 T40091/2 和定位件 T40093/5，将带孔导轨 T40091/2 通过转动式万向节 T40093/4 用四方管 T40091/1 连接，将锁止销 1 装入带孔导轨 T40091/2 并固定，使用挂钩 10-222A/20 或 10-222A/12 将丝杠连接，略微预紧支撑装置

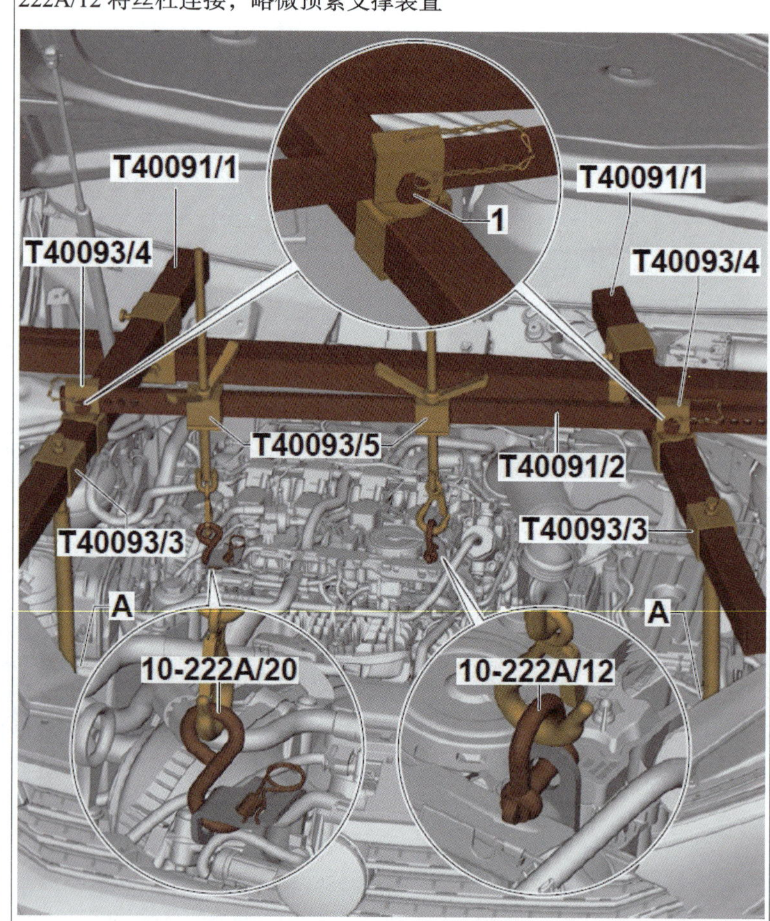

（17）按照要求安装千斤顶和变速器支架，旋出发动机与变速器的连接螺栓，如图 4-3-13 箭头 B 所示；

（18）旋出发动机与变速器的连接螺栓，如图 4-3-14 箭头所示；

（19）用支撑装置的丝杠稍微降低发动机和变速器，将变速器从定位销上拉出；

（20）稍微分离变速器与发动机，小心地用发动机和变速器千斤顶降低变速器，取下变速器并将其固定在装配架上，如图 4-3-15 所示。

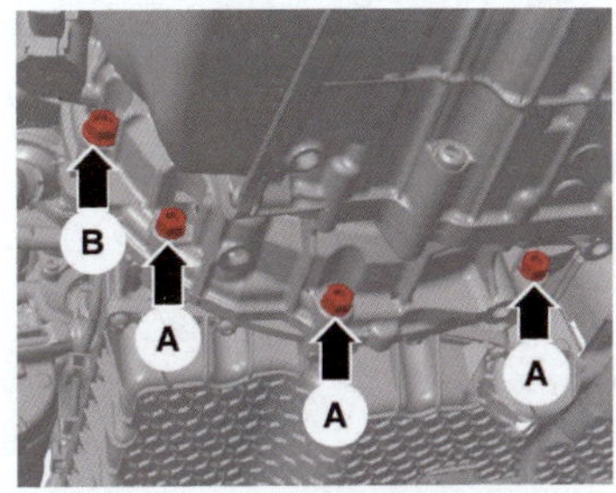

图 4-3-13　变速器和发动机连接螺栓

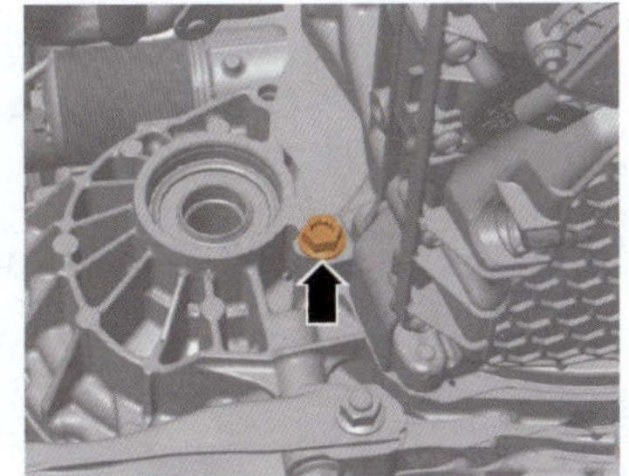

图 4-3-14　变速器和发动机连接螺栓

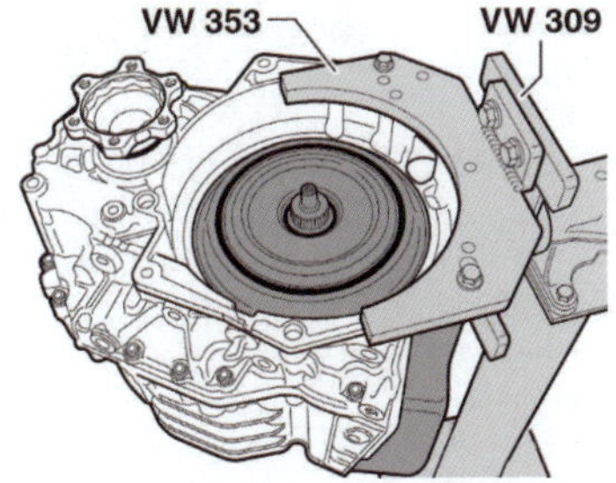

图 4-3-15　变速器装配架

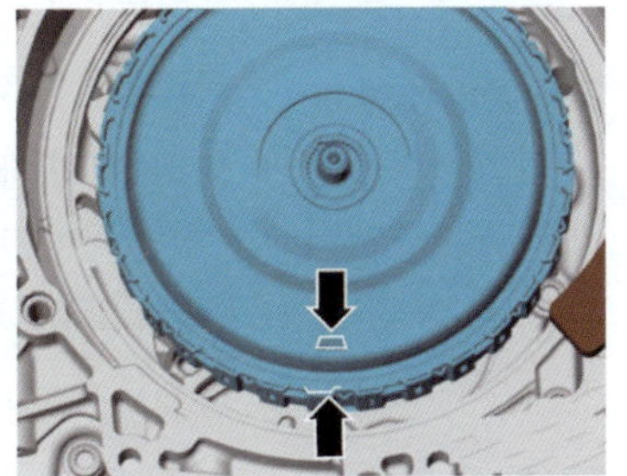

图 4-3-16　驱动盘标记

千斤顶和变速器支架安装方法

（1）发动机和变速器千斤顶 VAG 1383A 以及变速器支架 3282 置于变速器下方；

（2）在变速器上安装安全支架；

（3）向上略微举升发动机和变速器千斤顶 VAG 1383A，使其受力

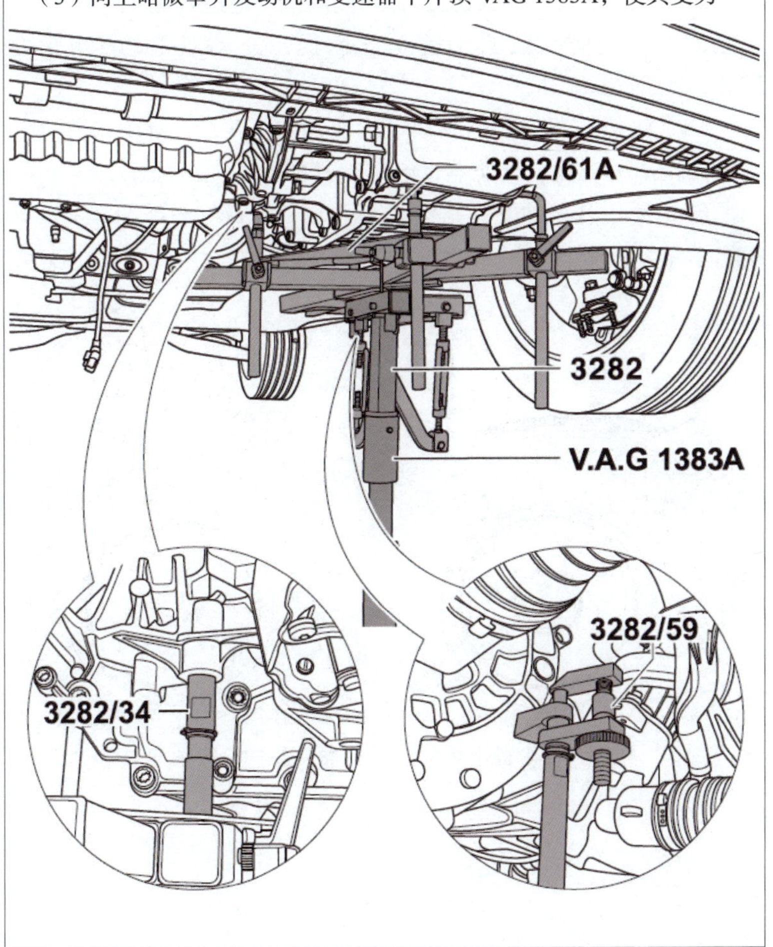

学习笔记

学习笔记

视频

4-3 拆卸离合器

2. 拆卸离合器

（1）使用螺钉旋具沿箭头方向撬出双离合器端盖卡环，拆卸双离合器端盖，如图 4-3-17 所示；

（2）检查驱动盘上的标记是否对准外板支架上的标记，如图 4-3-16 箭头所示，如果没有，则使用记号笔进行标记；

（3）使用螺钉旋具沿箭头方向撬出驱动盘上的卡环，如图 4-3-18 所示；

（4）将拉拔器安装到驱动盘的花键上，并沿图 4-3-19 所示箭头方向拉出驱动盘；离合器盘定位工具如图 4-3-20 所示。

（5）使用开口弹簧钳拆下卡环并将其保存好，如图 4-3-21 箭头所示；

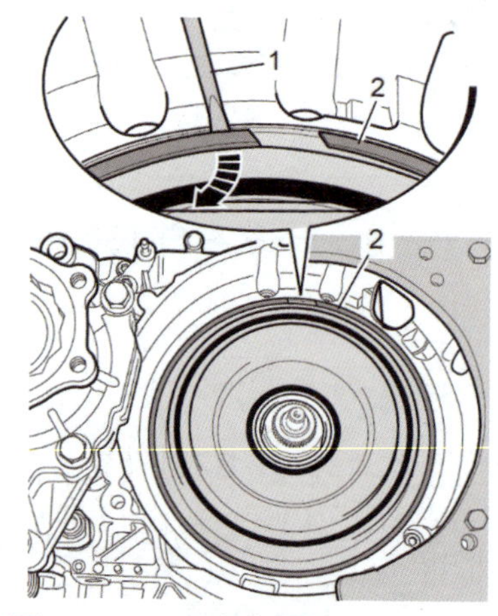

图 4-3-17　双离合器端盖卡环位置

1—螺钉旋具；2—双离合器端盖卡环

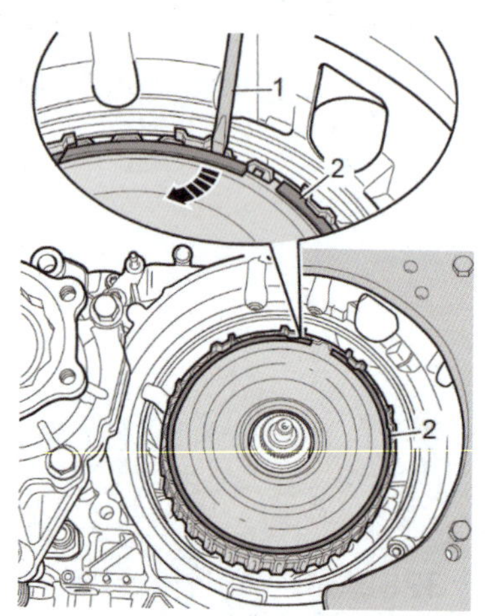

图 4-3-18　驱动盘卡环位置

1—螺钉旋具；2—驱动盘卡环

变速器运输和固定方法

（1）运输变速器时应固定住较重的部件	（2）变速器运输或上装配架时不能使其通气管朝下，否则齿轮油会漏出
（3）使用起重机 VAS 6100、悬挂装置 2024A 吊住变速器	
（4）将变速器固定在变速器支架 VW 353 上 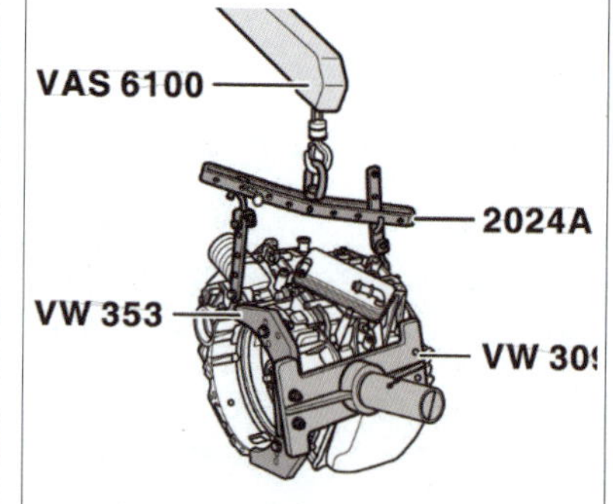 	（5）举升变速器与变速器支架 VW 353 一起放在装配架上 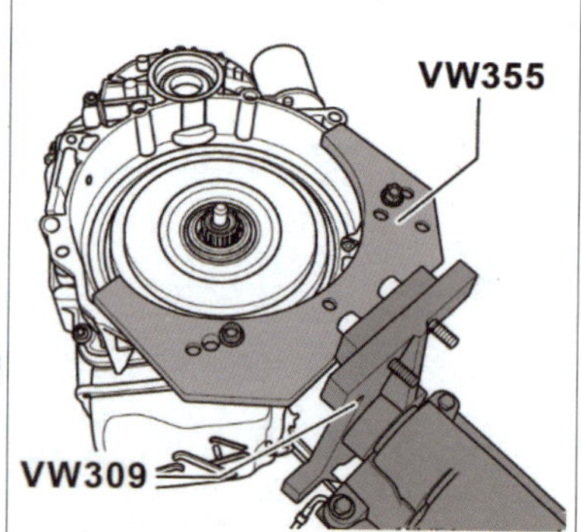

更换齿轮油滤清器说明

不需要更换的情况	• 更换了变速器油冷器和 O 形圈，但确保冷却液没有进入齿轮油中； • 更换了法兰密封圈； • 更换机电控制单元 J743 盖板及其密封圈或者更换双离合器； • 变速器齿轮油保养间隔已到，需要更换
需要更换的情况	• 冷却液已进入齿轮油中； • 发现齿轮油中有金属微粒； • 离合器烧坏或者存在机械故障

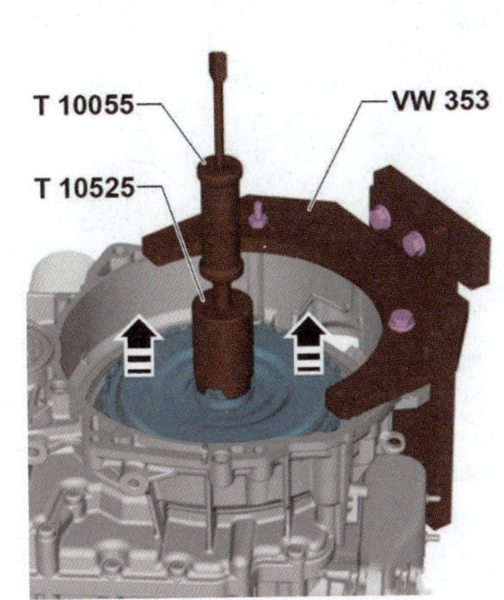

图 4-3-19　驱动盘拉拔方向

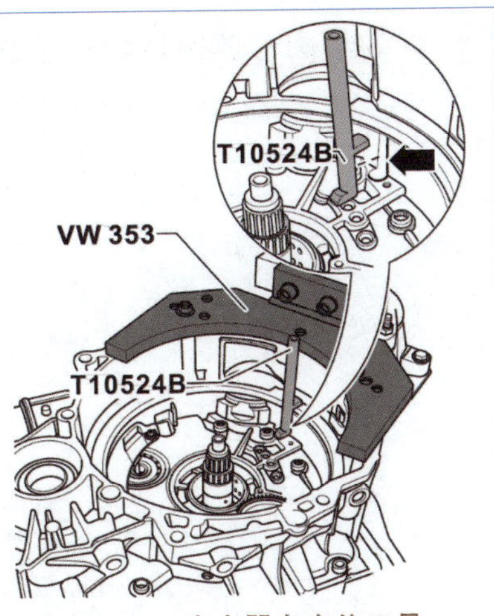

图 4-3-20　离合器盘定位工具

（6）取下垫片，如图 4-3-22 箭头所示；

（7）将两个钩子安装在离合器两个相对位置，如图 4-3-23 箭头所示；

（8）使用钩子沿图 4-3-24 箭头所示方向拉出离合器，完成拆卸。

图 4-3-21　卡环

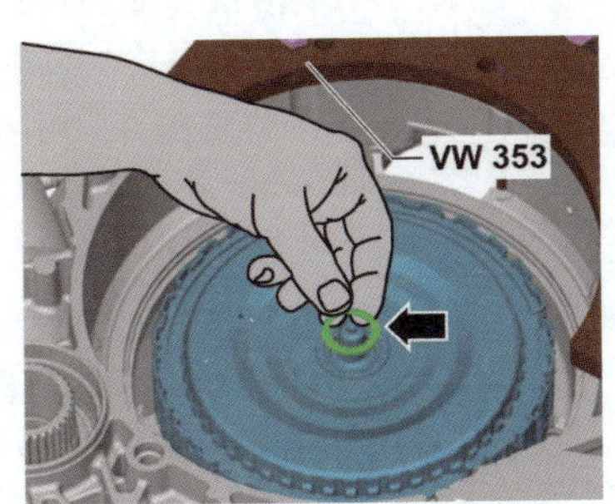

图 4-3-22　离合器垫片

离合器拆装原则

- 拆卸离合器端盖后，卡环和端盖必须更换，安装端盖时不要用锤子敲击，不要用齿轮油润滑其中心的密封圈，也不能用手去触摸它；
- 在安装离合器端盖时，不允许使用表面有刮痕的装配工具；
- 在拆装离合器时，必须以变速器垂直向上的方式将变速器固定在装配架上；
- 安装离合器时，必须将驱动盘与外板支架的边缘记号互相对齐；
- 在拆卸离合器时，不要让离合器驱动盘和其他部件掉下来，任何情况下都不允许翻转离合器；
- 安装双离合器时，必须使用离合器盘定位工具，并将其固定住，一直保持安装状态直至安装离合器端盖；
- 在安装双离合器过程中，双离合器不得进行任何转动，否则会改变离合器盘定位工具；
- 在测量前，需要将驱动盘拉出，此时不得向上提升或者拆卸摩擦片支架，否则会引起内部摩擦片的转动并无法进行人为调整；
- 安装驱动盘卡环时，应将其以顺时针方向逐步压入其安装位置，可使用螺钉旋具检查卡环是否正确就位

安装离合器过程中的三次测量

第一次	• 将千分表 VW 387 安装至变速器法兰上，将千分表的表针置于输入轴上，预紧并调整为 0； • 使用两个钩子用力将离合器提至止点，并记下测量值 *A*	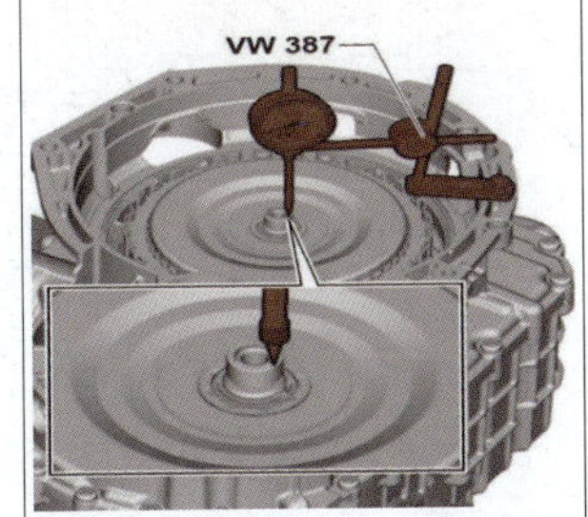

学习笔记

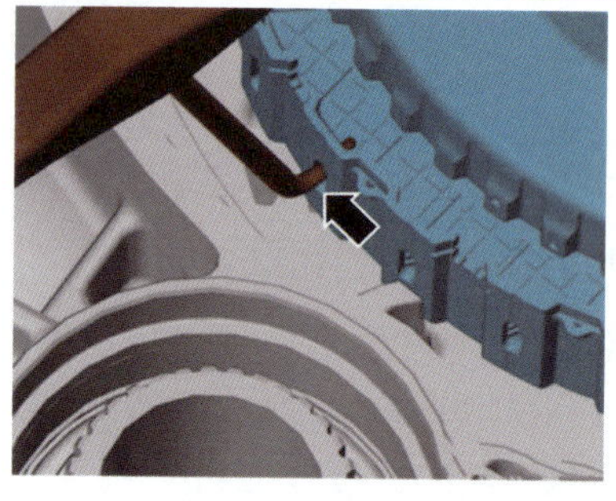

图 4-3-23　钩子安装处

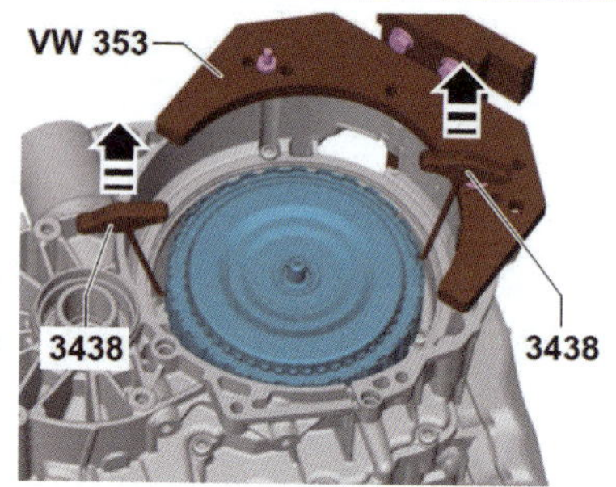

图 4-3-24　离合器拉出方向

3. 安装离合器

（1）将离合器从包装中小心地取出，如图 4-3-25 所示，用手转动双离合器轴上的四个活塞环，它们必须能够灵活转动；

（2）确保卡环 2 和 4 的对接处对准，如图 4-3-26 箭头所示，相对卡环 1 和 3 的对接处偏移 180°；

（3）安装之前，检查离合器上是否存在标记，如果没有，则标记；

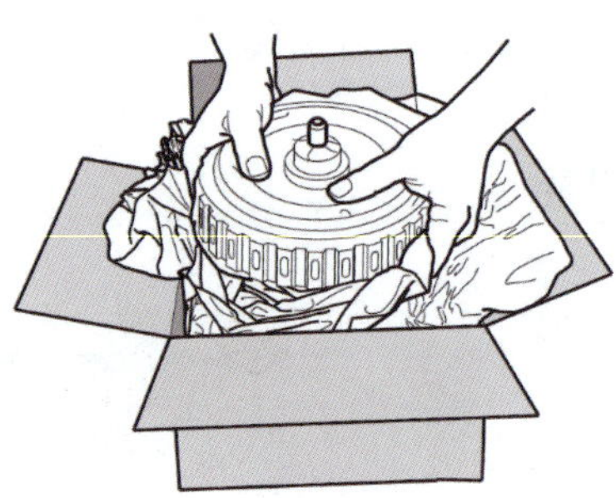

图 4-3-25　离合器取出方式

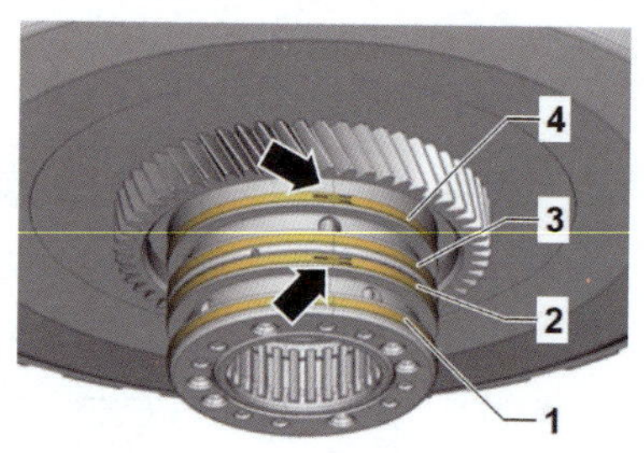

图 4-3-26　离合器 4 个卡环

1，2，3，4—卡环

安装离合器过程中的三次测量（续）

第二次	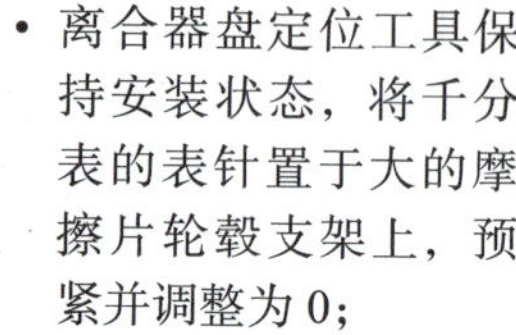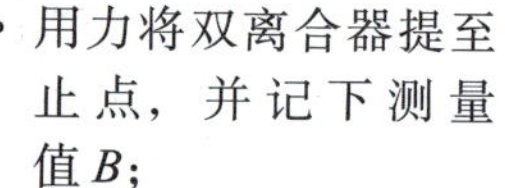• 离合器盘定位工具保持安装状态，将千分表的表针置于大的摩擦片轮毂支架上，预紧并调整为 0； • 用力将双离合器提至止点，并记下测量值 *B*； • 使用计算公式：所需调整垫片厚度，记下结果，选择比计算结果稍微大一点厚度的垫片（垫片尺寸以 0.05 mm 为增量），拆下旧卡环	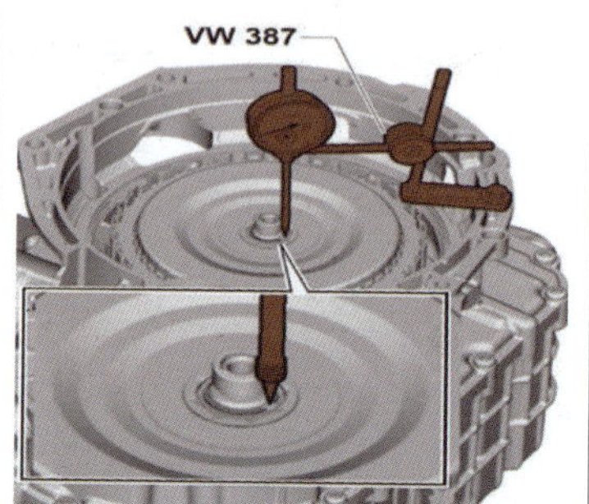
第三次	• 安装所选择的垫片，再次安装旧卡环； • 将千分表的表针置于大的摩擦片轮毂支架的调整垫片 1 上，预紧并调整为 0，用力将双离合器提至止点，并记下测量值 *C*； • 使用计算公式：$D=C-A$，计算出的 D 值必须在 0.05 mm 到 0.12 mm 之间，否则需要更换垫片并重新测量	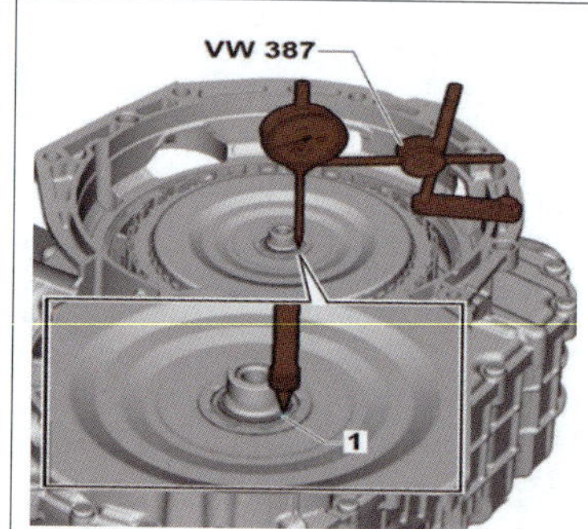

（4）安装离合器盘定位工具至凹槽处，如图 4-3-20 箭头所示；

（5）沿箭头反方向小心地安装离合器，不要让其掉落进去，如有必要，安装离合器时可轻微转动，如图 4-3-24 所示；

（6）如果离合器盘定位工具与双离合器之间几乎无任何间隙，则表明双离合器安装正确；

（7）使用螺钉旋具沿箭头方向撬出驱动盘上的卡环，如图 4-3-18 所示，将卡环保留，不要丢弃；

（8）将拉拔器安装到驱动盘的花键上，并沿图 4-3-19 所示箭头方向拉出驱动盘，并将其置于一侧；

（9）离合器盘定位工具仍保持安装状态，暂时安装原拆卸下来的卡环，如图 4-3-21 箭头所示；

（10）进行三次测量后，确定所选垫片的厚度达到要求后，安装新卡环；

（11）对准标记，将驱动盘安装至双离合器上，并安装驱动盘卡环；

（12）从离合器和壳体之间拆卸离合器盘定位工具；

（13）安装双离合器端盖时，清洁输入轴端面，确保输入轴与端盖接触面（图 4-3-27 箭头）无油脂且干燥；

（14）按照图 4-3-28 所示的方法拿起端盖；

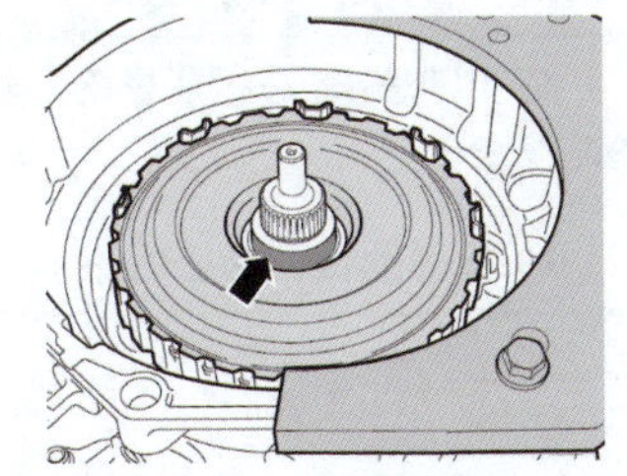

图 4-3-27 输入轴与端盖接触面

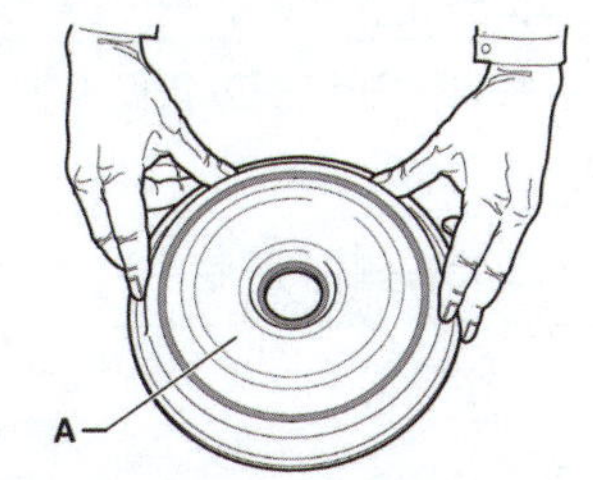

图 4-3-28 双离合器端盖手持方法

A—端盖

发动机与变速器连接螺栓拧紧力矩技术标准

位置	螺栓	拧紧力矩
1	M12 × 50	80 N•m
2	M12 × 50	80 N•m
3	M10 × 40	40 N•m
4	M12 × 60	80 N•m
5	M10 × 40	40 N•m
6	M12 × 60	80 N•m
7，8，9	M10 × 50	40 N•m
10	M12 × 60	80 N•m

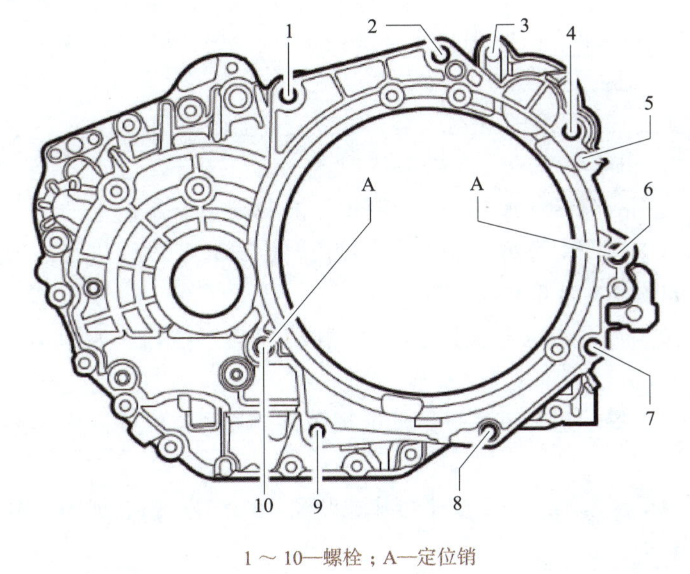

1 ～ 10—螺栓；A—定位销

学习笔记

（15）将装配工具安装在离合器输入轴的末端，用齿轮油润滑端盖中心密封圈的外侧，水平地将端盖套在装配工具上，并均匀地按入卡槽中，如图 4-3-29 所示；

（16）用螺钉旋具小心地将端盖撬入卡槽中，如图 4-3-30 箭头所示，直至能够安装新的卡环；

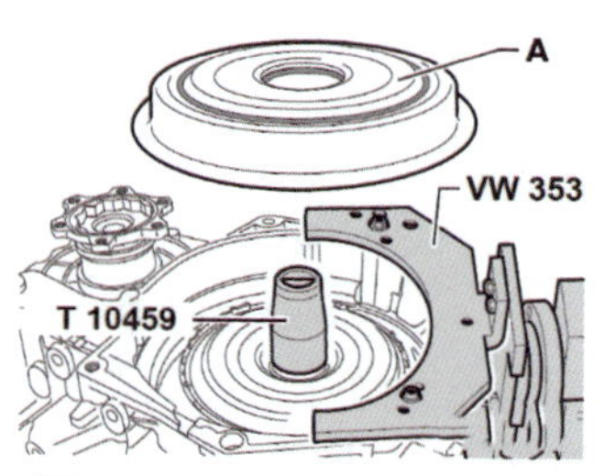

图 4-3-29 端盖安装位置

A—端盖

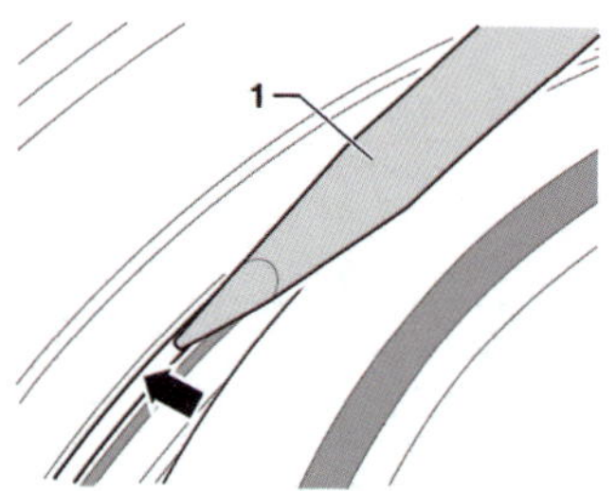

图 4-3-30 端盖与卡槽

1—螺钉旋具

（17）安装新的卡环，取下装配工具，更换离合器操作完成。

4. 安装变速器

将变速器以倒序进行安装，加注变速器齿轮油。

5. 机电控制单元 J743 基本设置

使用故障诊断仪对机电控制单元 J743 进行基本设置。

（1）按照引导型功能步骤，对机电控制单元 J743 进行基本设置，如图 4-3-31 和图 4-3-32 所示；

（2）打开点火开关，点击“完成 / 继续”按钮，如图 4-3-33 所示；

（3）提示进行基本设置的前提条件，如图 4-3-34 和图 4-3-35 所示；

（4）点击第二项“变速器基本设置”的“2”按钮,如图 4-3-36 所示；

（5）确认立即执行该项功能，如图 4-3-37 所示；

差速器右侧法兰轴密封圈更换方法

（1）拆卸右侧传动轴	
（2）给钻头 3 涂抹润滑脂，以便使金属碎屑粘在钻头上，用干净的抹布 2 密封变速器上的传动轴孔，小心地用钻头 3 在密封圈的外部薄金属环 1 上钻一个孔  1—薄金属环；2—密封变速器；3—钻头	（3）将自攻螺钉拧入密封圈钻孔中，将集油盘放置于变速器下方，使用拉拔器 T10055 将密封圈拔出 
（4）小心地移去抹布并确保没有碎屑进入变速器，清理变速器和传动轴的开口	（5）用密封油脂涂抹密封唇之间的间隙，并用变速器齿轮油涂抹其外侧圆周
（6）密封圈开口侧应指向变速器内部	（7）用密封圈安装工具将密封圈推入直至止点
（8）安装右侧传动轴	（9）检查油位，必要时添加

视频

4-4 安装变速器附件

图 4-3-31　选择引导型功能

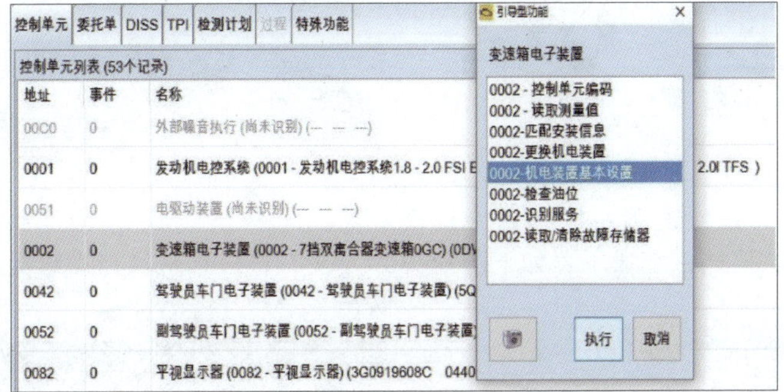

图 4-3-32　选择机电装置基本设置

J743 - 基本设置

检测简介

在该检测程序中执行下列步骤：

- 检查故障存储器
- 显示基本设置的选择菜单

检测前提条件：

- 点火开关已打开

必备的辅助工具：

- 无

- 按下按钮 ▶ 完成/继续，以继续执行程序。

图 4-3-33　提示相关操作

换挡杆手柄拆装方法	
（1）将换挡杆置于 N 挡	（2）用一只手抓住盖板内侧，向上拉以将其松开
（3）脱开盖板内挡位指示灯插头，断开卡箍（如箭头所示）	（4）不要按住解锁按钮 2，将换挡杆手柄 1 与换挡杆防尘套一起从换挡杆 3 上向上（如箭头 A 所示）拔出 2 1 A B 3
（5）当拆下换挡杆手柄后，解锁按钮会自动处于安装位置，不要将解锁按钮按入换挡杆手柄中	（6）安装时换挡杆手柄解锁按钮应朝向车辆行驶方向，同时其应向外凸出
（7）拔出新手柄的防松件	（8）将新卡箍套在换挡杆上
（9）将换挡手柄插入到换挡杆上直至止动位置	（10）锁紧换挡杆卡箍，插上盖板上挡位指示灯插头
（11）安装换挡杆盖板	

学习笔记

学习笔记

J743 - 基本设置
检测程序提示

只在下列维修后有必要进行基本设置：
- 软件匹配。
- 更换机电装置。
- 更换离合器。
- 故障存储器记录：

P175F00 - 未进行变速箱系统基本设置。

- 按下按钮 ▶ 完成/继续，以继续执行程序。

图 4-3-34　进行基本设置的前提条件

J743 - 基本设置
检测程序提示

提示：
- *若更换整个变速箱，无需进行基本设置。*
- *要确保与控制单元正确通信，必须复位安装信息。*

- 按下按钮 ▶ 完成/继续，以继续执行程序。

图 4-3-35　进行基本设置的前提条件

J743 - 基本设置
选择基本设置

您想进行哪项基本设置？
1. 复位安装信息。
2. 变速箱基本设置。
3. 变速箱适配行驶。
4. 中止，退出程序。

提示：
- *更换机电装置（带控制单元的液压系统）时，必须按顺序执行基本设置1、2和3。*
- *在出现行驶方式投诉时或更换离合器后必须按顺序执行基本设置2、3。*

图 4-3-36　选择将进行的操作

换挡杆拉索拆卸方法	
（1）拆卸空气滤清器壳体和蓄电池支架，不要松开螺栓 2，拆卸防松垫片 1，将换挡杆拉索从换挡轴拨杆上脱开（如下图箭头 A 所示）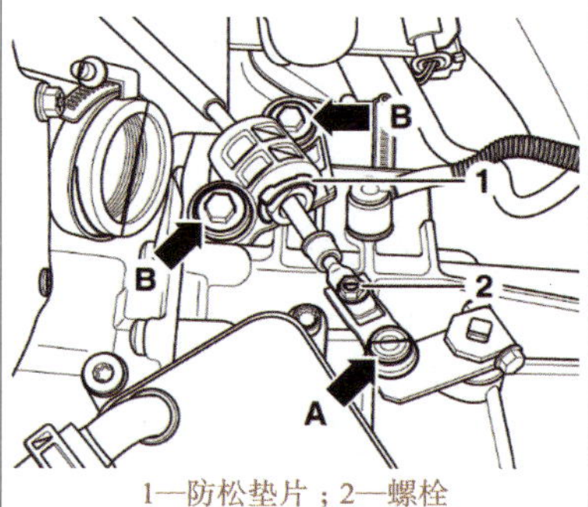1—防松垫片；2—螺栓	（2）脱将换挡操纵机构的换挡杆置于 N 挡，拆卸车辆底部的隔热板，用一把螺钉旋具从下面将盖板从换挡操纵机构上撬下（如下图箭头所示）并拆卸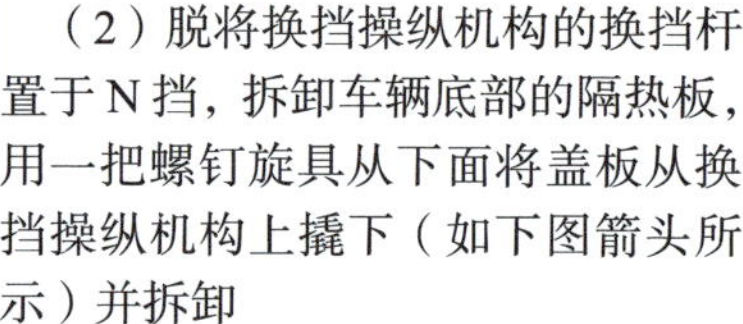
（3）将拉索用一把螺钉旋具松开并从换挡杆上拔下（如下图箭头所示）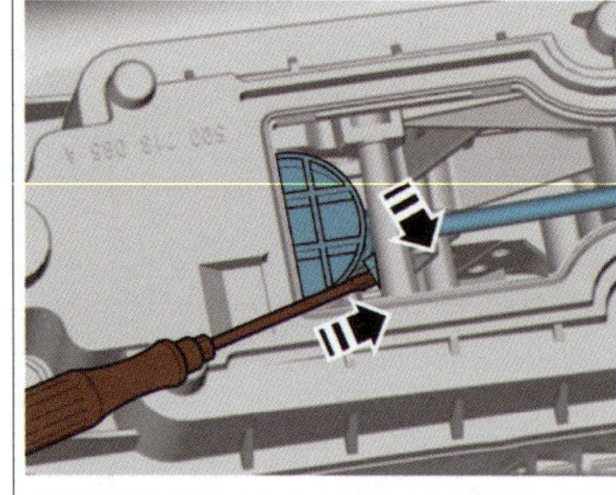	（4）拆下防松垫片（如下图箭头所示），将拉索从换挡操纵机构中拔出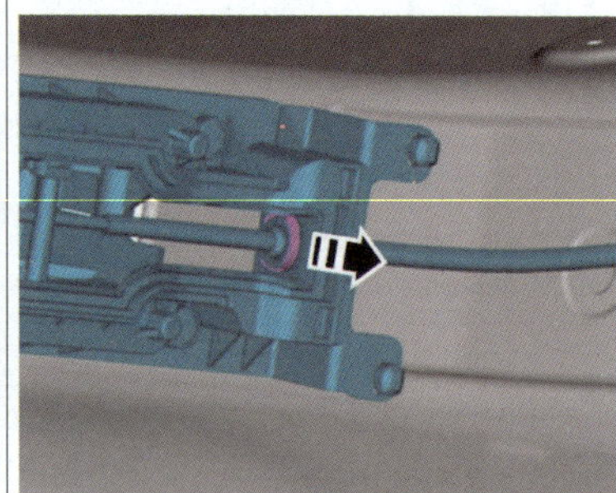

J743 - 基本设置

选择基本设置

已选择检测步骤“变速箱基本设置”。

是否要现在执行功能？

图 4-3-37　确认执行

（6）按照提示要求进行相关操作，如图 4-3-38 所示；

（7）系统自动进行基本设置，如图 4-3-39 所示；

J743 - 基本设置

检测前提条件

- 将变速箱选档杆置于P位。
- 拉紧手制动器。
- 起动发动机并使其怠速运转。

- 按下按钮 ▶ 完成/继续，以继续执行程序。

图 4-3-38　提示进行相关操作

J743 - 基本设置

基本设置启用

正在进行基本设置，请稍候…

状态：激活
操作步骤：3 - 牵引力矩检测

i *提示：*

- *基本设置期间，在传动系中会产生不同强度的换挡噪音。*

- 仅在操作超过1分钟未再改变时中断基本设置。

按下按钮 ▶ -完成/继续-中止。

图 4-3-39　系统自动进行基本设置

换挡杆拉索调整方法

（1）将车内换挡杆置于 P 挡，将变速器上的换挡轴拨杆置于 P 挡 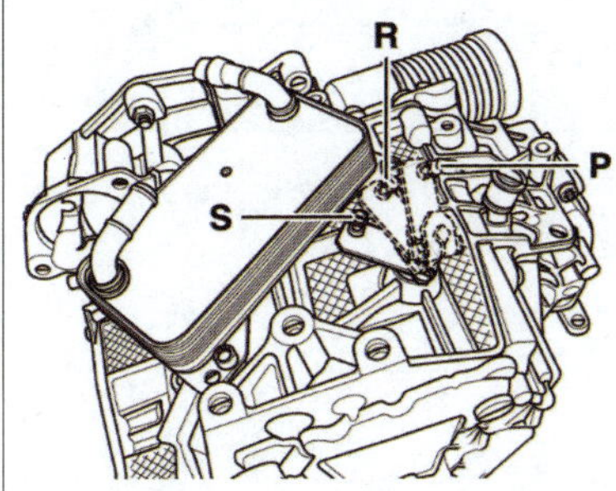	（2）必须将变速器上的换挡轴拨杆向后推到底，调节螺栓 2 在松开的状态下安装换挡杆拉索和新的防松垫片 1，将换挡杆拉索向下按压到拨杆上 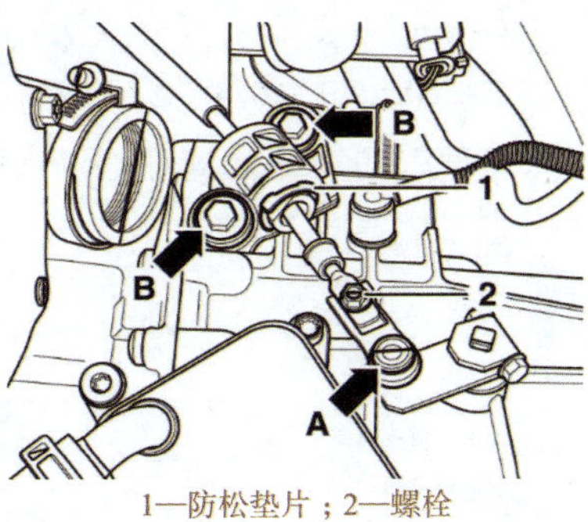 1—防松垫片；2—螺栓
（3）举升车辆，转动两个前轮直至听到驻车锁锁止的声音	（4）将换挡杆手柄轻轻向前和向后推，但不允许从 P 挡中移出
（5）拧紧调节螺栓 2	

调整换挡杆拉索

- 换挡杆拉索从变速器上拆下后并再次安装上；
- 发动机 / 变速器已被拆下或变速器已被拆下并再次安装上；
- 机组支撑件上的零件已被拆下并再次安装上；
- 换挡杆拉索本身或换挡操纵机构已被拆下并再次安装上；
- 发动机 / 变速器的位置发生了变化

学习笔记

学习笔记

（8）关闭点火开关，点击“完成 / 继续”按钮，如图 4-3-40 所示；

（9）打开点火开关，点击“完成 / 继续”按钮，如图 4-3-41 所示；

（10）完成基本设置，点击“4”按钮中止操作，如图 4-3-42 所示；

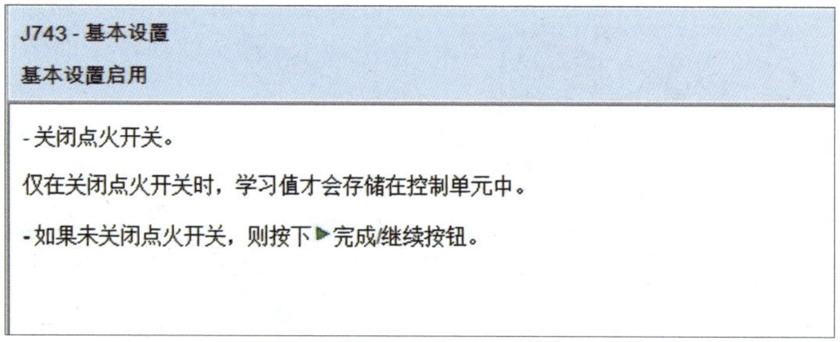

J743 - 基本设置
基本设置启用

- 关闭点火开关。
仅在关闭点火开关时，学习值才会存储在控制单元中。
- 如果未关闭点火开关，则按下▶完成/继续按钮。

图 4-3-40 “关闭点火开关”提示

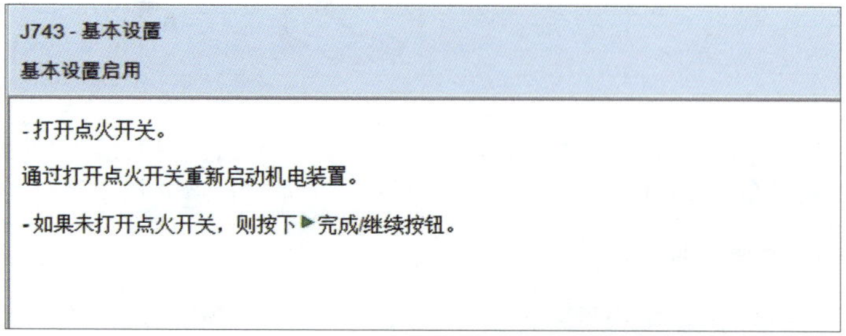

J743 - 基本设置
基本设置启用

- 打开点火开关。
通过打开点火开关重新启动机电装置。
- 如果未打开点火开关，则按下▶完成/继续按钮。

图 4-3-41 “打开点火开关”提示

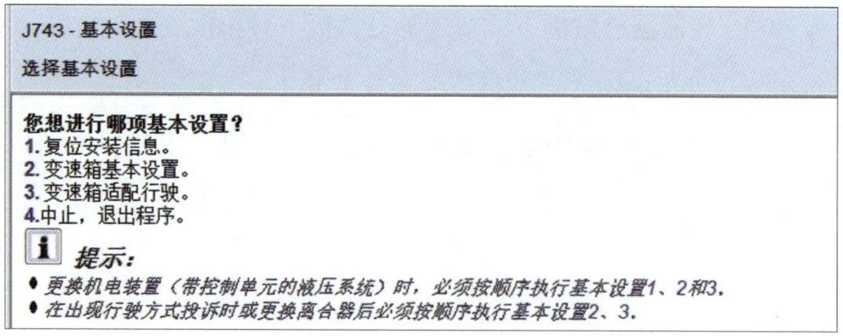

J743 - 基本设置
选择基本设置

您想进行哪项基本设置？
1. 复位安装信息。
2. 变速箱基本设置。
3. 变速箱适配行驶。
4. 中止，退出程序。

提示：
- *更换机电装置（带控制单元的液压系统）时，必须按顺序执行基本设置1、2和3.*
- *在出现行驶方式投诉时或更换离合器后必须按顺序执行基本设置2、3.*

图 4-3-42 选择中止操作

换挡操纵机构判断标准（正常现象）	
车辆未启动	• 换挡杆位置为“R”、“D”、“S”时车辆应无法启动
车辆行驶时换挡杆在位置“N”	• 车速超过 5 km/h 且换挡杆位置为“N”时，换挡杆锁电磁铁不允许接合且卡住换挡杆，换挡杆可以换到某一行驶挡； • 车速低于 5 km/h 且换挡杆位置为“N”时，换挡杆锁电磁铁约 1 s后才允许接合，只有踩下制动踏板后，才能将换挡杆从位置“N”移出
换挡杆在位置“P”且点火开关已打开	• 未踩下制动踏板：换挡杆已锁止且无法通过按压按钮从位置“P”移出，换挡杆锁电磁铁卡住换挡杆
	• 踩下制动踏板：换挡杆锁电磁铁松开换挡杆，可以挂入某一行驶挡，将换挡杆缓慢地从“P”换到“S”，同时检查组合仪表中显示的换挡杆位置是否与实际换挡杆位置一致
换挡杆在位置“N”且点火开关已打开	• 未踩下制动踏板：换挡杆已锁止且无法通过按压按钮从位置“N”移出，换挡杆锁电磁铁卡住换挡杆
	• 踩下制动踏板：换挡杆锁电磁铁松开换挡杆，可以挂入某一行驶挡
换挡杆在位置“Tiptronic”	• 换挡操纵机构盖板内的“D”符号必须熄灭，“+”和“–”符号必须亮起； • 组合仪表中的换挡杆位置显示必须从“P R N D S”转换为“7 6 5 4 3 2 1”
点火开关和车灯已打开	• 换挡操纵机构盖板中的各个符号亮起
换挡杆位置显示屏	• 换挡杆位置显示屏的所有字段同时亮起表示变速器处于紧急运行状态

（11）结束检测程序，点击“是”按钮，如图 4-3-43 所示，机电控制单元 J743 基本设置操作完成。

J743 - 基本设置
选择基本设置

已选择检测步骤“结束”。

是否要现在结束检测程序？

图 4-3-43　确认结束检测程序

步骤四：故障排除验证

维修人员对车辆进行路试，故障现象消失，故障排除。

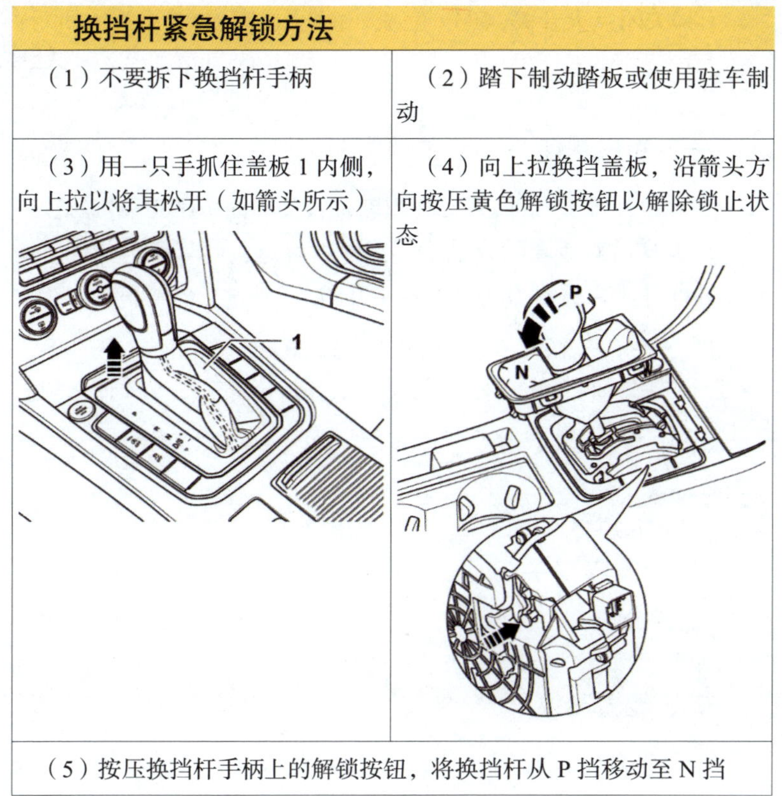

换挡杆紧急解锁方法	
（1）不要拆下换挡杆手柄	（2）踏下制动踏板或使用驻车制动
（3）用一只手抓住盖板 1 内侧，向上拉以将其松开（如箭头所示）	（4）向上拉换挡盖板，沿箭头方向按压黄色解锁按钮以解除锁止状态
（5）按压换挡杆手柄上的解锁按钮，将换挡杆从 P 挡移动至 N 挡	

学习笔记

学习笔记

任务测评

一、知识测评

确定本任务关键词，按重要程度进行关键词排序并举例解读。

根据自己对重要信息捕捉、排序、表达、创新和划分权重的能力进行自评，满分 100 分（表 4-3-1）。

表 4-3-1 维修离合器知识测评表

序号	关键词	举例解读	评分自定
1			
2			
3			
4			
5			
总　分			

二、能力测评

对表 4-3-2 所列作业内容，操作规范即得分，操作错误或未操作即零分。

表 4-3-2 维修离合器能力测评表

序号	能力点	配分	得分
1	拆卸变速器	20	
2	拆卸离合器	20	
3	安装离合器	20	
4	安装变速器	20	
5	机电控制单元基本设置	20	
总　分		100	

三、素养测评

对表 4-3-3 所列素养点，做到即得分，未做到即零分。

表 4-3-3 维修离合器素养测评表

序号	素养点	配分	得分
1	设备和工具安全检查	20	
2	车辆安全防护	20	
3	工具清洁校准存放	20	
4	工量辅具、零部件、油水液体“三不落地”	20	
5	工位“5S”	20	
总　分		100	

四、拓展训练

（1）请列举出在维修离合器过程中易出现的问题，分析产生问题的原因并制订解决问题的措施（满分 25 分）。

（2）使用故障诊断仪对车辆进行自诊断，进入 02 变速器电控系统检测数据流，分别得到 95-1 和 97-1、115-1 和 117-1 两组数据，生成双离合器的特性曲线，发现 K2 的间隙值为 1.4，超出标注值范围，初步判断为双离合器故障。试制订维修流程并进行维修（满分 25 分）。

（3）在平时工作中，李洪学不只跟师傅学习汽车维修方面的知识和技能，只要没有活的时候，他还会跟 4S 店其他岗位的同事请教相关的业务流程和工作方法，比如汽车的销售流程、服务顾问的接待流程、客户办理汽车保险的流程等，只要是和汽车相关的工作，李洪学都会虚心向别人请教。因为他知道，作为一名大学毕业生，他不可能一辈子只从事汽车维修这样的工作，他还有很大的进步空间，可以做到车间主任、服务总监甚至是总经理，所以他要多多学习，为以后的提升做准备。在学习的过程中，他会将各项工作联系在一起，融会贯通，这样更容易理解，更能掌握。

按图 4-3-44 所示思维导图格式，对维修离合器的学习收获进行总结，并列举五个自己“虚心求教”的事例，列举两个自己“融会贯通”的事例并说明“融会贯通”是怎样一种感觉（满分 50 分）。

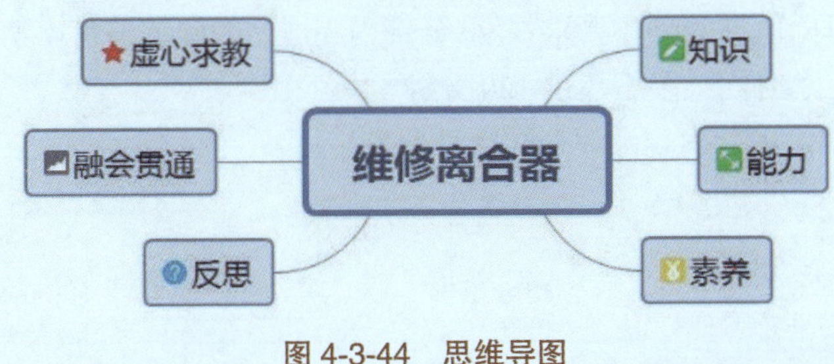

图 4-3-44 思维导图

学习笔记

学习考评

一、考评项目

请根据本项目所学对2018款大众迈腾B8L轿车传动系统常见故障进行诊断与维修，并完成考评报告。

二、实施准备

1. 学生准备

学生按照本项目任务计划，已经完成以下所有任务并达到75分以上时，可进行相应学习考评的实施、达成工作：

（1）理解完成学习考评需要的相关理论、知识和方法，并能应用知识进行相关故障诊断分析；

（2）按时、按质量要求完成相应任务作业，得分大于75分；

（3）按规定独立完成对传动系统以及控制电路的诊断和检修工作，具备相应的技能水平，得分大于75分；

（4）具有自觉遵守技术标准和要求规定、规范操作、安全、环保、“5S”作业、团结协作的好习惯，得分大于80分；

（5）能制订汽车传动系统常见故障诊断与维修工作计划。

2. 教师准备

（1）在安排学生实施学习考评前，应确保学生已经学会了汽车工量具、专用检测仪器的基本使用方法，并做过相关实操训练；

（2）通过学生课堂问题研讨、作业、实操及其他方式，确认学生已经具备实施学习考评所需要的知识、技能和能力基础，特别是安全操作规范、零部件识别、故障检测等方面的知识要点；

（3）对协助教师进行测评的学生进行测评、监督方法的培训，确保测评结果的准确性、公平性；

（4）准备好测评记录。

三、验证方法与标准

（1）每位测评人员负责对4名学生进行全过程的监控和测评；

（2）详细记录学生在实施学习考评过程中的相关信息、数据、结果、操作方法、完成时间，以及出现的错误、事故等情况；

（3）学习考评的故障现象确认、准备工作、故障诊断维修、故障排除验证等操作要求在90分钟内完成。时间不够可申请延长时间，总时间最多不超过120分钟；

（4）考核内容及评分标准见下表。

考核内容及评分标准

序号	评分项	得分条件	评分标准	配分	扣分
1	安全/5S/态度	□1. 能进行工位5S操作 □2. 能进行设备和工具安全检查 □3. 能进行车辆安全防护操作 □4. 能进行工具清洁校准存放操作 □5. 能进行三不落地操作	未完成1项扣3分，扣分不得超15分	15	
2	专业技能能力	□1. 能正确确认故障现象 □2. 能根据正确诊断方法进行故障诊断 □3. 能按照正确的故障维修思路和步骤进行故障检修 □4. 能正确检测相关数据，并做好记录 □5. 能够熟练操作工量具及检测仪器	未完成1项扣10分，扣分不得超50分	50	

（续）

序号	评分项	得分条件	评分标准	配分	扣分
3	工具及设备的使用能力	□1. 能正确选用维修工具 □2. 能正确使用故障诊断仪 □3. 能正确使用测量工具 □4. 能正确使用专用工具 □5. 能熟练使用办公软件	未完成 1 项扣 5 分，扣分不得超 10 分	10	
4	资料、信息查询能力	□1. 能正确使用维修手册查询资料 □2. 能正确使用用户手册查询资料 □3. 能在规定时间内查询所需资料 □4. 能正确记录查询资料章节页码 □5. 能正确记录所需维修信息	未完成 1 项扣 2 分，扣分不得超 10 分	10	
5	数据判读和分析能力	□能判断传动系统相关部件是否需要维修或更换	未完成 1 项扣 10 分，扣分不得超 10 分	10	
6	表单填写与报告的撰写能力	□1. 字迹清晰 □2. 语句通顺 □3. 无错别字 □4. 无涂改 □5. 无抄袭	未完成 1 项扣 1 分，扣分不得超 5 分	5	
合计				100	

四、考评报告

说明：考评分为理论考评和实操考评，理论考评根据项目要求以及考评模板格式制订项目实施方案，方案经老师审核合格后，方可进行实操考评。考评报告模板详见附录 A。

学习笔记

学习笔记

拓展阅读

汽车维修思维模式之系统思维

系统思维就是整体思维。汽车是一台由几万个机电零件构成的一台机器，任何一个微不足道的零件都可能引发车辆故障。因此，汽车维修过程中，必须有整体思维，建立各个系统、部件的联系，不忽视任何一种可能，可以利用故障树作为分析工具。

勤奋的李洪学

客户反映发动机不能启动。

与发动机启动相关的系统有喷油系统、进排气系统、电源系统、启动系统、点火系统、控制系统，这几个系统就构成了发动机启动的大系统，发动机不能启动的原因就要在这个大系统中进行排查。

客户反映他的雪铁龙爱丽舍启动不了，经过交流沟通，得知客户开门时间过长，造成车门防盗自锁启用，车子打不着火，让他开关一下车门，再启动，着车。李洪学在想，如果不是车门自锁控制造成的，就要从大系统的各个子系统进行一一排查了。

又有客户反映制动失常，差点造成追尾事故。

经过检查，是制动片油污造成的，问题解决起来很简单，但安全无小事，李洪学利用系统思维，画了一张制动系统功能失常故障树，李师傅看到后，直拍他的肩膀说："你小子以后有出息"。

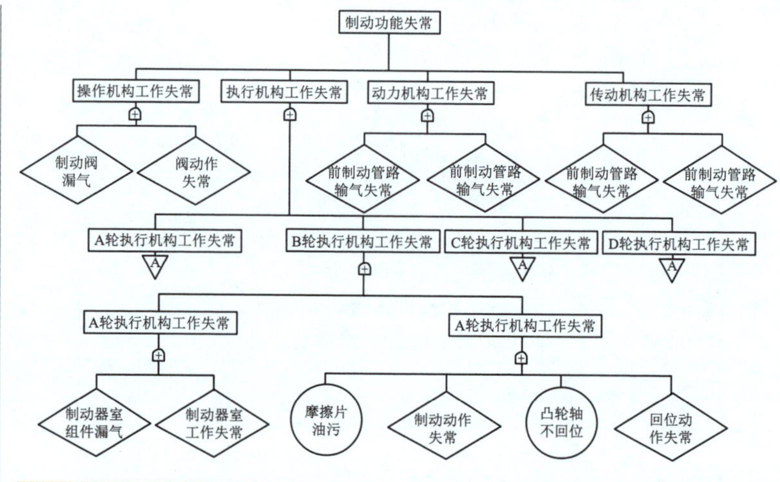

思考

故障树作为汽车维修系统思维的分析工具是十分有效的，李洪学绘制的制动系统功能失常故障树能够很全面地反映出制动系统各部件的故障关系。

请你仿照其画一个汽车传动系统故障树，建立汽车传动系统故障检修的系统思维。

学习笔记

学习笔记

附录 A　学习考评报告

考评报告

项目名称：		考核时间：60 分钟（理论）+ 实操（90 分钟）	
姓名：	班级：	学号：	教师签字：
自评：□合格 □不合格	互评：□合格 □不合格	师评：□合格 □不合格	
日期：			

维修方案

第一部分　车辆信息记录

品牌		整车型号		生产日期	
发动机型号		发动机排量		行驶里程	
车辆识别码					

第二部分　场地安全、设备设施和工量辅具准备

序号	名称	规格	数量
1			
2			
3			

第三部分　维修项目

序号	维修项目	检测数据	标准值	检查结果	维修措施
1					
2					
3					

续

第四部分　更换和调整资料查询记录

序号	作业项目	作业标准
1		
2		
3		

第五部分　项目总结

学习笔记

学习笔记

附录 B　汽车服务站维修工单

学习笔记

汽车________服务站维修工单

接车日期：　　年　月　日　　　　No：

用户及车辆信息	用户（送修人）姓名　联系电话　移动电话 品牌　车型　出厂编号　首次故障里程 发动机型　发动机号　购车日期　行驶里程　牌照号
维修信息	维修属性　报修时间　预定交车时间 服务活动编号　服务活动内容
外出信息	外出救援地　国家标准里程　结算里程　出发时间 返回时间　是否自备车　外出人员
附件状况	工具☐　天线☐　点烟器☐　备胎☐ 千斤顶☐　轮罩☐　灭火器☐

维修前车辆免费检查（目视）

外观情况	好	坏	维修	在举升机	好	坏	维修
车门玻璃及挡风玻璃状况………	☐	☐	☐	前、后轮制动间隙……………	☐	☐	☐
前、后灯状况……………	☐	☐	☐	轮胎压力（包括备胎）…………	☐	☐	☐
车身和油漆状况……………	☐	☐	☐	转向球头和防尘套状况……………	☐	☐	☐
前、后轮胎状况……………	☐	☐	☐	发动机 / 变速器密封……………	☐	☐	☐
发动机舱	**好**	**坏**	**维修**	制动系统的密封 / 管路状况………	☐	☐	☐
发动机机油液面……………	☐	☐	☐	**其他检查**	**好**	**坏**	**维修**
冷却液液面……………	☐	☐	☐	制动性能…………………	☐	☐	☐
制动液液面……………	☐	☐	☐	空调性能…………………	☐	☐	☐
蓄电池状况……………	☐	☐	☐				

（续）

故障原因	

旧件是否保留
是☐ 否☐
是否洗车 是☐ 否☐
剩余燃油：0 ☐
1/4 ☐ 1/2 ☐ 3/4 ☐ 1 ☐

序号	维修及增修项目	材料费	工时费	确认栏
1				
2				
3				
4				
5				
6				
7				
8				
9				
10				
11				
12				
13				
合计¥：		收款员：	接待员：	

检查费用说明：

1. 本次检查的故障在本维修中心维修，检查费用包含在维修费内，如不在维修中心维修，请用户支付检查费：¥_____元。
2. 本人同意按贵厂检修单所列出的维修项目修理，愿意支付有关款项。（如对已出厂的车辆维修质量或其他问题有异议，请在一周内返回本维修中心复查。）
3. 车壳翻新，拆装前后挡风玻璃。如有损坏，我厂概不赔偿。

备注：贵重物品自行保管，如有遗失本站概不负责

维修工位	主修人
机电：	
钣金：	
油漆：	

验收	完工时间	车间签字	质检人签字	用户意见及签字

地址：　　　　　　联系电话：

学习笔记

参考文献

[1] 李赫，邹玉清 . 汽车底盘构造与检修技术 [M]. 长春：东北师范大学出版社，2015.
[2] 刘耀东 . 汽车底盘原理 [M]. 北京：中国铁道出版社，2015.
[3] 刘刚，屈亚锋 . 汽车底盘电控系统检修 [M]. 北京：中国铁道出版社，2017.
[4] 吕江毅，成林 . 汽车底盘电控技术 [M]. 北京：中国铁道出版社，2016.